面向“十二五”高等教育课程改革项目研究成果

生产运作管理实务

主　编　张永红　白　洁
副主编　高立荣　王　伟
参　编　刘悦凌

北京理工大学出版社
BEIJING INSTITUTE OF TECHNOLOGY PRESS

图书在版编目（CIP）数据

生产运作管理实务/张永红，白洁主编．—北京：北京理工大学出版社，2014.12

ISBN 978-7-5640-9905-3

Ⅰ．①生…　Ⅱ．①张…②白…　Ⅲ．①企业管理-生产管理-高等学校-教材　Ⅳ．①F273

中国版本图书馆 CIP 数据核字（2014）第 243442 号

出版发行／北京理工大学出版社有限责任公司
社　　址／北京市海淀区中关村南大街 5 号
邮　　编／100081
电　　话／（010）68914775（总编室）
　　　　　82562903（教材售后服务热线）
　　　　　68948351（其他图书服务热线）
网　　址／http：//www.bitpress.com.cn
经　　销／全国各地新华书店
印　　刷／北京富达印务有限公司
开　　本／710 毫米×1000 毫米　1/16
印　　张／14.5
字　　数／273 千字
版　　次／2014 年 12 月第 1 版　2014 年 12 月第 1 次印刷
定　　价／40.00 元

责任编辑／张慧峰
文案编辑／张慧峰
责任校对／孟祥敬
责任印制／李志强

前　言

生产运作管理是对生产运作系统的设计、运行与维护过程的管理，包括对生产运作活动进行计划、组织和控制。生产运作管理一直是全世界提高生产率的关键要素之一。生产运作管理从企业的生产成本、质量、柔性、时间、服务以及环保等六个方面影响企业获取竞争优势，作为企业发展的核心，企业对从事基层生产运作管理岗位人才的需求量极大。为此，课程组与 LG 电子（天津）电器有限公司、天津市国联报废机动车回收拆解有限公司共建了“生产运作管理实务”课程，校企合作共同编写本教材，并由北京理工大学出版社出版。

本教材立足于实际能力培养，按照“工作过程导向”的理念，采用项目化教学模式编写，通过生产运作管理实践过程典型案例的开展、分析、讨论、实施，让学生在完成具体项目的过程中构建相关理论知识体系，掌握生产运作管理技能。教材在编写过程中突出了工学结合、实践性与可操作性，体现了以技能训练为主线、相关知识为支撑的先进教学理念。本教材按照“生产运作管理系统认知、生产运作管理系统设计、预测驱动式生产运作管理、订单驱动式生产运作管理、生产运作系统优化”的生产运作管理工作过程，设置了五个工作项目。

为了更好地体现技能性、实用性的要求，本教材在内容组织和编写风格上着力突出以下特点。

第一，简明实用。教材在每个项目的任务中都设置了知识目标、技能目标、素质目标栏目，帮助学生明确了课程教学目标。在课程内容前安排了案例导读，小知识等栏目来增强学生学习的兴趣。在课程学习后，又设置了思考练习、技能实践，将能力培养贯穿于课程内容的始终，使学生的知识水平和技能水平得以提高。

第二，定位明确。在内容选择及编写风格上充分考虑了岗位学生的接受能力和岗位技能要求，力求做到既有理论阐述又有实践训练，难易程度适中。

第三，突出可操作性。本教材重点在于培养和训练学生掌握可操作性的生产运作管理方法，通过演示法、讨论法、引导法、展示法、角色扮演等教学法，让学生听得懂、学得会、用得上。

第四，强化项目教学。本教材融入了生产运作管理工作的典型实训项目，目的是通过项目实践，使学生在学习中思考，在思考中培养和锻炼生产运作管理的基本能力。

第五，建议网络化共享资源。本教材的使用者可以浏览课程网站 http://211.81.40.101：8119/sy/index.jhtml，参与网络课程的资助学习，并与教师交流沟通。

本书由张永红、白洁担任主编，高立荣、王伟担任副主编，刘悦凌参编，LG 电子（天津）电器有限公司张锁柱审定。全教材共分为五个项目，其中项目一由张永红编写，项目二由白洁编写，项目三由高立荣编写，项目四由刘悦凌编写，项目五由王伟编写，最后由张永红、白洁总纂全书。

在本教材的编写过程中，作者参考和引用了许多学者的研究成果，在此谨向有关作者表示诚挚的感谢！

由于编者水平有限，书中难免存在疏漏，恳请读者批评指正。

编　者

目　录

项目一

生产运作管理系统认知

面对全球经济一体化的企业竞争环境，全球性的跨国公司方兴未艾，企业的生产经营活动早已跨越了国界的限制，企业的生产运作管理不可避免地要受到这一趋势的影响。企业能否对市场需求的变化及时做出反应关系到企业的竞争实力，这使得生产运作管理的作用凸显。

因此，同学们学习《生产运作管理》课程意义深远。本项目阐述了生产运作管理的基本知识与内涵，明确了生产运作管理人员的职业素质要求，是本课程学习的基础。

任务1　为什么要学习生产运作管理?

【知识目标】

1. 掌握生产运作管理的含义；
2. 能够结合实际认识生产运作活动的过程；
3. 掌握生产运作管理的目标、任务和内容。

【技能目标】

具备灵活利用本课程知识分析和解决现代制造和服务企业生产运作管理系统问题的能力。

【素质目标】

要求学生能够利用课余时间继续了解生产运作管理的历史演进。

【案例导读】

生产运作管理的重要性

不知大家听过 dog year 这个说法没有？这个词的意思是狗在一年中增长的岁

数是人的7倍，这是对事物发展变化速度之快的一个比喻，而我们目前正处于市场供求关系快速变化的时代。当总经理在发问："怎么样帮我把销量搞上去?"降价是蠢人的蠢办法，优化产品设计是唯一可行的办法，要实现产品差异化、柔性、创新性、人性化，这些都需要生产运作管理。当总经理再问："怎么样帮我将成本降下来?"采购成本、营销成本、人力资源成本降低的潜力已经不足，市场的日渐完善使得企业与同类竞争对手相比无明显竞争力，降低企业内部成本，减少库存是唯一可行的办法，而这又是生产运作管理的问题。企业的生产运作活动居于企业组织的核心地位，与营销管理、研究与发展管理、财会管理、人事管理和采购管理工作联系密切。企业的各部门工作人员也需要了解生产运作管理的相关知识。例如会计师需要了解库存管理、资源利用率和劳动定额才能够计算出精确的成本数据，从而进行审核，做出财务报告。财务经理可运用库存和生产能力的概念来确定需要投入的资金量，预测现金流量，对现有资产进行管理。营销人员需要了解怎样运作才能满足在顾客订货日期交货，满足顾客对产品或服务的个性化要求以及进行新产品的介绍。人力资源管理工作人员必须了解工作的设置、工作标准与员工激励方案之间的关系，以及生产工艺要求工人掌握的技术。企业家更需要懂得生产运作管理知识，现实中企业家因为没有掌握良好的生产计划和库存管理的知识，导致不能有效地运用资金，而最终经营失败的例子不胜枚举。

从事生产运作管理领域工作 = 艰苦的工作 + 严谨的理论 + 一丝不苟的细节。

【相关知识】

一、生产运作管理的含义

生产运作的实质是一种生产活动，人们习惯把提供有形产品的活动称为制造型生产，而将提供无形产品即服务的活动称为服务型生产。过去，西方国家的学者把有形产品的生产称作 Production（生产），而将提供服务的生产称作 Operations（运作），而近年来更为明显的趋势是把提供有形产品的生产和提供服务的生产统称为 Operations，都作为社会创造财富的过程。人们把有形产品的生产过程和无形产品即服务提供的过程都看作一种"投入—变换—产出"的过程。这种变换过程的产出结果无论是有形还是无形，都具有以下特征：

（1）能够满足人们的某种需要，即具有一定的使用价值；

（2）要投入一定的资源，经过一定的变换过程才能实现；

（3）在变化过程中需要投入一定的劳动，实现价值增值。

生产运作管理是指对产品（包括有形与无形）的变换过程实施计划、组织和控制而构成的一系列管理工作的总称。生产运作概念发展图如图 1-1 所示。

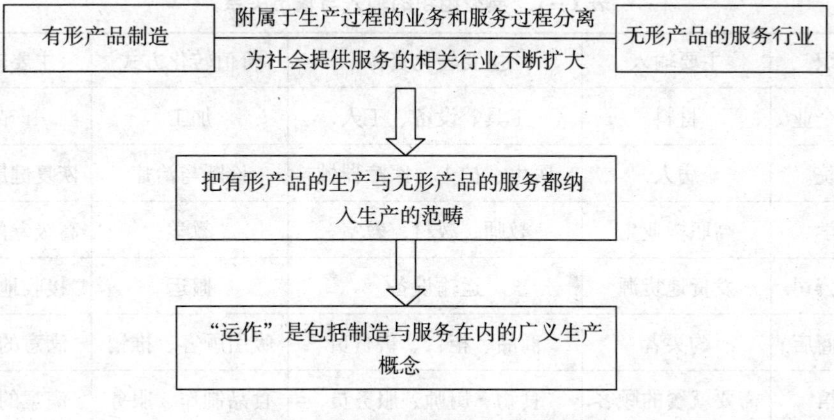

图1-1　生产运作概念发展图

【小知识】

生产运作管理学与传统的生产管理学的区别

传统生产管理主要是以工业企业，特别是制造业为研究对象，其注目点主要是一个生产系统内部的计划和控制，一般称为狭义的生产管理学，其内容主要是关于生产的日程管理和在制品管理。

生产运作管理学的内涵和外延大大扩展了，它将凡是有投入—转换—产出的组织的活动都纳入其研究范围，不仅包括工业制造企业，而且包括了服务业、社会公益组织及政府机构，特别是随着国民经济中第三产业所占比重越来越大，对其运作的管理日益重要，也成为运作管理研究的重要内容。

不仅如此，现代生产运作管理内涵范围不仅局限于生产过程的计划、组织与控制，而且还包括运作战略的制定、运作系统设计、运作系统运行等多个层次的内容。

所以，从生产管理学到生产运作管理学不仅仅是名称的变化，其研究的外延和内涵已有非常大的变化。

二、生产运作活动的过程

把输入资源按照设计需要转化为有用输出，实现价值增值的过程就是生产运作活动的过程。如表1-1所示为不同行业、不同社会组织的输入、转换、输出的主要内容。其中，输出是企业对社会做出的贡献，也是企业赖以生存的基础；输入则由输出决定，生产什么样的产品决定了需要什么样的资源和其他输入要素。一个企业的产品或服务的特色与竞争力，是在转化过程中形成的。因此，转化过程的有效性是影响企业竞争力的关键因素之一。

表1-1 典型组织的输入与输出关系

组织	主要输入	主要转化资源	价值转化方式	主要输出
制造企业	材料	工具、设备、工人	加工	产品
医院	病人	医生、护士、医疗器械	诊断与治疗	恢复健康的人
大学	高职毕业生	教师、教材、教室	教学	高级专门人才
运输公司	发货地货源	运输设备	搬运	接收地资源
百货商店	购买者	商品、柜台、售货员	吸引顾客、推销	满意的顾客
餐馆	需要就餐的顾客	食物、厨师、服务员	食品制作、服务	满意的顾客
邮局	待投邮件	邮递工具、邮递员	分发、邮递	接收邮件
报社	信息	记者、编辑	编辑与排版	新闻

生产运作系统活动过程中，投入包括人力、物料、设备、技术、信息、能源、土地、资金等多种资源。产出包括两大类：有形产品和无形产品。有形产品如电视、家具等物质产品；无形产品是指某种形式的服务，如教育培训、家政服务等。

中间的变换过程，也就是劳动过程、价值增值的过程，即生产与运作过程。这个过程既包括一个物质转化过程，也包括一个管理过程。物质转化过程是指投入的各种物质资源进行转变的过程，管理过程是指通过计划、组织、实施、控制等一系列活动使物质转化过程得以实施的过程。学习生产运作管理这门科学，主要内容就是研究变换过程。

按照各部分分担任务的不同来划分，变换过程可分为四部分：

(1) 生产技术准备工作——指产品在投入生产前所进行的各种生产技术准备工作。

(2) 基本生产过程——指对构成产品实体的劳动对象直接进行工艺加工的过程。

(3) 辅助生产过程——指为保证基本生产过程的正常进行而从事的各种辅助性生产活动的过程。如为基本生产提供动力、工具和维修工作等。

(4) 生产服务过程——为保证生产过程顺利进行而提供的各种服务性工作。

生产的变换过程主要形式有三种：①形态转换。即把有形的原材料和无形的信息从形状上或性质上予以改变，这就是形态效用。②时间转换。通过对物品一定时间的库存，求得价值上的变化，这就是所谓的时间效用（也可以理解为由于时间的变化而产生的效用）。③场所转换。即通过输送、流通等地点的改变谋求价值上的改变，这也叫地点效用。

生产运作系统活动过程如图 1－2 所示。

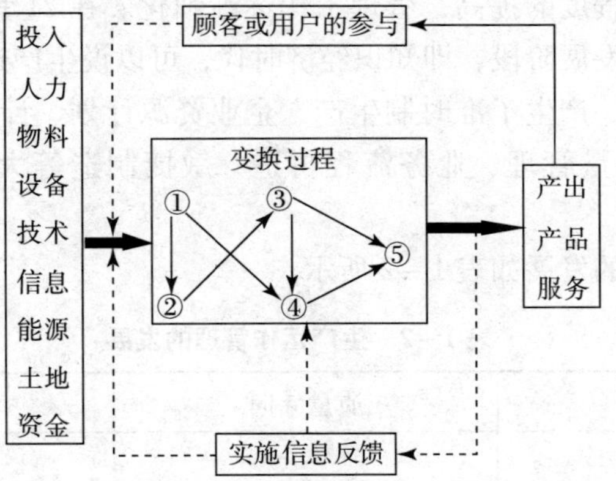

图 1－2 生产运作系统活动过程示意图

三、生产运作管理的演进

（一）生产运作管理发展过程

自 18 世纪 80 年代工业革命产生工厂制度后，社会的基本生产组织形式从以家庭、手工工场为单位转向以工厂为单位，机器代替了手工操作，生产规模迅速扩大，企业内部的分工日益细微，协作更加广泛。大量的管理经验及实践，为建立早期管理理论打下了基础。

1776 年，亚当·斯密在其经典著作《国富论》中系统地论述了劳动分工理论，为生产运作管理的形成奠定了主要的理论基础。埃尔·惠特尼是第一个倡导零部件标准化和有效质量管理的人，为互换部件的早期普及做出了贡献。查尔斯·巴贝奇在《论机器和制造业的经济》中，对专业化分工、机器与工具使用、时间研究、批量生产、均衡生产、成本记录等做出了详细的阐述。这一阶段称为早期管理思想阶段。

从 19 世纪末直到 20 世纪 30 年代，代表人物有泰勒，吉尔布雷斯夫妇，甘特以及福特等人。泰勒在 1911 年发表了《科学管理原理》一书，这是最早的系统研究运作管理的著作。这一时期还有一位著名的法国管理大师亨利·法约尔，他所研究问题的中心是组织结构和管理原则的合理化。他指出了企业经营的六方面职能，即技术职能、经营职能、财务职能、安全职能、会计职能、管理职能。同时还提出了管理活动的十四条原则，即分工、权力与责任、纪律、统一命令、统一领导、员工个人要服从整体、人员的报酬要公平、集权、等级链、秩序、平等、人员保持稳定、主动性和集体精神。法约尔的贡献在整个管理领域都是崭新的，他的这些理论也为以后管理理论的发展奠定了基础。这一阶段称为中期管理思想阶段。

自20世纪40年代至今，这一阶段称为现代管理思想阶段。由于科学技术的发展，生产自动化程度的提高，管理工作逐渐细化。在21世纪的开始，世界也进入了一个崭新的发展阶段，即知识经济时代，可以说生产运作管理在这一时期得到了空前的发展，产生了准时制生产、企业资源计划、计算机集成制造系统、精细生产、全面质量管理、业务流程再造、敏捷制造等大量的现代生产管理技术。

生产运作管理的发展如表1-2所示。

表1-2 生产运作管理的发展

成本导向	质量导向	定制化导向
早期（1776—1880） 劳动分工（亚当·斯密） 零件标准化（惠特尼） 科学管理时代（1880—1910） 甘特图（甘特） 动作与时间研究（吉尔布雷斯） 过程分析（泰勒） 排队论（爱尔朗） 大量生产时代（1910—1980） 产品装配线（福特） 统计抽样（休哈特） 经济订货批量（哈里斯） 线性规划（坦兹格） MRP（奥列基）	精益生产时代（1980—1995） JIT 计算机辅助设计 电子数据交换 全面质量管理 授权 看板管理	大规模定置时代（1995—2010） 全球化 互联网 ERP 学习型组织 国际化标准 供应链管理 敏捷制造 电子商务

（二）生产运作管理的发展趋势

生产运作管理的发展趋势有以下几点。

（1）生产运作管理学的研究范围，已经从传统的制造业扩大到了非制造业。

（2）生产运作管理的内容已不局限于传统的生产制造过程，而是扩展到生产战略的制定，生产系统的选择、设计，产品的研究、开发、制造和服务的全过程。

（3）注重提高生产系统的柔性，以适应多品种中小批量生产的要求。生产方式的这种转变使得生产运作管理面临着多品种小批量生产与降低成本之间相悖的新挑战，要求企业从生产系统的“硬件”（柔性生产设备）和“软件”（计划与控制系统、工作组织方式和人的技能多样化）两方面去探索新的方法。

（4）广泛应用数学方法、统计方法、计算机模拟等各种现代化管理方法。

(5) 运用计算机集成系统，把生产运作、市场营销、财务管理等经济活动紧密地联系在一起，实现生产经营一体化，提高企业的整体效能。

(6) 随着全球化供应链运作模式的快速发展，企业间的竞争变为供应链之间的竞争，强调企业的核心竞争力和供应链的整体竞争力。

四、生产运作管理的目标、任务和内容

(一) 生产运作管理的目标

企业在发展过程中或在激烈的市场竞争中，经常会遇到以下问题：

(1) Q——如何保证和提高质量：产品的设计质量、制造质量和服务质量问题，也即质量管理（Quality Management）。

(2) D——如何保证适时适量地将产品投放市场：产品的时间价值转变为生产运作管理中的产品数量与交货期控制问题，也即交货期管理（Delivery Management）。

(3) C——如何才能使产品的价格既为顾客所接受，同时又为企业带来一定的利润，也即成本管理（Cost Management）。

通过生产运作管理，我们希望在解决上述问题的同时达到以下目标：

(1) 追求QCD。在需要的时候，以适合的品种，适应的价格，向顾客提供具有适当质量的产品和服务。

(2) 三个提高。达到提高顾客和社会满意度、提高竞争力、提高经济效益与社会效益的目的。

(二) 生产运作管理的任务

生产运作管理的目标是通过构造一个高效率、适应能力强的运营系统，为企业生产具有竞争力的产品，具体可用一句话来概括："在顾客需要的时候，以适宜的价格，向顾客提供具有高质量的产品和服务。"生产运作管理的两大任务是生产运作活动的计划、组织与控制和生产运作系统的设计、改造与升级。生产运作管理的基本任务包括：保证生产系统正常顺利运行；提高效率；缩短交货期，准时生产和准时交货；降低生产成本，提高生产过程质量水平和质量稳定性；提高生产系统柔性和反应速度。

(三) 生产运作管理的内容

1. 生产运作战略的制定

生产运作战略决定产出什么，如何组合各种不同产出品种，为此需要投入什么，如何优化配置所需要投入的资源要素，如何设计生产组织方式，如何确立竞争优势，等等。其目的是为产品生产及时提供全套的，能取得令人满意的技术经

济效果的技术文件，并尽量缩短开发周期，降低开发费用。

2. 生产运作系统（设计）的构建

生产运作系统（设计）的构建包括设施选择、生产规模与技术层次决策、设施建设，设备选择与购置、生产运作系统总平面布置、车间及工作地布置等，其目的是以最快的速度、最少的投资建立最适宜企业的生产系统主体框架。

3. 生产运作系统的运行管理

生产运作系统的运行管理是对生产运作系统的正常运行进行计划、组织和控制。其目的是按照技术文件和市场需求，充分利用企业资源条件，实现高效、优质、安全、低成本生产，最大限度地满足市场销售和企业盈利的要求。生产运作系统的运行管理包括三个方面：计划编制，如编写生产计划和生产作业计划；计划组织，如组织制造资源，保证计划的实施；计划控制，如以计划为标准，控制实际生产进度和库存。

4. 生产运作系统的维护与改进

生产运作系统只有通过正确的维护和不断改进，才能适应市场的变化。生产运作系统的维护与改进包括设备管理与可靠性、生产现场和生产组织方式的改进。生产运作系统运行的计划、组织、控制，最终都要落在生产现场。生产现场管理是生产运作管理的基础与落脚点，加强生产现场管理，可以消除无效劳动与浪费，排除不适应生产活动的异常现象和不合理现象，使生产运作过程的各要素更加协调、不断提高劳动生产率和经济效益。

企业生产管理要关注的十个问题：如何制订生产计划；如何保持生产计划的有效性；如何控制生产进度；如何协调生产管理与其他职能部门的关系；如何进行班组建设，创造一种和谐与积极向上的工作气氛；如何提高效率和产量；如何稳定和提高质量；如何降低消耗、降低成本；如何搞好安全生产、文明生产；如何提高员工的学习热情与工作水平。

【思考练习】

从前有一个小村庄，村庄里没有任何水源，除此之外，这里算是人们生活的好地方。为了彻底解决这个问题，村里的长者决定对外签订一份送水合同，以便每天都能有人把水送到村里。艾德和比尔两个人都愿意接受这份工作。于是，长者把这份合同同时给了这两个人。因为长者知道，一定的竞争有益于保持低价，同时又能确保水的供应。

艾德：穷爸爸的做法

立刻行动。买了两只镀锌的大号钢桶，每日奔波于几英里外的湖泊和村庄之间。用桶从湖中打水并运回村庄，再把打来的水倒在村民修建的大蓄水池中。每天早晨，他必须起得比其他村民早，以便当村民需要用水时，蓄水池中已有足够的水。由于起早贪黑地工作，艾德很快开始赚到钱。尽管这是一项相当艰苦的工作，但是艾德很高兴。因为他能不断地赚钱，并且他对能够拥有两份专营合同中的一份而感到满意。

比尔：富爸爸的做法

自从签订合同后比尔就消失了。几个月来，人们一直没有看见过比尔。这更令艾德兴奋不已，由于没有竞争，他赚到了所有的水钱。比尔没有像艾德那样买桶自己干。相反，他作了一份详细的商业计划，并凭借这份计划找到了四位投资者，和他一起开了一家公司，并雇用了一位职业经理。6 个月后，比尔带着一个施工队和一笔投资回到了村庄。花了整整一年时间修建了一条由村庄通往湖泊的大容量的不锈钢管道。

结果比较：

比尔宣布他的水比艾德的水更干净！有许多人抱怨艾德的水中有灰尘。比尔还宣称，每天 24 小时，一星期 7 天不间断供水，而艾德却只能在工作日送水。周末休息。比尔还宣布：对这种品质更高、供应更为可靠的水，他收取的价格比艾德的低 75%！村民们欢呼雀跃奔走相告，并立刻要求从比尔的管道上接水龙头。

艾德也立即将水价降了 75%，并又买了两个桶。为了减少灰尘，每个桶都加了盖子。为了更好地服务，艾德雇用两个儿子帮忙以便通过倒休在夜间和周末也能工作。当他的儿子们要离开村庄去上学时，艾德深情地对他们说："快回来吧，因为有一天这份工作将属于你们。"由于种种原因，他的儿子们上完学后没有回来。艾德不得已雇了帮工，可又遇到了令他头疼的工会问题。工会要求他付更高的工资，提供更好的福利，并要求减轻劳动强度，允许工会成员每次只送一桶水。

此时，比尔却在思考：如果这个村庄需要水，其他有类似环境的村庄一定也需要水。于是，比尔重新制订了他的商业计划，开始向全国甚至全世界的村庄推销他的快速、大容量、低成本，并且卫生的送水系统。虽然每送一桶水，比尔只赚 1 便士，但是，每天他能送几十万桶水！无论他自己是否工作，几十万人都要消费这几十万桶水。而所有这些钱便都流入了比尔的银行账户中。显然，比尔不但开发了使水流向村庄的管道，而且还开发了一个使钱流向自己钱包的管道！

思考：

1. 比较穷爸爸和富爸爸的投入、产出和转换过程有何区别。
2. 为什么穷爸爸和富爸爸走上了完全不同的道路？

【技能实践】

请同学们深入企业调研，以企业的实际运作为模板，搜集相关企业组织结构和职能，主要工作部门和工作岗位的职责和权限；利用网络、图书馆的文献查阅相关资料，搜集整理组建模拟公司的相关材料，完成下列内容：

1. 每5～6人一组（可按照自愿原则或按学号进行分组）组建模拟公司；

2. 推荐或投票产生公司总经理；

3. 拟定公司经营范围，每组的经营领域不同（小组组长互相沟通，尽量选择不同生产性企业）。

任务2 划分生产类型

【知识目标】

1. 了解制造型企业与服务型企业的区别；

2. 掌握服务性运作的分类；

3. 掌握制造性生产类型的划分方法；

4. 掌握大量生产、成批生产、单件小批生产的区别，掌握流水生产中节拍的计算。

【技能目标】

具备正确划分制造型企业和服务型企业的能力；具备计算流水线节拍的能力。

【素质目标】

要求学生利用课余时间自主查阅资料，收集不同类型的服务性运作实例，收集不同制造业生产类型实例，并完成powerpoint展示。

【案例导读】

生产流水线和5美元工作日

1912年秋天，在高地的福特汽车公司的办公室里，福特召集有关人员开了一个意义重大的会议，会议讨论的核心议题是：如何提高生产效率，满足不断增长的市场需求？会议结束后，生产流水线的提议被广泛肯定。

1913年春天，世界上第一个生产流水线在高地工厂的发电机车间建成，工作效率和产品质量得到显著提高。到这一年夏天，工厂的所有车间全部安装了自动生产流水线。产品的生产工序被分割成为一个个的环节，工人之间的分工更细致，产品的质量和产量都大幅度提高了。川流不息的传送带，把整个工厂联系在一起，更多地榨取工人血汗的“福特制”正式诞生了。它对于福特汽车公司，对于整个资本主义世界产生的影响是巨大的。仅以福特汽车公司为例：1913—1914 年，福特汽车公司的生产再次实现了翻番，可是在此期间工人的数量不仅没有增加，反而从 14 336 人减少为 12 880 人。

然而，与成倍增长的产量和滚滚流入福特等人腰包的钞票形成鲜明对比的，是工人劳动强度的加大和收入的降低。据统计，由于新的生产方法的实施，福特汽车公司工人的劳动强度，视工种的不同是其他工厂工人的 0. 5 倍或数倍，他们手中的半机械的动作每过 4 个小时才得片刻休息，神经更是高度紧张，然而工资水平却仅相当于整个底特律的平均水平——每天 2. 34 美元。另外，在 1913 年夏天公司实行流水线作业后，还相应取消了“多劳有奖”的分级工资制度，取而代之的是最原始的计时工资制。这样一来更打击了工人的劳动积极性，于是大批工人在干了一段时间后，就纷纷离开福特汽车公司，而去其他工厂从事报酬不低且劳动强度低的工作。

面对如此困境，1914 年 1 月 5 日，福特汽车公司董事会通过决议，郑重宣布：“本公司将实现 5 美元工作日！任何合格的福特汽车厂的工人不论年纪，不分工种都能领到他自己的一份。”亨利当然也留了个心眼，他把这种加薪称作“利润分享”，以便在未来如果有了麻烦，可以用堂而皇之的借口来停止这一制度。同时，公司废除了每天工作 9 小时的制度，取而代之的是每天 8 小时的三班倒制度。

1 月 6 日凌晨 2 点起，就有上万名求职者聚集在工厂的大门口，等待得到新的工作，包括来自全国各地的职员、工人、水手、农民和矿工，而且每天还有大批的求职者乘货车来到底特律。福特汽车公司引起了一场全国性的人口大迁移。

1914—1916 年，福特公司的税后纯利分别为 3 000 万、4 400 万和 6 000 万美元。仅以 1914 年为例，按照福特宣布的“利润共享原则”，这一年工人应当得到总共 1 120 万美元的工资，而福特只支付了不到 1 000 万美元。

高工资产生的效益是显而易见的。首先，来自全国各地（应该说是世界各地，因为据 1914 年 11 月福特公司进行的一项调查，仅有 29% 的福特工人出生在美国，其他 71% 的工人来自 22 个不同的国家）成千上万的劳动者中最优秀的分子被吸收进厂；其次，这些进厂的工人只有两条路可以选择——要么无条件地服从，拼命跟上传送带的转动速度以挣到诱人的 5 美元工资，要么被淘汰，由云集在厂门口跃跃欲试的其他人来代替自己；最后，诱人的 5 美元并不是为每一位福特工人准备的，例如公司规定，新工人只有在干满 6 个月的试工期并且合格后，才能得到 5 美元的工资，而那些女工、22 岁以下的未婚男工、不赡养家眷独立生活的已婚男工、涉及离婚诉讼的男工以及其他“生活方式有问题”的工人都拿不到5美元。根据公司1916年的统计，当年有1.4万名工人（即全体工人的1/3）的日工资达不到5美元。而从1914—1919年的5年中，总共约有5%～10%的工人没能得到他们向往的5美元工资。难怪亨利·福特得意地说："5美元工作日是降低生产成本的最好方法。"

尽管劳动强度极大，可是工人们还是愿意到福特的工厂工作，劳动力的变更率降低了90%，每天无故旷工的工人比重从原先的10%下降到3%。根据当时一些学者的分析，按照"福特制"实行后的生产和工作效率，亨利·福特当时甚至能为每个福特工人支付每个工作日20美元的工资，那么其他的钱到哪里去了，大家都很明白。"挣5美元的工资，就要有5美元工资的纪律。"这是福特的口头禅。

1914年1月，一名工人的妻子写信给亨利·福特说："上帝呀，我丈夫下班回家后连饭都顾不上吃就瘫倒在床上……福特先生，别再这样下去了，一天5美元的工资虽然诱人，可我们实在挣不起呀！你的传送带比奴隶主的皮鞭还厉害！！"

（摘自《〈马克思主义基本原理概论〉课教学案例解析》，高等教育出版社）

【相关知识】

一、生产运作类型的分类

（一）制造型企业与服务型企业

制造型企业结构如图1-3所示，服务型企业结构如图1-4所示。

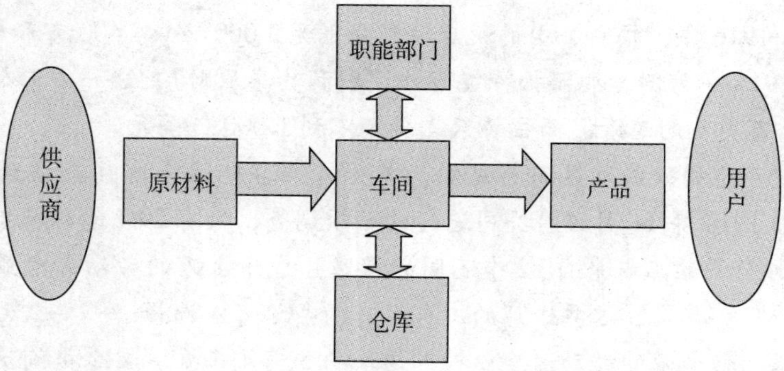

图1-3 制造型企业结构

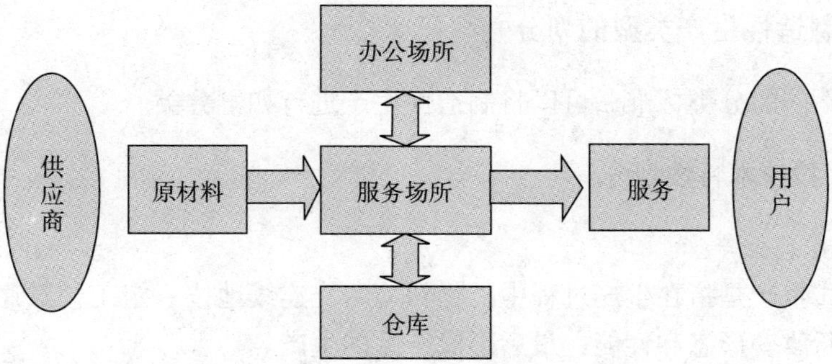

图1-4　服务型企业结构

（二）制造性生产和服务性运作

从管理的角度，将生产运作分成两大类：制造性生产和服务性运作。

制造性生产就是通过物理和（或）化学作用将有形输入转化为有形输出的过程。例如，通过锯、切削加工、装配、焊接、弯曲、裂解、合成等物理或化学过程，将有形原材料转化为有形产品的过程。通过制造性生产能够产生自然界原来没有的物品。

服务性运作又称作非制造性生产。它的基本特征是提供劳务，而不制造有形产品。但是不制造有形产品不等于不提供有形产品，例如在某些美发机构向客户出售美发产品。

【小知识】　制造业与服务业的区别

制造业与服务业的区别体现在产品的形式、产品的存储、与顾客的接触、响应顾客需求周期、服务范围、设施规模、质量可控性等方面，如表1-3所示。

表1-3　制造业与服务业的区别

项目	制造业	服务业
产品形式	产品是有形的、耐久的	产品无形、不可触、不耐久
存储性	产出可储存	产出不可储存
顾客接触程度	顾客与生产系统极少接触	顾客与服务系统接触频繁
响应顾客需求周期	响应顾客需求周期较长	响应顾客需求周期很短
服务范围	服务范围广泛	主要服务于有限区域范围内
设施规模	设施规模较大	设施规模较小
质量可控性	质量易于度量	质量不易度量

二、制造性生产类型的划分

根据不同的分类标准，可以将制造性生产进行如下分类。

（一）按技术特性划分

1. 流程式生产

流程式生产是指在生产过程中，物料均匀、连续地按一定工艺顺序运动，在运动中不断改变形态和性能，最后形成产品的生产。

2. 加工装配式生产

加工装配式生产是指先分别通过固有的各种加工作业制造出图纸规定的零件，然后通过一定的手段，将它们组合起来，制造出具有特定功能的产品的过程。

3. 流程式生产与加工装配式生产特点的比较

流程式生产组织、控制、协作、协调任务较少，但要更多注意安全性与可靠性。一般情况下设施地理位置集中，自动化程度高。

加工装配式生产计划、组织、协调任务比较重，生产管理比较复杂。因此一直是生产管理研究的重点。一般情况下地理位置分散，零件种类多，工艺多样，加工单位、人员设备多样。

流程式生产与加工装配式生产的比较如表1－4所示。

表1－4　流程式生产与加工装配式生产的比较

项目	流程式生产	加工装配式生产
用户数量	较少	较多
产品品种	较少	较多
产品差别	有较多标准产品	有较多用户要求的产品
营销特点	依靠产品的价格与可获性	依靠产品的特点
资本/劳力/材料密集度	资本密集	劳动力、材料密集
自动化程度	较高	较低
设备布置的性质	流水式生产	批量或流水式生产
设备布置的柔性	较低	较高
生产能力	可明确规定	模糊
扩充生产能力的周期	较长	较短
对设备可靠性要求	高	较低
维修的性质	停产检修	多数为局部修理
原材料品种	较少	较多
能源消耗	较高	较低
在制品库存	较低	较高
副产品	较多	较少

（二）按市场特性划分

按产品或服务的市场特性不同，可以把生产分为订货式生产（make－to－order，MTO）和备货式生产（make－to－stock，MTS）。

1. 订货式生产

订货式生产是以顾客的订单为依据，按用户特定的要求进行生产。其特点如下：

（1）产品标准化程度低，专用性强；

（2）生产效率低；

（3）用户订货提前期长，但对顾客个性化需求的满足程度高，库存水平低；不必经过分销渠道销售。

2. 备货式生产

备货式生产是指通过市场预测，按已有的标准产品或产品系列进行的生产，生产的直接目的是补充成品库存，通过维持一定量成品库存来满足用户的需要。其特点如下：

（1）产品标准化程度高，生产效率高；

（2）能够及时满足顾客共性化需求，用户订货提前期短；

（3）有利于企业编制计划并按计划组织生产活动，库存水平高，有时也会出现产品短缺且难以满足顾客个性化的需求。

3. 订货式生产与备货式生产的主要区别

订货式生产与备货式生产的主要区别如表1－5所示。

表1－5 备货式生产与订货式生产的主要区别

项目	备货式生产	订货式生产
驱动生产的方式	预测驱动	订单驱动
产品	标准产品	按用户要求生产，无标准产品，大量的变型产品与新产品
生产过程	均衡	不稳定
风险	成品积压风险	交货期长的风险
适应市场	供不应求的稳定市场	供过于求的变化市场
对产品的需求	具有共性，可以预测	个性化，难以预测
价格	事先确定，较低	订货时确定，较高
交货期	有成品库存随时供货，交货期短	订货时决定，交货期长
设备	多采用专用高效的设备	多采用通用设备

（三）按生产专业化程度划分

按生产专业化程度，生产可分为大量生产、单件生产、成批生产和多品种小批量生产四种类型。

1. 大量生产

车间及各生产环节在较长时间内固定地大量制造同种产品的生产类型。产品品种单一，产量大，生产重复程度高，工人操作简单，技术熟练，可实现工序作业标准化，计划编制易于做到准确，生产效率高，工作固定地完成一两道工序。

2. 单件生产

单件生产是指车间及各生产环节在一定时期内很少重复制造同种产品的生产类型，与大量生产相对立，是另一个极端。品种繁多，每种仅生产一台，生产的重复程度低（生产的品种往往不重复制造或者不定期地少量重复）。每个工作地负担40个工序以上。生产管理人员需要有丰富的工艺知识，否则难以编制详细的作业计划。

3. 成批生产

成批生产是指车间及各生产环节在一定时期内重复制造多种产品的生产类型，介于大量生产与单件生产之间，即品种不单一，每种都有一定的批量，定期轮番生产，生产有一定的重复性，轮换品种需要对设备、工人进行调整，工人需要有较高的技术水平和生产技能，生产计划的编制比较复杂。每个工作地固定完成2~40个工序。在当今世界上，单纯的大量生产和单件生产都比较少，一般都是成批生产。

由于成批生产的范围很广，通常将它划分为“大批生产”“中批生产”“小批生产”。大批生产和大量生产特点相近，合称为“大量大批生产”。小批生产与单件生产的特点相似，合称为“单件小批生产”。部分企业生产的产品品种繁多，批量大小的差别也很大，习惯上称之为“多品种中小批量生产”。“大量大批生产”“单件小批生产”和“多品种中小批量生产”的说法符合企业实际。制造业与服务业的不同生产类型举例如表1－6所示。大量生产、成批生产和单件生产的特征如表1－7所示。

表1－6　制造业与服务业的不同生产类型举例

生产类型	制造业	服务业
单件小批生产	模具、锅炉、大型船舶、长江大桥、三峡工程	研究项目、计算机软件、咨询报告、保健、理发、特快专业邮件、出租车服务、零售
大量大批生产	汽车、轴承、电视机、洗衣机、电冰箱、灯泡	公共交通、快餐服务、普通邮件、批发、体检

表 1-7　大量生产、成批生产和单件生产的特征

项目	大量生产	成批生产	单件生产
产品品种	单一或很少	较多	很多
产品产量	很大	较大	单个或很少
产品更新	慢	较快	很快
产品成本	低	较高	高
设备布置	按对象原则采用流水线	既有按对象原则又有按工艺原则	基本按工艺原则
设备类型	专用设备	专用与通用设备并存	通用设备
设备利用率	高	较高	低
劳动生产率	高	较高	低
劳动定额	详细	有粗有细	粗略
原材料储备量	大量	中等	少量
在制品	少	中等	量大
计划管理	较简单	较复杂	复杂多变
生产控制	容易	难	很难
质量控制	严格	正式控制制度	非正式控制制度
工人技术水平	低	较高	很高
在线管理人员	职能管理人员多	职能管理人员略多	职能管理人员少

【小知识】

1. 以工作地专业化程度划分

以工作地专业化程度来划分生产类型时，要分两个步骤：第一是划分工作地的生产类型，第二是划分工段、车间与企业的生产类型。

(1) 按照工序数目划分生产类型。

工作地指工人工作的场地，通常配备一名或几名工人，占有一定的面积，拥有机器设备、工位器具及劳动对象。

工序是指在一个工作地（或一台设备）上，一位工人（或一组工人）对劳动对象（一个或一组工件）连续实施的加工作业活动，即连续完成的那部分工艺过程。工序是工艺过程的基本组成单位。构成一个工序的主要特点是不改变加工对象、设备和操作者，而且工序的内容是连续完成的。

工序数目是工艺过程最基本的组成单位，根据工作地所担负的工序数目来确定工作地的生产类型，具体的划分参数标准值如表 1-8 所示。

表1-8 工序数目的划分参数标准表

工作地的生产类型	固定于工作地上的工序数目
大量生产	1~2
大批生产	3~10
中批生产	11~20
小批生产	21~40
单件生产	40以上

（2）按照工序大量系数划分生产类型。

根据工序大量系数值来确定工作地的生产类型，设：

K——按工序计算的大量系数值；

T——工序单件时间；

r——产品生产节拍。

则：
$$K = T/r$$

其中，$r = F/N$

F——计划期有效工作时间；

N——计划期产量。

则该式即可参考表1-9给出的数值确定工作地生产类型：

表1-9 工序大量系数表

工作地的生产类型	工序大量系数值
大量生产	>0.500
大批生产	>0.100~0.500
中批生产	>0.050~0.100
小批生产	>0.025~0.050
单件生产	0.025及以下

大量系数表示，在保证达到节拍的条件下，为完成每一个工序所需的工作地（或设备）数。它的倒数就是工作地的工序数目。

（3）工段、车间与企业生产类型的划分。

在一个工段、一个车间、一个企业中，工作地的生产类型不可能完全相同，确定生产类型的方法是根据比重最大的工作地生产类型确定工段的生产类型，比重最大的工段生产类型决定车间的生产类型，比重最大的车间生产类型决定企业的生产类型。

因此，之所以把某个工厂称为大量生产的工厂或单件生产的工厂，只是因为这种生产类型在这个工厂中占很大的比重，而绝不是指它唯一的生产形式。例如在单件小批生产的工厂中，也有成批生产类型，有时也有大量生产类型，例如标准件和通用件的生产；而大量生产的工厂中，它的工艺装备也多半是生产单件小批类型的。

2. 按绝对产量划分

在实际工作中往往利用绝对产量来划分生产类型。以下是通用的标准：

（1）按产品的绝对产量划分。

同型号的车床按产品绝对产量（年产量）划分表如表 1－10 所示。

表 1－10 按产品绝对产量划分表

单件生产	小批生产	中批生产	大批生产
10 台以下	10～99 台	100～500 台	500 台以上

（2）按零件的绝对产量划分。

先按零件的重量分成重、中、轻三种零件，其生产类型划分如表 1－11 所示。

表 1－11 按零件重量划分表

种类	重量	单件生产	小批生产	中批生产	大批生产	大量生产
重型	2 000 公斤以上	5 公斤以下	5～100 公斤	>100～300 公斤	>300～1 000 公斤	1 000 公斤以上
中型	100～2 000 公斤	10 公斤以下	10～200 公斤	200～500 公斤	500～5 000 公斤	5 000～50 000 公斤
轻型	100 公斤以下	100 公斤以下	100～500 公斤	500～5 000 公斤	500～50 000 公斤	50 000 公斤以上

无论用专业化的程度来划分，或用绝对产量来划分，二者都反映了生产的连续性、重复性和间歇性的程度。所谓生产的连续性也就是指工作地的专业化程度高，绝对的连续性也就是指一年 365 天，每天同一设备生产同一品种的同一工序，这就需要大批量的生产任务作为基础。相反，绝对的间歇性生产，也就是指多品种的单件小批生产，决不重复。

【小知识 2】

1. 大量大批生产类型的优势

（1）设计方面：使用标准图纸，节省时间、人员，设计质量有保证。

（2）工艺方面：可以使用标准制造工艺减少工艺编制工作量，缩短工艺准备周期，节省工艺人员，可设计专用高效的工装设备，便于且易于精确制定材料消耗定额，减少原材料消耗。

（3）生产组织方面：可进行精细分工，工作地专业化程度高，工人操作简化，可推行标准操作方法，提高工作效率。适于采用流水线、自动线等高效的组织生产形式。

（4）生产管理方面：便于且易于制定准确的工时定额。容易与供应厂家和协作厂家建立长期稳定的协作关系。例行管理多，例外管理少，计划、调度工作简单，生产管理人员易熟悉产品和工艺，易掌握生产进度。

（5）为企业带来的益处：从设计到出产的整个生产周期短，因此可以加快资金周转。大量大批生产一般是备货型生产，生产周期短使得用户的订货提前期短，从而加快了整个社会的生产速度；用人少，机械化、自动化水平高，产出率高，劳动生产率高；人力、物力消耗少，成本低；产品质量高而稳定。

大量大批生产是基于美国福特汽车公司的创始人亨利·福特的“单一产品原理”。按“单一产品原理”，从产品、机器设备到工人操作都实行标准化，建立固定节拍流水生产线，实现高效率与低成本，使汽车进入平民家庭。

2. 单件小批生产类型的劣势

（1）设计方面：设计工作量大，设计周期长，需要的设计人员多。因图纸得不到制造过程和使用过程的检验，设计质量也不易提高。

（2）工艺方面：编制工艺的周期长、工作量大。由于生产的重复程度低，材料消耗定额也不易或不宜准确制定。工艺质量不易提高，需要的工艺人员多。

（3）生产组织方面：只能进行粗略分工，工作地专业化程度不高。工人需完成多种较复杂的操作，需较长时间培训。多品种生产只适于使用通用设备，效率低，工作转换时间长。

（4）生产管理方面：只能粗略制定工时定额。原材料、毛坯种类变化大，与供应厂家和协作厂家不易建立长期稳定的协作关系，质量与交货期不易保证。计划、调度工作复杂，例行管理少，例外管理多，需要的管理人员多。

3. 多品种小批量生产

随着科学技术的进步，人们生活条件的不断改善，消费者的价值观念迅速变化，消费需求多样化，从而引起产品的寿命周期相应缩短。为了适应市场需求，企业越来越多地采用多品种小批量的生产方式。

多品种小批量生产的特征：

（1）生产品种的多样性；

（2）生产过程的复杂性；

（3）生产能力的适应性；

（4）环境变化的多样性；

（5）生产计划的变动性；

（6）生产管理的动态性。

需要提醒同学们注意的是，企业和车间生产类型的划分不是绝对的，一个企业可能同时存在三种不同的生产类型。例如：大量生产的企业，装配车间是大量流水生产，机械加工车间是大量流水和部分成批生产，毛坯车间是明显的成批和大批生产，试制车间是单件成批生产；成批生产的企业，装配车间是成批或大批生产，机械加工车间和毛坯车间是成批生产；单件生产的企业，基本车间均为单件生产。

三、流水生产

流水生产方式在1913年诞生于美国福特汽车公司，最初用于汽车装配，后运用到零件的机械加工过程。可以说，流水生产方式“拉开了现代工业生产的序幕”。

流水生产是指劳动对象按照一定的工艺路线顺序地通过各个工作地，并按照统一的生产速度（节拍）完成工序的连续重复的生产过程。流水生产是在“分工”和“作业标准化”的原理上发展起来的。最初的流水线只生产单一品种的产品，而现代化流水生产线能够同时生产多种结构的相似产品。

（一）组织流水生产的必要条件

1. 产量

要求产量足够大，单位产品的劳动量也比较大，以保证可以进行任务分解、生产稳定、可采用高效专用设备。

2. 制造的工艺过程

制造的工艺过程能划分成简单的工序，又能根据工序同期化的要求把某些工序适当地合并与分解，使各工序的作业时间基本相等或成整数倍。

3. 产品结构和制造工艺

产品结构和制造工艺相对稳定。

4. 必要的厂房条件

厂房和生产面积适合安装流水线的传送装置和设备。

5. 原材料和协作件

原材料和协作件应标准化、规格化，且供应及时。

（二）流水生产线具有的特征

（1）流水生产线按对象专业化原则组织，线上的加工对象是固定的，工作地的专业化程度较高，因此流水线一般具有较高的生产率。

（2）线上的设备和工艺、装备是针对加工对象的工艺要求配置的，一般能封闭地完成加工对象的全部生产工艺，线上各工序的工作地数量与该工序单件工时的比值保持一致，即各工序的生产能力符合比例性的要求。

(3) 流水线的各工作地按工艺过程的顺序排列，前后工序在空间紧密衔接，工件沿流水线作单向流动，运输距离短，生产过程的连续性好。

(4) 经过周期化工作，线上各道工序具有大体相等的生产率，且使各道工序的加工时间等于或接近于流水线的节拍，或与节拍成整数比。

由于流水生产线具有良好的连续性、比例性、平等性和节奏性，所以流水生产能取得良好的经济效益。

（三）流水线的分类

1. 按生产对象的移动方式分类

(1) 固定流水线。即生产对象固定不动，由不同工种的工人（组或队）携带工具按规定的节拍轮流到各个产品上去完成自己所担任的工序。这种生产组织形式适用于装配特别笨重、巨大的产品，以及在造船、建筑、工程施工等部门中采用。

(2) 移动流水线。即生产对象移动，工人和设备、位置固定，生产对象顺次经过各道工序的工作地进行加工或装配。这种生产组织形式在机械制造、服装等工业部门广泛采用。

2. 按生产对象的数目分类

(1) 单一对象流水线。即一条流水线只固定生产一种产品，故又称为大量或不变流水线。

(2) 多对象流水线。即一条流水线上生产两种以上制品，并且按轮换方式不同，又可分为可变流水线、成组流水线和混合流水线。

3. 按对象转换方式分类

按对象转换方式，流水线可分为：不变流水线、可变流水线、成组流水线以及混合流水线。

4. 按生产过程的连续程度分类

(1) 连续流水线。即生产对象从投入到出产连续地从一道工序转向下道工序，没有或很少有间断时间。它一般只适用于大量生产，是一种完善的流水生产形式。组织连续流水线的条件是工序同期化。

(2) 间断流水线。即由于各道工序的劳动量不等或不成倍比关系，生产能力不平衡，加工对象在各工序之间会出现停放等待中断时间，生产过程是不完全连续的。

5. 按流水线的节奏化程度分类

(1) 强制节拍流水线。即准确地按节拍生产产品的流水线，它利用专门的装置来强制实现规定的节拍，工人必须在规定的时间内完成自己的工作，如有延误或违反技术规程，即会影响下道工序的生产。

（2）自由节拍流水线。即不要求严格按节拍生产产品。节拍主要靠工人的熟练操作来保证，因而可能有波动。

（3）粗略节拍流水线。即各工序的加工时间与节拍相差很大，如果按组织生产，就会使设备和工人处在工作时断时续的状态。为了充分利用人力和设备，工作地可以在一段时间内连续地进行生产，各个工作地经过不同的时间达到相同的产量。因此，可以规定一个合理的时间间隔，并按它组织各工作地的连续生产。这个规定的时间间隔就是粗略节拍。

6. 按流水线机械化程度分类

（1）手工流水线。多用于机器、仪器、仪表的装配。

（2）机械化流水线。应用最广泛。

（3）自动化流水线。流水线的高级形式，由于投资大，在应用上受到一定的限制。

以上流水线的分类如图1－5所示。

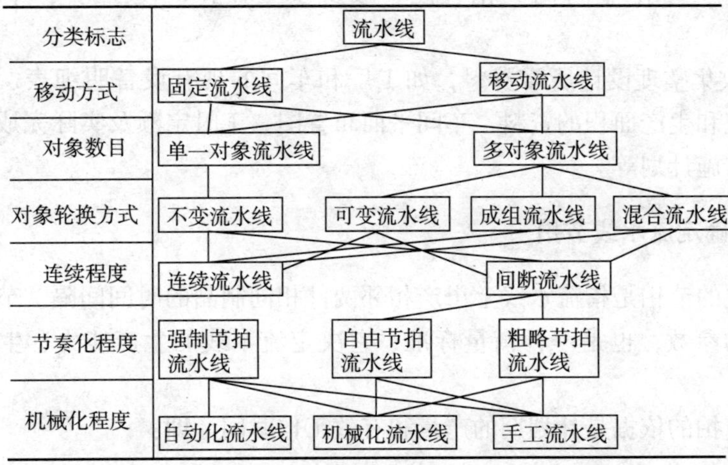

图1－5　流水线分类图

（四）流水线生产方式的优缺点

1. 优点

（1）产品的生产过程较好地符合连续性、平行性、比例性以及均衡性要求；

（2）生产率较高；

（3）缩短生产周期，减少在制品的占用量和运输工作量；

（4）加速资金周转；

（5）简化生产管理工作。

2. 缺点

（1）柔性差。

（2）工人工作单调、紧张、易疲劳，不利于提高工人生产技术水平。

（五）流水线组织设计的准备工作

在设计流水线之前，应做好以下各项准备工作：

（1）进行产品零件的分类，明确适于和不适于用流水生产形式制造的产品和零部件，并规定流水线形式。

（2）改进产品结构，使之适合于流水生产。

（3）审查和修改工艺规程，其内容包括：

①在一条流水线上生产的产品、零件或零件组的全部工序在封闭流水线上完成；

②产品、部件的装配和零件加工的顺序要完全一致，工序的组成最好相同；

③产品、部件、零件的加工（装配）基准应力求一致；

④提高工序作业的机械化程度，减少手工操作，使工序单件时间保持稳定。

（4）收集整理设计所需资料，如工厂和车间的现有设备明细表、有关车间的厂房建筑和生产面积的资料、车间平面布置图、工时定额及实际完成的资料与技术组织措施计划等。

（六）确定流水线节拍

流水线的节拍是指流水线上出产相邻两件相同制品的时间间隔。节拍是流水线最重要的参数，也是一种衡量标准，它决定流水线的生产能力、生产速度和效率。

确定节拍的依据是计划期的产量和有效工作时间。即：

$$R = T_{效}/Q$$

R：节拍；$T_{效}$：计划期有效工作时间；Q：计划期制品产量。

如果 R 很小，且体积重量也很小，不适于按件传递，则可以实行按批传递。顺序出产相邻两批同样制品之间的时间间隔就称为节奏。即：

$$R_g = R \cdot n$$

Rg：节奏；n：批量。

［**例 1**］ 某产品流水线的计划日产量为 300 件，采用两班制生产，每班计划工作 8 小时，预计废品率为计划产量的 3%，时间利用系数为 95%，求流水线的节拍。

［**解**］

$$r = \frac{8 \times 2 \times 60 \times 0.95}{300 \times (1 + 3\%)} \approx 3(\text{分钟})$$

上式计算的节拍是计划节拍，或称平均节拍，它是产品出产的节拍，零件加工的节拍也可以按上式计算。

［**例2**］　某产品流水线的计划年销售量为20 000件，计划有效工作时间254天，另需生产备件1 000件，废品率2%，两班制工作，每班8小时，时间有效利用系数为95%，求流水线的节拍。

［**解**］

$$T_{效} = 254 \times 8 \times 2 \times 60 \times 95\% = 231\ 648 \text{ 分钟}$$

$$Q = (20\ 000 + 1\ 000)/(1 - 2\%) = 21\ 429 \text{ 件}$$

$$R = T_{效}/Q = 231\ 648/21\ 429 = 11(\text{分/件})$$

四、服务性运作的分类

服务性运作可分为纯劳务运作与一般劳务运作；顾客参与的服务运作与顾客不参与的服务运作；大量资本密集服务、大量劳动密集服务、专业资本密集服务与专业劳动密集服务。

与制造性生产相比，服务性运作有以下几个重要特点：

（1）服务性运作的生产效率难以测量。因为服务性生产的输出是无形的。

（2）服务性运作的质量标准难以建立，服务质量难以进行评价。

（3）与顾客接触是服务性运作的一个重要内容，有时顾客就是运作系统的一个组成部分，这使得生产（服务）过程难以控制，并且这种参与往往导致低效率。

（4）制造性生产可以通过增加或减少库存来处理由于需求变化引起的波动，但服务性运作，特别是纯劳务不能通过库存来调节。

【思考练习】

听说生产管理部门负责人的表情多数都是阴沉的，没有什么活力，是不是由于他们整日为调整交货期，处理由于交货期延迟产生的后续工作而烦恼呢？面对少量多样的生产方式，员工整日加班，生产效率低下的现状有没有应对的方法呢？

看看生产管理员工的工作现状：

（1）员工都是被动地工作，更多的是简单传递信息；

（2）计划制订后不能按照要求执行，生产计划变动频繁，员工们更多的是在思考如何解决计划的变化问题；

（3）员工面对信息系统更多的是疲于应付，对未来工作心中充满了忧虑。

面对以上问题，我们先了解一下制造型企业的三个核心职能，如表1－12所示。

表 1－12　某制造型企业的三个核心职能

作业职能	财务职能	市场营销职能
1. 生产设施 －建设 －维护 2. 工程/设计 －产品开发与设计； －设备、工具的开发安装 3. 生产与库存控制 －时程安排 －物料控制 4. 采购 5. 质量保证与控制 6. 工业工程 －有效利用及其、空间、人员	1. 分析、预测、决策、计划 2. 筹资、投资、控制、监督、检查 3. 组织财务活动、处理财务关系、执行财务计划、编制财务报表、撰写财务报告、反馈信息修正计划	1. 促销 2. 广告 3. 销售 4. 市场研究

请同学们讨论一下企业的三个核心职能中哪一个更重要？（小提示：同学们可以从企业获取利润的角度、核心职能之间依存关系的角度来讨论）随着经济全球一体化，制造型企业的生产部门将如何面对市场激烈的竞争形势？

【技能实践】

请同学们依据所组建的模拟公司，查阅相关资料，完成下列内容：

1. 根据模拟公司情况，绘制公司组织结构图，并对其进行阐述；

2. 推荐一名代表阐述本公司生产产品的类型和特征，并表述本公司产品在生产上的优势；

3. 对本公司的产品生产线进行设计，包括设计的步骤、准备工作、流水线节拍等，要求具有文字报告和图形展示。

任务 3　认识生产过程及生产组织

【知识目标】

1. 掌握生产过程的空间组织方式；

2. 掌握生产过程的时间组织方式。

【技能目标】

具备划分生产过程的能力；具备布置不同企业车间的能力；具备常用的制品移动方式周期计算的能力。

【素质目标】

良好的过程管理是良好结果的根基，通过对本任务的学习，使未来的基层管理者建立起过程意识。

【小讨论】

每件事的发生必有其前因后果，必有其发展过程与最后结局。请各位同学结合自我的实际情况讨论一下结果、过程谁更重要，最后请谈一谈在企业中生产过程及生产组织的重要性。

【相关知识】

一、生产过程

（一）生产过程的划分

生产过程是指从投料开始，经过一系列的加工，直至成品生产出来的全部过程，其中包括劳动过程和自然过程。劳动过程是指人利用劳动工具，作用于劳动对象，按照预定的方法和步骤，改变其几何形状和性质，使其成为产品的过程。自然过程是指在自然力的作用下，改变产品的物理和化学状况的过程。影响生产过程的构成因素：产品的特点、企业的规模、生产采用的设备和工艺方法、企业的对外协作关系等。

生产过程的构成按各部分分担任务的不同划分为四部分：

(1) 生产技术准备工作——产品在投入生产前所进行的各种生产技术准备工作；

(2) 基本生产过程——对构成产品实体的劳动对象直接进行工艺加工的过程；

(3) 辅助生产过程——为保证基本生产过程的正常进行而从事的各种辅助性生产活动的过程，如为基本生产提供动力、工具和维修工作等；

(4) 生产服务过程——为保证生产活动顺利进行而提供的各种服务工作，如供应工作、运输工作、技术检验工作等。

（二）工艺阶段与工序

工艺阶段是指按照使用的生产手段的不同及加工性质的差别而划分的局部生产过程。若干相互联系的工艺阶段组成基本生产过程和辅助生产过程。

工序是指一个工人或一组工人在同一工作地上对同一劳动对象进行加工的生

产环节。它是组成生产过程的最小单元。若干个工序组成工艺阶段。按照工序的性质，可把工序分为基本工序和辅助工序：基本工序是指直接使劳动对象发生物理或化学变化的工序；辅助工序是指为基本工序的生产活动创造条件的工序。

综上，生产过程的构成，就是指生产过程的各个部分（生产技术准备过程、基本生产过程、辅助生产过程、生产服务过程，生产过程的各个工艺阶段、基本工序和辅助工序）之间的组成情况和相互联系。

【小知识】

炼钢厂生产过程的构成对于钢铁企业而言，其生产技术准备过程包括产品的设计、工艺准备、标准化工作、定额工作、劳动组织调整、设备布置和人员培训等；基本生产过程包括炼钢生产中的烧结/压碇、熔铁、炼钢和轧钢；炼钢设备的维修属于辅助生产过程；炼钢原材料和炼钢设备、器具等的保管、供应等工作属于炼钢生产服务过程。

二、生产过程组织

生产过程组织是指对生产过程中劳动者、劳动手段、劳动对象以及生产过程的各个阶段、环节和工序的合理组织与安排，包括生产过程的空间组织和时间组织。其目的是使生产过程在空间上、时间上衔接平衡、紧密配合，形成一个有机协调的产品生产系统，保证产品制造过程最短、时间最省、耗费最小，并按计划规定的产品品种、质量、数量和交货期生产产品，满足市场需要并取得最大的经济效益。

（一）生产过程组织的基本要求

1. 连续性

企业产品生产过程的各个阶段、各个环节、各个工序应相互衔接，连续进行，不间断或少间断。

2. 比例性（协调性）

企业的各种生产过程之间、各生产阶段之间和各工作地之间，在设备生产能力、劳动力配备和物料、动力、工具等供应上，应保持合理的比例关系，使之平衡协调地按比例生产。

3. 均衡性（节奏性）

企业从材料投入生产到最后成品完工的过程中，应避免时紧时松、前松后紧等现象，保证企业生产负荷均衡、有节奏地进行。

4. 平行性

企业生产过程的各个组成部分、各个生产阶段和各个工序实行平行作业，使产品的各个零部件的生产能在不同的空间同时进行。

5. 适应性

企业生产过程应能根据市场多变、品种变换的需要，灵活地改变生产组织形式，增强适应能力，能及时满足变化的市场需要，即朝着多品种、小批量、能够灵活转向、应急应变性强的方向发展。

（二）生产过程的空间组织

生产过程的空间组织就是指企业的各个生产单位的组成、相互联系及其在空间上的分布情况。有效的组织能使生产活动高效顺利地进行。以下主要从生产单位（如车间）布置的角度说明生产过程空间组织的主要形式。

1. 工艺专业化形式

工艺专业化形式又称工艺原则，就是按照生产工艺的特点来设置生产单位。在工艺专业化的生产形式下，每一个生产单位集中同种类型的生产设备和同工种的工人，完成同种工艺方法的加工或同种功能，即加工对象是多样的，但工艺方法是同样的。每一个生产单位只完成产品生产过程中的部分工艺阶段和部分工序的加工任务，产品的制造完成需要数个生产单位的协同努力。机械制造业中的铸造车间、机械加工车间、热处理车间及车间中的车工段、铣工段等，都是工艺专业化生产单位。按工艺原则布置的车间零件运动情况如图 1－6 所示。

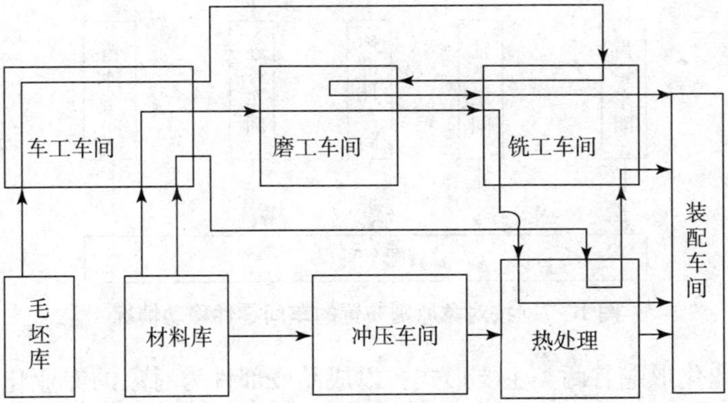

图 1－6　按工艺原则布置的车间零件运动情况

工艺专业化形式的优点是：可以充分利用设备；适应产品品种的要求，适应多品种的要求；便于加强工艺管理、提高技术水平和进行专业技术指导；个别设备出现故障或进行维修，对整个产品的生产制造影响小。它的缺点是：加工路线长；经过许多车间，增加交接等待时间；车间之间的相互联系比较复杂，使计划管理和在制品管理工作更加复杂。

工艺专业化形式适用于企业生产品种多、变化大、产品制造工艺不确定的单件小批生产类型。一般按订货情况要求组织生产，特别适用于新产品的开发试制。

【小知识】

机械制造企业车间布置

现实中的机械制造企业中，铸造车间内按工艺专业化形式设置了熔化工部、浇铸工部、清理工部、配砂工部等；造型部分又按对象专业化原则建立了床身造型工段、箱体造型工段和杂件造型工段等；按对象专业化原则建立的齿轮车间内，又按工艺专业化原则设置了粗车组、精车组、滚齿机组、插齿机组和磨齿机组等。

2. 对象专业化形式

对象专业化形式又称对象原则，是指各基本车间独立完成产品（零部件）的全部或大部分工艺过程，工艺过程是封闭的。在对象专业化生产单位（如汽车制造厂中的发动机车间、底盘车间，机床厂中的齿轮车间等）里，集中了不同类型的机器设备、不同工种的工人对同类产品进行不同的工艺加工，能完成一种或几种产品（零部件）的全部或部分的工艺过程，而不用跨越其他的生产单位。按对象原则布置的车间零件移动情况如图 1 –7 所示。

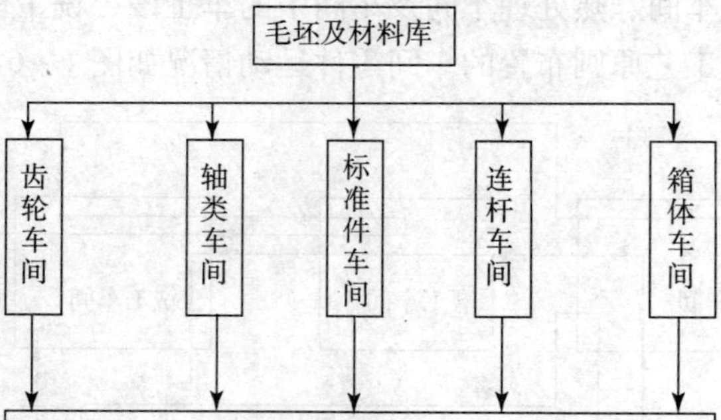

图 1 –7　按对象原则布置的车间零件移动情况

对象专业化形式有两类主要形式：以成品或部件为对象的专业化形式和以同类零件为对象的专业化形式。其优点是加工路线短，为采用先进的生产过程组织形式（流水线、自动化）创造了条件，大大减少了车间之间的联系，有利于在制品管理。它的缺点是：对产品变动的应变能力差；设备利用率低；工人之间的技术交流比较困难，导致工人技术水平的提高受到限制。

对象专业化形式适用于企业的专业方向固定、产品品种稳定、工艺稳定的大批量生产类型，如家电、汽车、石油化工产品生产等。

在实际生产中，上述两种专业化形式往往是结合起来应用的。根据它们所占比重的不同，专业化形式可分为在对象专业化形式的基础上，局部采用工艺专业化形式和在工艺专业化形式的基础上，局部采用对象专业化形式。

3. 综合原则

综合原则取上述两者的优点。应用形式有两种：

(1) 在对象专业化原则的基础上采用工艺原则，如锅炉厂的铸造车间、锻造车间。

(2) 在工艺专业化原则的基础上采用对象原则，如铸造厂的箱体造型工段、床身造型工段等。按综合原则布置的车间零件移动情况如图 1－8 所示。

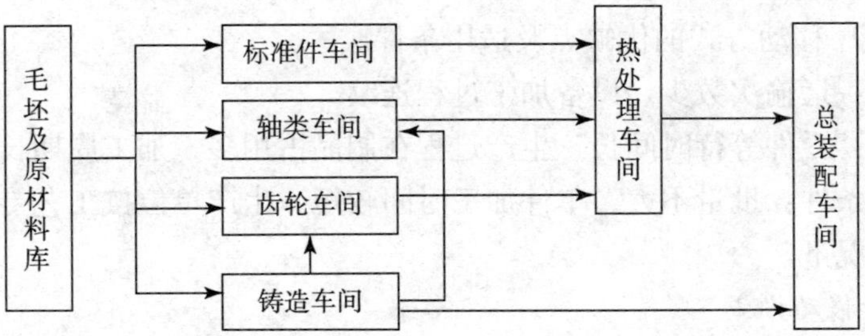

图 1－8　按综合原则布置的车间零件移动情况

（三）生产过程的时间组织

生产过程时间组织的目标：减少时间损失，缩短生产周期，提高生产效率，降低在制品占用量，提高生产效益。

制品经过生产过程可采用不同的转移方式，而不同移动方式在不同生产条件下的效果是不同的，常用的制品移动方式有如下几种。

1. 顺序移动方式

(1) 顺序移动方式的计算方法。

一批制品在上道工序全部完工后，整批地转运到下道工序接着加工。

例 1　一批制品，批量为 4 件，须经 4 道工序加工，各工序加工时间分别为：$t_1=10$ 分钟，$t_2=5$ 分钟，$t_3=15$ 分钟，$t_4=10$ 分钟。采用顺序移动方式的示意图如图 1－9 所示。

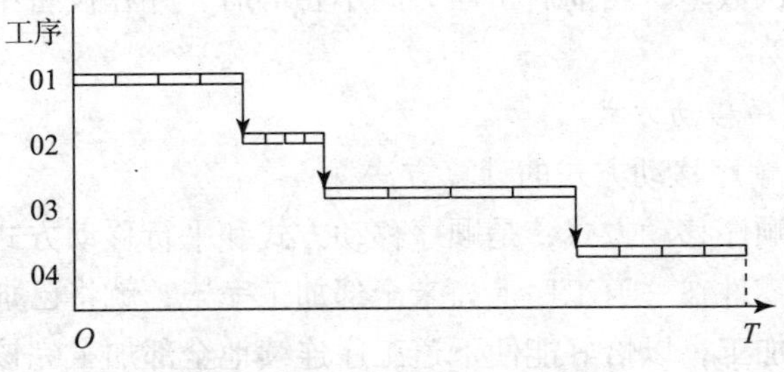

图 1－9　顺序移动方式

顺序移动方式下的加工周期计算：

$$T = nt_1 + nt_2 + nt_3 + nt_4 = n\sum_{i=1}^{4} t_i$$

代入例中数字：

$$T = 4 \times (10 + 5 + 15 + 10) = 160(分钟)$$

一般式：
$$T = n\sum_{i=1}^{m} t_i$$

其中：n 为批量；m 为工序数。

（2）顺序移动方式的优缺点及适用条件。

①优点：运输次数少、设备加工过程连续。

②缺点：零件等待时间长、生产过程在制品占用多，加工周期长。

③适用条件：批量不大，单件加工时间较短、生产单位按工艺专业化组成距离较远的情况下。

2. 平行移动方式

一批制品的每一件在上道工序完工后，立即运往下道工序接着加工（逐件转移）。采用平行移动方式的示意图如图 1－10 所示。

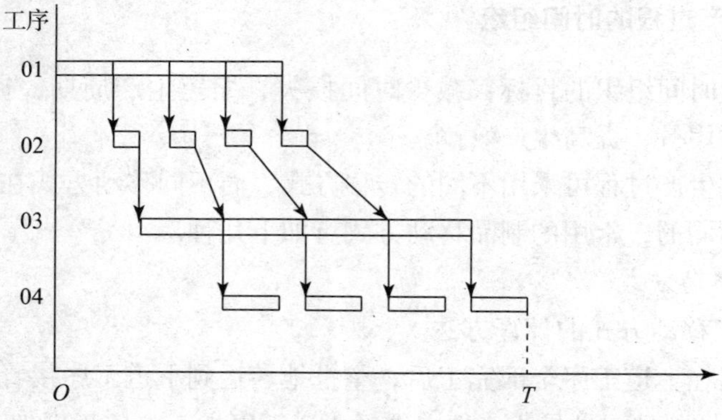

图 1－10　平行移动方式

优点：加工周期短，在制品占用量少。

缺点：运输次数多，当前后工序时间不相等时，存在设备中断和制品等待的情况。

3. 平行－顺序移动方式

（1）平行－顺序移动方式的计算方法。

所谓平行－顺序移动方式，是顺序移动方式和平行移动方式两种方式的结合使用，是指一批零件在一道工序上尚未全部加工完毕，就将已加工好的一部分零件转入下道工序加工，以恰好能使下道工序连续地全部加工完该批零件为条件的移动方式。采用平行－顺序移动方式的示意图如图 1－11 所示。

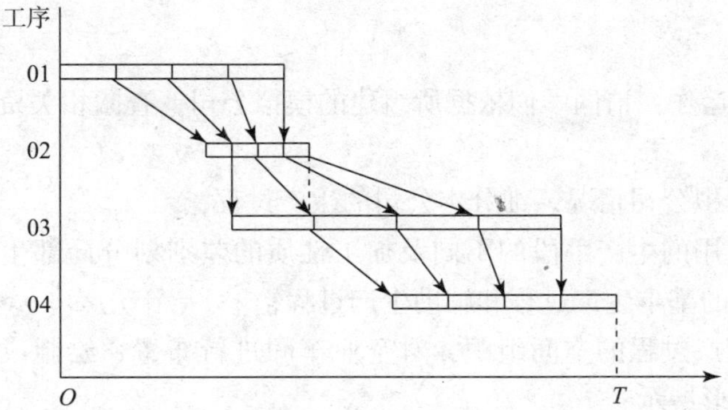

图 1－11　平行－顺序移动方式

平行－顺序移动方式的周期计算：

$$T_{平顺}=\sum t_i+(n-1)\left(\sum t_{较大}+\sum t_{较小}\right)$$

式中，$T_{平顺}$——顺序移动方式下的产品加工生产周期；

n——批量；

t_i——第 i 道工序的单件工时；

$t_{较大}$——比相邻工序单件工时均大的工序的单件工时；

$t_{较小}$——比相邻工序单件工时均小的工序的单件工时。

例 2　一批制品，批量为 4 件，须经 4 道工序加工，各工序加工时间分别为：$t_1=10$ 分钟，$t_2=5$ 分钟，$t_3=15$ 分钟，$t_4=10$ 分钟。

采用平行－顺序移动方式计算：

$$T=4\times(10+5+15+10)-(4-1)\times(5+5+10)=100(分钟)$$

（2）平行－顺序移动方式的优缺点。

①优点：劳动过程中的中断时间比顺序移动方式的少，零件生产周期较短；在一定程度上消除了工人与设备的空闲时间，使工人和设备的空闲时间集中起来，便于用来做其他工作。

②缺点：组织管理比较复杂。

（3）平行－顺序移动方式的运用。

①当前道工序的单间作业时间小于或等于后道工序的单间作业时间时，则前道工序上完工的每一个零件应立即转移到后道工序去加工，即按平行移动方式单件运输。

②当前道工序的单间作业时间大于后道工序的单间作业时间时，则前道工序上完工的零件，并不立即转移到后道工序去加工，而是等到足以保证后道工序能连续加工的那一刻，才将前道工序完工的零件全部转移到后道工序去，这样可以避免后道工序出现间断性的设备停歇时间，并把分散的停歇时间集中起来加以利用。

【技能实践】

模拟公司运作：请同学们依据所组建的模拟公司，查阅相关资料，完成下列内容：

1. 根据模拟公司情况，细分本公司的生产过程；
2. 按照使用的生产手段的不同及加工性质的差别划分局部生产过程，包括工艺阶段组成的基本生产过程和辅助生产过程；
3. 进行生产过程的空间组织，对企业车间进行布置，绘制成图，要求具有文字报告和图形展示；
4. 完成生产过程的时间组织，并对其进行表述。

任务 4 认识生产运作部门的组织结构与职责

【知识目标】

1. 了解生产运作部门的组织结构；
2. 掌握小型、中型、大型企业生产部门的组织结构；
3. 掌握生产部门及其各岗位的工作职责。

【技能目标】

具备明确生产运作部门生产职责的能力。

【素质目标】

要求学生能够利用课余时间查找与生产运作部门相关的工作岗位职责，撰写职业生涯规划，为今后的职场生活奠定基础。

【案例导读】

主生产计划员中午的两个小时

星期三上午，11：50，C 电器设备公司的主生产计划员朱女士正准备去吃午饭，电话铃响了，是公司主管销售的副总裁。

“朱女士，你好。我刚刚接到我们浙江的销售代表的电话，他说，如果我们能够比 D 公司交货更快，就可以和一家大公司做成 A3 系统的一笔大生意。”

“这是一个好消息，”朱女士回答，“一套 A3 系统可以卖一百万呐。”“是的，”副总裁说道，“这将是一个重要的新客户，一直由 D 公司控制着。如果我们这第一步走出去了，以后的生意会接踵而来的。”朱女士知道，副总裁打电话给她绝不仅仅是告诉她这个好消息。“如果我们能够比 D 公司交货更快”才是打电话的原因。作为主生产计划员，她意识到副总裁下面还有话说，她全神贯注地听着。

“你知道，朱女士，交货是销售中的大问题。D 公司已经把他们的交货期从原来的 5 周缩短到 4 周。”副总裁停顿了一下，也许是让朱女士做好思想准备。然后接着说，“如果我们要做成这笔生意，我们就必须要做得比 D 公司更好。我们可以在 3 周之内向这家公司提供一套 A3 系统吗?”朱女士在今天上午刚刚检查过 A3 系统的主生产计划，她知道，最近几周的生产线都已经排满了，而且，A3 系统的累计提前期是 6 周。看来必须修改计划。

“是 3 周以后发货吗?”朱女士问道。

“恐怕不行，3 周就要到达客户的码头。”副总裁回答。朱女士和副总裁都清楚，A3 系统太大，不能空运。

“那我来处理这件事吧。”朱女士说，“两小时之后我给您回电话。我需要检查主生产计划，还需要和有关人员讨论。”

副总裁去吃午饭了。朱女士继续工作、解决问题。她要重新检查 A3 系统的主生产计划，有几套 A3 系统正处于不同的生产阶段，它们是为其他客户做的。她需要考虑当前可用的能力和物料；她要尽最大的努力，使销售代表能够赢得这个重要的新客户；她还必须让其他老客户保持满意。尽一切可能把所有这些事情做好，这是她的工作。

下午 1：50，朱女士给销售副总裁打了电话：“您可以通知您的销售代表，从现在开始 3 周之内，一套 A3 系统可以到达客户的码头……”

“太好了！朱女士。您是怎么解决的呀?”副总裁高兴地问道。“事情是这样的，我们有一套 A2 系统正在生产过程中。我请您的助手给这套 A2 系统的客户代表打了电话，请他和客户联系，能否推迟两周交货。我们答应这家客户，如果他们同意推迟两周交货，我们将为他们延长产品保修期。他们同意了，我们的财务部门也批准了。我们利用现有的物料和能力把 A2 系统升级为 A3 系统，就可以按时交货了。但是还有一个问题，如果能解决，那就可以为您浙江的销售代表开绿灯了。”

“什么问题?”副总裁有点担心。

“您广东的销售代表有一份 A3 系统的单子正在生产过程中。如果我们按刚才说的那样来改变计划，这份订单就得推迟 3 到 4 天，您看可以吗?”球又回到了副总裁手里。他清楚，对原有计划的任何即使是精心的修改也往往要付出一些代价。“好吧，我来处理。”副总裁说。

问题终于解决了。朱女士看看表，2：15，她感到了饥饿。

这个案例清楚地说明，在主生产计划的制订和执行过程中，主生产计划员处于一个非常关键的位置上。他（她）的任务是和企业组织中的其他人一起工作来协调希望做和能够做的事情。ERP软件系统的主生产计划功能为主计划员提供了一个工具，主生产计划员必须用好这个工具。主生产计划员必须具有关于企业的丰富知识，知道什么可以做，什么不可以做，知道销售人员所面临的问题。他（她）不但要精通计划的机制，还要了解企业的整体业务，了解公司的客户、产品、产品的生产过程以及供应商，以便于协调市场销售部门和生产部门以及其他有关部门的工作。所以，制订主生产计划，绝不仅仅是向主生产计划矩阵里面填写数字。

【相关知识】

一、生产部组织结构

生产部可依据企业的类型、规模、经营范围等的不同选择不同的结构模式，设置不同的管理层次、职能小组并进行人员配置。

（一）小型企业生产部组织结构

小型企业生产部组织结构如图1－12所示。

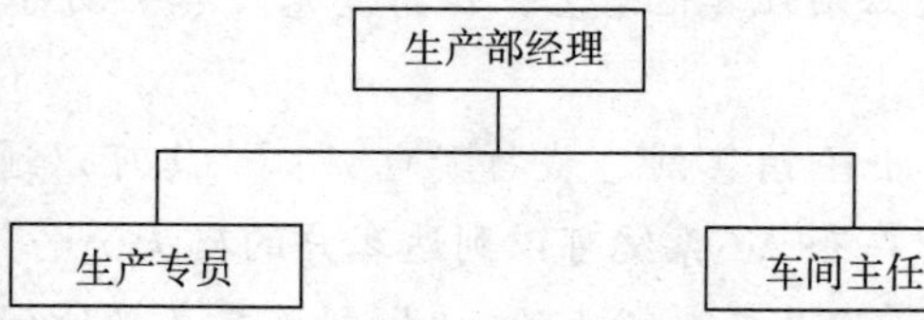

图1－12　小型企业生产部组织结构示例

（二）中型企业生产部组织结构

中型企业生产部组织结构如图1－13所示。

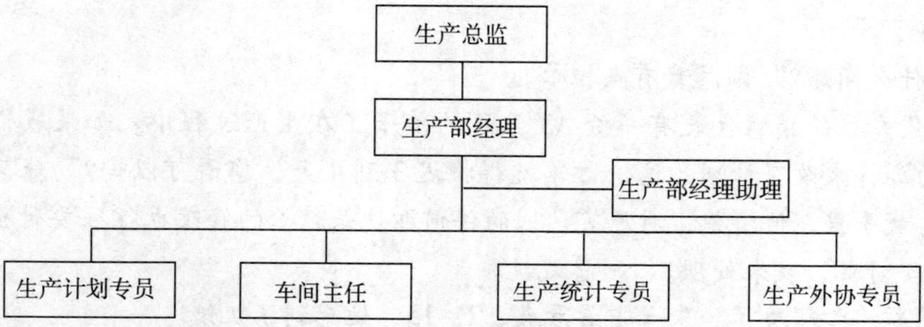

图1－13　中型企业生产部组织结构示例

中型企业生产部组织结构也可采用如图 1－14 所示的形式。

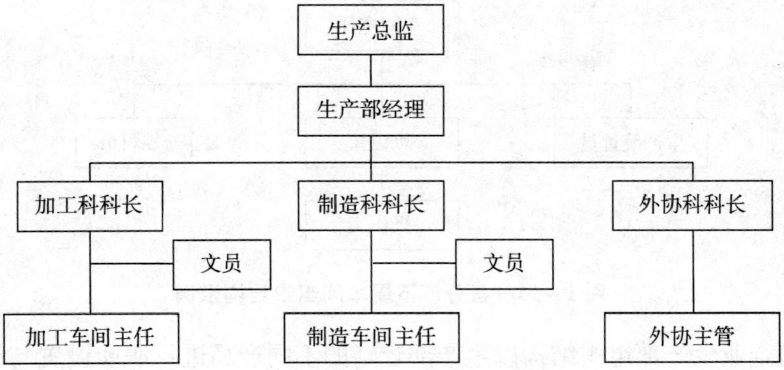

图 1－14　中型企业生产部组织结构示例二

（三）大型企业生产部组织结构

大型企业生产部组织结构以生产部的不同职能进行职能设置与组织结构设计的示例如图 1－15 所示。

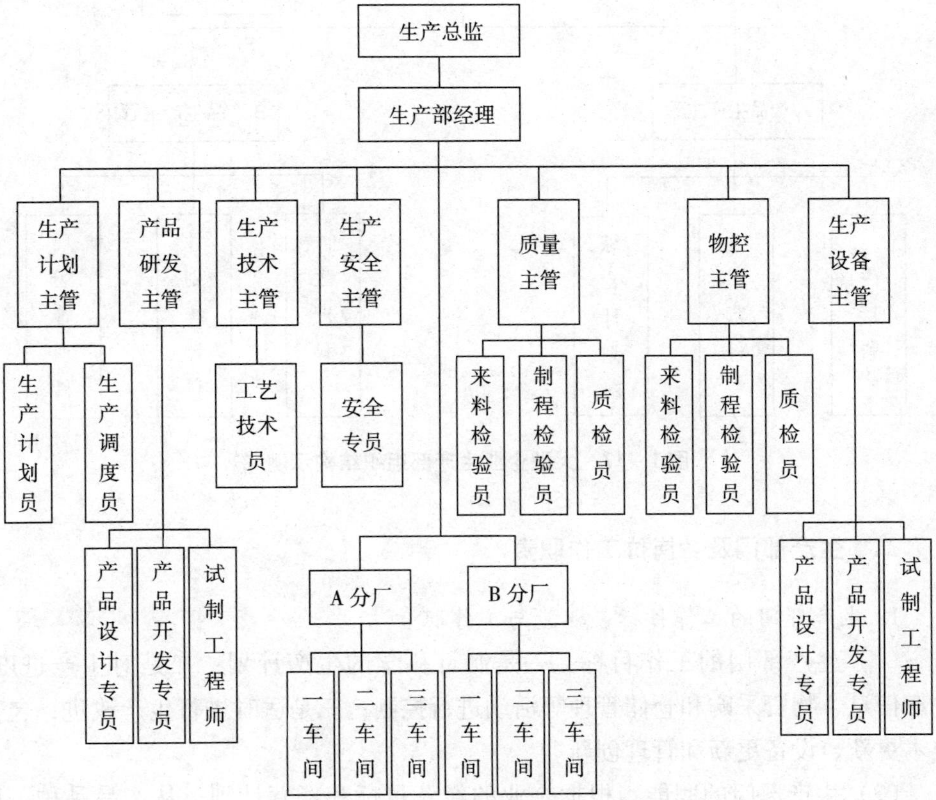

图 1－15　大型企业生产部组织结构示例一

在图 1－15 中，各分厂下属车间的组织结构设置如图 1－16 所示。

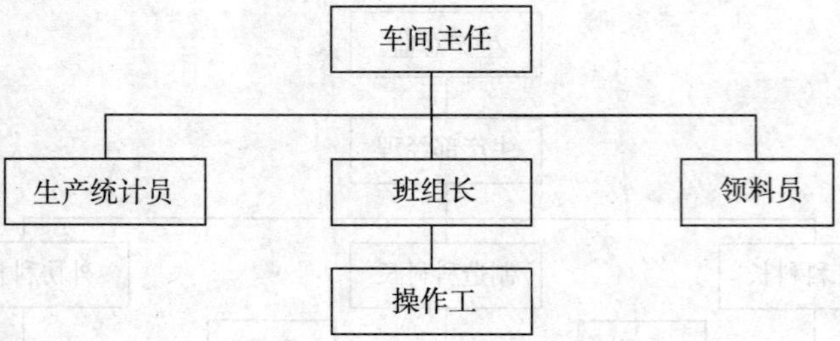

图 1－16　各分厂下属车间组织结构示例

大型企业生产部组织结构以生产部管辖的不同产品进行职能设置与组织结构设计的示例如图 1－17 所示。

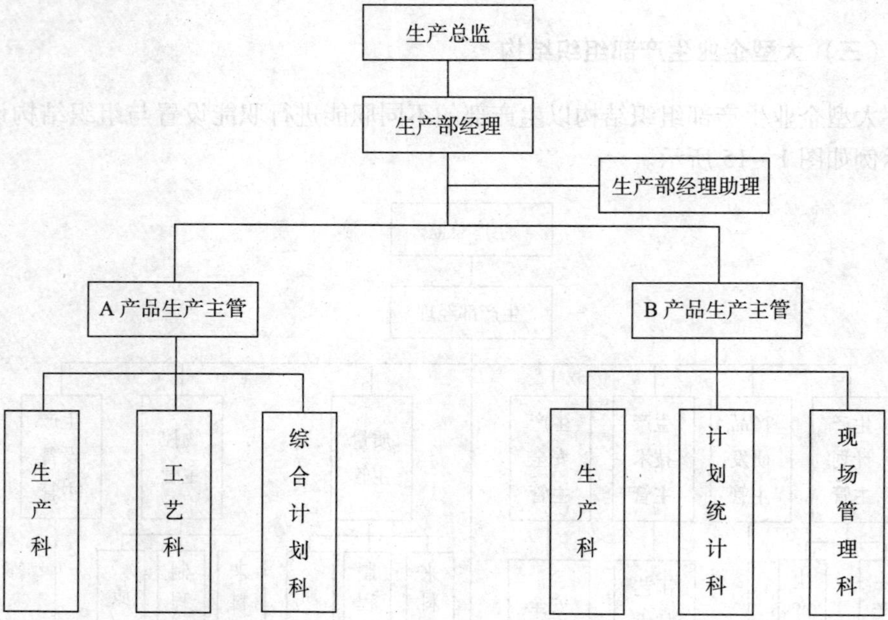

图 1－17　大型企业生产部组织结构示例二

二、生产部门及各岗位工作职责

1. 生产部门的工作目标、职能与工作职责

（1）生产部门的工作目标：一是制订科学的生产计划；二是对生产进度、生产信息、物资采购和仓储管理等活动进行控制；三是适时进行生产改进，包括技术更新、设备更新和管理创新。

（2）生产部门的职能：根据企业的经营目标和经营计划，从产品品种、质量、数量、成本和交货期等要求出发，采取有效的方法和措施，对企业的人力、材料、设备和资金等资源进行计划、组织和控制，生产出符合市场需求的产品或服务。

（3）生产部门的工作职责：制订生产计划；执行生产计划，遵守工艺要求，保质保量地完成生产任务；协调产销、交货期和质量等有关事项；负责生产设施的日常维护和保养；有效控制生产人员并提高作业技能；节约制造费用，提高生产效率，降低成本；必要时配合设计、开发部门制作样品；采取改良和预防措施，确保生产持续改进。

2. 生产部门各岗位工作职责

（1）生产总监的工作职责。

①全面管理企业生产和技术开发工作，按照企业制定的工艺流程组织生产，并在总经理批准下组织技术开发部门对工艺流程进行改进。

②负责组织拟定生产、技术、供应、设备和质量等部门内部机构设置和内部管理方案，提高管理效率。

③负责组织设备增减计划的制订、设备的维护保养，努力提高设备的完好率和使用效率。

④负责组织制订生产、供应、技术开发等工作计划，协调生产系列各部门的关系，以及生产系列各部门与企业其他部门的关系。

⑤负责生产部门员工队伍的建设与考核工作，充分调动员工的积极性、主动性和创造性。

⑥参与企业生产战略规划和年度、月度计划的制订。

（2）制造部经理的工作职责。

①根据生产加工流程和技术要求确定所需人员的资格条件、工作步骤，分配工作任务。

②分析物料市场的供应情况，对未来的供应趋势进行预测，完成相关分析报告。

③与研发部门密切合作开发新产品，革新生产技术和工艺流程，以提高产品质量。

④制订与实施库存计划和生产成本控制计划。

⑤主持与供应商的价格谈判。

⑥编制部门预算，审批部门工作各个环节的费用。

⑦协助制定维修、改造生产设施和设备的工作制度和工作流程。

⑧主持部门员工的任用、培训与考核等工作。

（3）工程技术部经理的工作职责。

①制订并组织实施本部门年度工作计划。

②制定与推进相关业务的技术与项目管理体系。

③编制和审批企业项目施工计划，定期总结分析项目完成情况，及时解决项

目施工活动中遇到的问题。

④主持所有在建项目的安全管理。

⑤贯彻实施国家技术法规、标准，组织工程项目的报验。

⑥主持本部门的成本费用核算与控制。

⑦主持本部门员工的聘用、考核、培训和管理工作。

⑧支持与协调本部门与其他部门之间的衔接，配合相关部门完成企业相关技术资质的认证。

（4）车间主任的工作职责。

①按企业下达的生产任务，安排月、日生产进度，并落实各项生产指标，全面完成生产计划。

②科学管理，严格要求，健全与落实各项管理制度，尤其要抓好质量第一、安全生产、节约能源等管理工作，降低产品成本，提高生产效率与经济效益。

③结合车间生产与管理的实际，做好员工的思想工作，抓好车间的精神文明建设。

④积极组织车间的培训活动，对员工进行智力开发。

（5）生产调度员的工作职责。

①按照生产作业计划规定的产品品种、数量、质量、期限和成本等要求，组织企业的日常生产活动并检查计划的执行情况。

②检查、督促、协调各有关部门及时做好各项生产准备工作，保证生产作业计划得以顺利实施。

③对轮班、日、周、旬及月度计划完成情况做好作业统计和分析工作。

④合理调配各生产环节的劳动力。

⑤控制生产过程中原材料、标准件、工具、半成品等物资的供应和厂内运输工作，检查生产设备的利用情况。

⑥检查各个生产环节作业计划的执行情况，及时发现问题，找出原因，并采取纠正措施。如需要调整生产作业计划，必须及时向车间主任和总调度室汇报，取得同意后方可调整。

（6）质量控制主管的工作职责包括。

①监控工艺状态，认定工艺参数改变对产品的影响，并论证其设定的合理性。

②根据企业整体质量状况提出质量控制方案，监控产品质量。

③定期评估现有的工艺或控制方案。

④制定产品质量检验标准和产品信息反馈的统计流程。

⑤处理客户反馈，依据反馈意见改善质量控制方案。

⑥总结产品质量问题，推动相关部门及时解决。

⑦主持来料检验及出货评审工作。

⑧协助跟踪产品的使用情况，并提供改进意见。

【思考练习】

班组长在生产管理中的地位

一个班组中的领导者就是班组长。班组长是班组公司生产管理的直接指挥和组织者，也是企业中最基层的负责人，属于兵头将尾，是一支数量非常庞大的队伍。班组管理是指为完成班组生产任务而必须做好的各项管理活动，即充分发挥全班组人员的主观能动性和生产积极性，团结协作，合理地组织人力、物力，充分地利用各方面信息，使班组生产均衡有效地进行，产生“1 + 1 > 2”的效应，最终做到按质、按量、如期、安全地完成上级下达的各项生产计划指标。

在实际工作中，经营层的决策做得再好，如果没有班组长的有力支持和密切配合，没有一批领导得力的班组长来组织开展工作，那么经营层的政策就很难落实。班组长既是产品生产的组织领导者，也是直接的生产者。

班组长的特殊地位决定了他要对三个阶层的人员采取不同的立场：面对部下应站在代表经营者的立场上，用领导者的声音说话；面对经营者他又应站在反映部下呼声的立场上，用部下的声音说话；面对他的直接上司又应站在部下和上级辅助人员的立场上讲话。

企业班组长素质的现状主要有以下几大类型。

1. 生产技术型

生产技术型的班组长往往都是业务尖子，但缺乏人际关系的协调能力，工作方法通常都比较简单。要他们上机台操作，他们是能手，但要他们管人，他们要么嫌这些职工麻烦，不服管，不如自己开一台机器，听话得多；要么觉得工作烦琐，婆婆妈妈的，懒得管。他们不太善于处理与车间主任或职工的关系，容易造成工作被动。

2. 盲目执行型

盲目执行型的班组长带有官僚主义的色彩，缺乏创新和管理能力，安排生产、安全教育等常常态度和作风生硬，缺乏灵活性，不注意沟通协调，只知道机械地履行职责，一旦完不成任务也只知道罚款、停工，长此以往，必然上下不和，对工作不利。

3. 大大咧咧型

有些班组长本身对担任这一职务并不积极，所以上任后往往采取无为而治的做法，没有责任心，得过且过。这样的班组长实际上完全是徒有虚名，因此在班组成员中势必也没有任何威信。

4. 劳动模范型

这样的班组长通常是由于平时工作表现积极，踏踏实实，勤勤恳恳，在领导眼中印象较好，但并不一定很适合担任管理工作。像这样的班组长如果不进行管理能力方面的学习，是不容易把一个班组带好的。

5. 哥们义气型

哥们义气型的班组长对待班组成员常常是称兄道弟，像哥们一样，在工作中自然也容易义气、感情用事，缺乏原则性，容易另立山头，搞小团体，不能发挥班组长应有的作用。

请同学们分析一下以上五种类型的班组长的优劣势，并且结合自己的实际情况畅想一下如果你是班组长会如何做？

【技能实践】

请同学们依据所组建的模拟公司，查阅相关资料，完成下列内容：

1. 根据模拟公司情况，绘制本公司的组织结构图；
2. 各小组根据分工，确定本部门详细的工作内容、工作职责、工作计划；
3. 完成个人职业生涯规划。

项目二

生产运作管理系统设计

生产运作管理系统设计是生产运作管理的前奏，生产运作活动开始之初离不开生产运作系统的设计，生产运作系统的设计对其运行具有先天性的影响，因此，企业应该十分重视。

生产运作系统的设计一般在设施建造阶段进行。但是，在生产运作系统的生命周期内，不可避免地要对生产运作系统进行更新，包括设施选址、增加新设备，或者由于产品和服务的变化，需要对生产运作设施进行调整和重新布置。

本项目内容主要包括设施选址，生产和服务设施的布置方式。设施选址作为不可逆转的初始决策，在生产运作管理中具有十分重要的地位。生产和服务设施的布置主要考虑在充分利用设施设备的基础上，保证生产运作过程的物流成本最低和人工走动距离最短。

任务1　认识设施选址的影响因素

【知识目标】

1. 了解设施选址的概念；
2. 熟悉设施选址的影响因素并掌握设施选址的相关分析方法；
3. 掌握生产和服务选址具体方法，能够针对给定情况进行厂址的选择。

【技能目标】

具备运用生产和服务选址方法的能力；具备分析设施选址方法的能力。

【素质目标】

要求学生能够利用本任务学习的内容，结合自我的学习、工作等实际情况综合考虑各个影响因素，进行学习和工作计划方案的选择。

【案例导读】

核电站的选址

北京时间2011年3月11日13时46分，日本发生了里氏9.0级大地震，3月12日日本东北部福岛第一核电站1号机组爆炸后冒出白烟，其后几天，福岛核电站2、3、4号机组接连发生事故。日本福岛核电站因建在地震带上并最终酿成至今难以预料的危机。

驶入建设快车道的中国核电建设该如何避免类似日本福岛的危机？规范核电厂选址被认为是从源头上控制核危机发生的一个重要举措。据介绍，我国目前运行中的核电站在选址中充分考虑了地震和其他自然灾害因素，多选择沿海地质结构稳定区域。核电站厂址选择余地大，必须考虑自然事件影响。

比如，大亚湾核电站厂址是从广东省沿海地区十多个备选厂址中优选出来的核电站厂址，厂区及周围地区历史上没有发生过6级以上地震，20公里范围内没有产生6级以上地震的能动层，地壳安全稳定，发生强地震的概率非常低。

（摘自朱学蕊：《核电选址要按科学精神办事》，《中国能源报》，2011（20））

【相关知识】

设施选址既是生产运作系统设计的一项重要内容，也是生产运作战略的一项重要内容。一个新建企业或已存在的企业都存在设施选址问题。虽然，选址决策对很多类型的企业来说都不会是频繁的，但它会对组织的运营造成重要影响。

一、设施选址的含义

设施选址是指如何运用科学的方法决定设施的地理位置，使之与企业的整体生产运作系统有机结合，以达到有效、经济地经营的目的。设施选址包括两个层次的问题：一是选位，即选择什么地区（区域）设置设施，沿海还是内地，南方还是北方等，在当前全球经济一体化的大趋势之下，还要考虑国内还是国外；二是定址，即在地区选定后，具体选择在该地区的什么位置设置设施，也就是在已选定的地区内选定一片土地作为设置设施的具体位置。

二、选址的重要性

设施选址作为不可逆转的初始决策，在生产运作管理中具有十分重要的地位。一件产品从原料产地到生产地，经过生产后到消费市场，中间要经过许多环节，并构成供应链系统。每个环节既是价值链的延伸，也是成本项的发生，因此，选址要兼顾成本和效益。

（一）选址对投资的影响

一方面，新建工厂或服务设施需要大量资金，建设地点对投资数额有很大影响。例如，在偏僻的山区建厂比在平原地区建厂的投资大得多，建设速度也要慢得多。又如，服务设施建在城市的中心地段比在城郊投资要大，因为市中心地价高。另一方面，如发现选址错误则难以挽救。重新选址会造成重大的经济损失，而继续维持下去又会导致成本高、竞争力小、成长性差，企业长期处于不利地位，倒闭的风险很大。

（二）选址对生产成本的影响

选址影响着提供产品和服务的成本，从而影响到价格和竞争力。例如，在原材料产地和消费市场不在同一地方的情况下，工厂建在离原材料产区较近的地方，则产品送达消费市场的物流成本会较高；而建在离消费市场较近的地方，则原材料采购成本较高。

【小案例】

2005 年 2 月，中国十大钢铁企业之一的首钢集团决定用 5 年时间把钢铁产业从北京搬迁到河北省唐山市的曹妃甸，这一耗资 677 亿元人民币的工程造就了中国第一座真正意义上临海而建的大型现代化钢铁基地。那么，首钢为什么要搬出北京呢？又为什么选址曹妃甸呢？

首钢搬迁的主要目的是减少大气污染。北京的大气污染防治进入到了攻坚阶段，原有的短期措施已无法明显见效，必须要再采取措施。为了改善北京的大气状况，国务院决定首钢搬迁。要搬迁一个首钢，至少要花 500 亿元人民币，8 万名工人需要安置。而选择曹妃甸的理由至少有以下几点：

（1）曹妃甸有深水大港，方便进口矿石、货物，降低海运成本。

（2）曹妃甸地处京津唐经济圈中心区域，后方腹地广阔，有利于企业拓展。

（3）曹妃甸的土地完全由填海而成，不存在侵占农田、居民拆迁等问题。深水岸线近 5 公里，有利于企业向大型化发展。

（4）曹妃甸工业区作为国家首个循环经济示范区，能够最大限度地利用工业废物创造新的资源，有利于降低环境污染。

（5）曹妃甸地区人力资源丰富，劳动力成本较低。

总体来看工厂搬迁耗费巨大，会带来诸多方面的变化和影响。因此，企业必须具有长远的眼光，针对自身的特点，兼顾投资额度、生产成本、环境保护等各个方面，慎重地做出选址决策。

三、影响选址的因素

影响厂址选择的因素主要可以分为两类：经济因素和其他因素，如表 2－1 所示。

表 2－1 厂址选择的影响因素

经济因素	其他因素
运输成本	社区情况
原料供应	气候和地理位置
动力和能源的供应量和成本	环境保护
水力供应	政治稳定性
劳动力成本	文化习俗
建筑成本和土地成本	当地政府政策
税率、保险和利率	扩展机会
融资条件、资本和贷款机会	当地竞争者
各类服务和保养费用	公众对工商业的态度
其他经济影响因素	其他影响因素

（一）经济因素

1. 运输条件与费用

企业的一切生产经营活动都离不开交通运输。原材料、工具和燃料进厂，产品和废物出厂，零件协作加工，都有大量的物料需要运输；职工上下班，也需要交通工具。交通便利能使物料和人员准时到达需要的地点，能使生产活动正常进行，还可以加强原材料产地与市场之间的联系。

原材料成本占产品成本比重很大的企业应该接近原材料产地，主要有：原料笨重而价格低廉的企业，如砖瓦厂、水泥厂、玻璃厂、钢铁冶炼厂和木材厂等；原料易变质的企业，如水果、蔬菜罐头厂；原料笨重，产品由原料中的一小部分提炼而成的企业，如金属选矿和制糖；原料运输不便的企业，如屠宰厂。

下述情况的企业应该接近消费市场：产品运输不便的企业，如家具厂，预制板厂；产品易变化和变质的企业，如制冰厂、食品厂；大多数服务业，如商店、消防队、医院等。

2. 劳动力可获得性与费用

对于劳动密集型企业，人工费占产品成本的大部分，必须考虑劳动力的成本。工厂设在劳动力资源丰富、工资低廉的地区，可以降低人工成本。一些发达国家的公司纷纷在经济不够发达的国家设厂，一个重要原因就是降低人工成本。对于需要大量具有专门技术员工的企业，人工成本占制造成本的比例很大，而且员工的技术水平和业务能力，又直接影响产品的质量和产量，劳动力资源的可获得性和成本就成为选址的重要条件。

3. 动力和能源的供应量和成本

没有燃料（煤、油、天然气）和动力（电），企业就不能运转。对于耗能大的企业，如钢铁、炼铝、火力发电厂等，其厂址应该靠近燃料、动力供应地。

4. 厂址条件和费用

建厂地址的地势和地质条件，都会影响到建设投资。显然，在平地上建厂比在丘陵或山区建厂要容易施工得多，造价也低很多。在地震区建厂，则所有建筑物和设施都要达到抗震要求。同样，在有滑坡、流沙或下沉的地面上建厂，也都要有防范措施，这些措施都将导致投资增加。此外，选择在荒地上还是良田上建厂，也会影响到投资的多少。选择厂址还应考虑协作是否方便。由于专业化分工，企业必然与周围其他企业发生密切的协作关系。同时企业选址还要充分考虑基础设施条件。

基础设施主要指企业生产运作所必需的供水、供电、供气、排水等设施。从广义上讲，还包括“三废”处理、邮电通信、金融保险、生活服务设施等。如用水量大的造纸、化工、食品、电镀等企业，应优先选择在水源充足的地方建厂。而电炉炼钢、电解铝厂的加工则要消耗大量的电力，显然应选择在电力资源丰富且电价较低的地区建厂为宜。

（二）其他因素

除了经济因素之外，还有一些非经济因素会影响到厂址选择，具体如下。

1. 社会文化及生活条件

厂址所在地区有良好的住房条件、学校、医院、体育娱乐设施，能给员工提供良好的家居、购物、教育、交通、娱乐、治安、消防和医疗保健服务的生活环境，无疑能使员工减少许多后顾之忧，提高工作效率，也会大大减轻企业的负担。

2. 气候条件

温度、湿度、气压、风向等气候条件因素对某些产品制造会带来影响，应当加以考虑。如精密仪器、半导体元器件、大规模集成电路对这方面的要求就比较高。许多企业愿意在气候适宜的地方建厂，不仅可以降低通风、采暖、除湿、降温的费用，还能避免由于气候原因造成的停工待料、延误交货、无法正常生产的损失。另外，气候条件将直接影响职工的健康和工作效率。根据美国制造业协会的资料，气温在15～22℃之间，人们的工作效率最高。气温过高或过低，都会影响员工的工作效率。

3. 环境保护条件

选择具体厂址位置时应认真考虑企业对周围环境可能造成的危害，尽量把工厂建在对环境影响最小的地方。如有严重噪声，排放有毒废气、废水和废渣的企业不应建在居民区；风景名胜区内也不宜建工厂。值得注意的是，由于人们对环境保护问题的关注日益增加，那些造成污染、破坏社区生活质量的企业，如果不能正确处理保护环境和生态平衡问题，将会遭到居民的普遍反对和排斥，因此这些企业在选址时应优先考虑“三废”治理问题，否则将来可能造成成本上升，甚至被迫关、停、并、转的严重后果。

4. 政治、经济、法律和政策条件

从全球化生产角度来看，企业应选择在政治稳定、经济发展速度快、市场潜力大的地区建厂。在某些国家和地区建厂办企业，还会得到一些特殊的法律法规和政策上的优惠待遇，如减免税收、低息贷款、自由兑换外汇等，这些也是选址时要考虑的重要因素。

5. 扩展条件

除了根据企业规模规划所需面积外，还应留有扩展的余地。如果开始建设时就达到容积极限，不留余地是不符合未来企业发展的。在选址的同时，要考虑到企业将来的发展，诸如进行技术改造、改建或扩建所需要的土地面积等。

除了上述各因素之外，建厂位置的公众对企业的态度也会影响到企业的经营发展。公众如果能接受新进入的企业，则企业可以避免被他人恶意破坏，并且能够吸纳更多的当地居民参与企业的发展。

此外，厂址选择还有一些其他影响因素，如科技依托条件、与协作单位的远近、公共设施费用负担、社区人文条件等，不再一一列举。

由此可见，影响厂址选择的因素很多，值得指出的是，这两大类因素并非截然分开而是有密切联系的，在选择厂址时应当结合起来共同考虑，以求得一个合理的、满意的工厂位置方案。

四、服务业选址的影响因素

制造业选址决策重点在于追求成本极小化，而服务业的选址目标是实现收入最大化。这是因为制造成本往往随着地区的不同有很大的差异，而服务业的成本在一个市场范围内变动相对较小。因此，对一个服务企业而言，特定的选址结果更多的是影响其收入，而不是成本，这就说明服务业选址决策的重点在于确定销售量和销售收入的多少。决定服务业销售量和销售收入的主要影响因素如下。

（一）所选地区的消费者购买力

消费者收入高、人数众多且消费欲望强烈，则该地区购买力强、服务消费量大、收入高。

（二）所选地区的竞争情况

不少服务业在竞争企业集中化程度很高的地区选址以增加销售量，比如经常见到的婚纱一条街、小吃一条街等。竞争企业集中在某一地区，会形成知名度很高的大市场，能够吸引众多的消费者前来消费，而且有利于货比三家，使消费者有很大的选择余地。这种“聚集效益”往往会给商家带来更多的收入。正如大家所见，很多城市都有小吃一条街，肯德基附近会有麦当劳。

（三）与消费者接触程度的高低

消费者接触程度是指接受服务的消费者是否出现在服务系统中及在系统中停留时间占服务时间的比例。对于那些接触程度高的服务业，如百货商场、超级市场、餐厅，选址应靠近消费群集中地区；而对于那些用户接触程度低的服务业，如银行、邮局，则应选择交通便利、人力资源充足的地区。

五、选址的一般步骤

厂址选择没有固定不变的程序，一般而言，厂址选择包括两个层次的问题：选位，即选择什么地区；定位，即在地区确定后选定具体的一片土地作为厂址的具体位置。

（一）地区的选择

按照企业发展战略，选择若干地区新建厂或扩建厂。如前所述，地区选择时要综合考虑经济因素、政治因素、社会因素、自然因素等，最后确定一个建厂地区。针对企业情况，可以选择在城市设厂、农村设厂和城郊设厂。

1. 城市设厂

城市往往是在交通的中心区域内产生的，人口稠密、人才集中、交通便利、通信发达，并且各种企业聚集、协作方便、各种动力供应便利快捷、资金相对容易筹集、基础设施健全。但是，城市高楼林立，地价昂贵，人民生活水平高，对环境保护要求较高。

综合比较，以下情况适于在城市设厂：

（1）服务业，由于服务业本身需要与顾客直接接触，在人流旺的地区更容易获得顾客资源；

（2）工厂规模较小，需大量受过良好教育和培训的员工，在城市设厂更容易获取所需人力资源；

（3）厂地占用空间少，最好能设置于多层建筑内，如此一来，可以极大地节省地价成本；

（4）对环境污染小。

2. 农村设厂

在农村设厂的优缺点正好与城市相反。根据分析，以下情况适于在农村设厂：

（1）工厂规模大，需占用大量土地；

（2）生产对环境污染较大；

（3）需大量非技术性粗加工；

（4）有高度制造机密，需与周围隔离。

3. 城郊设厂

城郊具有农村和城市的优点，发展较快，而且由于现代交通和通信发达，将有越来越多的工厂设在城郊。

（二）地点的选择

地区选定之后，要确定在哪片土地建厂。这时需要针对企业的特点，深入地分析研究各种有关因素。通常需要考虑产品的可变成本，如直接人工费、物料搬运费和管理费等。具体要考虑的因素主要有以下几个。

（1）虽然厂区平面布置方案。按照一般程序，先定厂址，再确定厂区平面布置方案。事实上，做任何工作都不可能如此刻板，要有一个交互的过程。在购置厂址之前，就应有厂区平面布置方案，同时留有一定的扩充余地。虽然留有余地会增加投资，但不考虑企业的长远发展可能会导致更多的投资。

（2）整理场地环境的费用。在地点选择时，不能只考虑厂房和仓库的建设费用，还要考虑周围环境、道路、供水、下水道及废料堆放处理的场地等费用。尤其当企业在远离城市的地方建厂时，公共设施缺乏，一切均需自理，所需费用往往很大。

（3）职工生活是否方便。职工是企业效率的核心，若要在远离城市的地区建厂，还要考虑职工的住房问题，厂区和生活区要同时考虑。而在城市或城郊建厂，则要考虑职工上下班的交通问题。只有这样，职工才能保持良好的工作状态，相应的工作效率才会有更好的体现。

由此可见，厂址选择是一个十分复杂的决策过程，受到众多因素的影响，且远远不止上述所列出的这些因素。如何在决策过程中分清主次、抓住关键，做出最好的选择，不仅要有科学的分析方法，进行全面的评价，而且还必须遵循一定的程序和步骤。具体来说，厂址选择通常包括下列步骤：

（1）确定选址目标。

厂址选择大体有三种情况：一是新建企业的选址；二是由于生产经营的发展需要改建或扩建，需要另选新址或在原地扩建；三是由于种种原因，企业需要搬迁，另选一个合适的厂址。这三种情况的选址目标是不同的，考虑的因素重点也有区别。第一种情况比较单纯，往往以投入最少、产出最大、效益最好为选址的决策目标。第二种情况因为受到企业现有经营因素的影响，除了要考虑费用效益外，还要权衡与原有生产运作设施之间的关系，以达到整体优化为目标。第三种情况则应分析迁厂的具体原因是什么，要达到什么样的目标：是为了扩大规模、获取资源、降低成本还是由于环境保护问题，此时，选址目标应与所需解决的主要问题联系起来。

（2）收集数据、分析各种影响因素，拟定初步候选方案。

这里要收集的数据是多方面的，除了上面提到的选址、选位的各种影响因素的资料数据外，还要掌握当地政府部门有关经济发展规划、土地征用、工商税务、资源使用方面的情况和信息。在收集数据的基础上，对各种影响因素逐一加以分析，分清主次，进行权衡取舍，找出最重要的因素并分析对实现目标的影响程度。然后拟出初步的候选方案。候选方案的个数应根据可供选择的地区范围、具体条件、存在问题、解决的难易程度来决定。应当注意，为了便于方案的比较选择应列出各候选方案明显的优点和突出的问题。

（3）对候选方案进行详细的分析和评价。

为了比较各候选方案的优劣，要运用定性、定量的分析方法或者定性定量相结合的方法进行方案评价。厂址选择的分析评价方法很多，如优缺点比较法、专家意见法、费用效益分析法、分级加权法、重心法、选址度量法、线性规划法等。具体采用哪种方案，要视评价的因素而定，对于社会文化、政治、法律、政策、扩展性等，难以用明确的数值表示，只能进行定性分析；而涉及费用、成本、效益、税金等因素的财务评价，则可用定量方法来进行分析；对有些定性评价因素，如市场、原材料、人力资源、基础设施、交通运输等，为了便于比较，也可以将其转化为量化数值进行分析。

（4）综合分析，选定最终厂址方案。

在对每一个候选方案进行详细评价之后，就可以得出各个方案优劣程度的结论，或者找到一个方案明显优于其他方案。选定方案后应准备详细的论证材料，报请有关上级部门批准。选址程序图如图 2－1 所示。

六、厂址选择的具体方法

确定厂址选择的影响因素之后，需要确定采用何种方法最终确定厂址位置。常用的方法有因素评分法、积点法和量本利分析法。

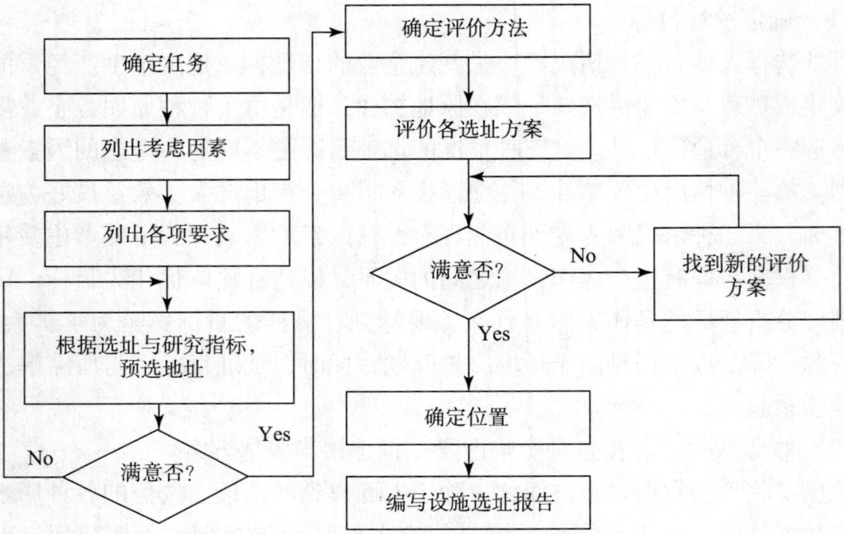

图 2-1 选址程序图

（一）因素评分法

影响厂址选择的因素很多，其中有些因素可以定量计算，比如物流系统的运输量和运输成本等；有些因素则只能做定性分析。因此，厂址选择需要采用定性与定量相结合的方法。通常对于定性分析的因素，可以先采用主观评分的方法把它量化，然后再用定量分析方法进行处理。由于不同的因素对选址决策的重要程度不同，故要对不同的因素分配不同的权重。此方法称为因素评分法。

例 1 某厂在进行厂址选择时，有 4 个候选厂址（A、B、C、D），10 个影响因素，其权重如表 2-2 所示，求最优方案。

表 2-2 因素评分法举例（1）

影响因素	权重	候选方案 A		候选方案 B		候选方案 C		候选方案 D	
		评分	得分	评分	得分	评分	得分	评分	得分
劳动力条件	7								
地理条件	5								
气候条件	6								
资源供应条件	4								
基础设施条件	3								
产品销售条件	2								
生活条件	6								
环境保护条件	5								
政治文化条件	3								
扩展余地	1								

在使用因素评分法时，其步骤如下：

（1）把有关的影响因素列出一个清单，并对各因素确定其权重（依据因素的重要程度给予权重分配）。比如此案例中，认为劳动力条件的因素相对来说最为重要，于是给予权重7，而产品销售条件相对重要程度较低，给予权重2等。因此，首先需要确定的是影响选址的因素及其重要程度。

（2）对每个备选的方案进行分析，并按每个因素由优到劣地排出备选方案的排队等级数，如优、良、中、及格、差，并相应地规定每级的评分为5、4、3、2、1，如表2－3所示。这里所说的评分尤为重要，通常可以凭借经验或采用专家打分法进行确定。

表2－3 因素评分法举例（2）

影响因素	权重	候选方案A		候选方案B		候选方案C		候选方案D	
		评分	得分	评分	得分	评分	得分	评分	得分
劳动力条件	7	2		3		4		1	
地理条件	5	4		2		2		1	
气候条件	6	3		4		3		2	
资源供应条件	4	4		4		2		4	
基础设施条件	3	1		1		3		4	
产品销售条件	2	4		2		3		4	
生活条件	6	1		1		2		4	
环境保护条件	5	2		3		4		1	
政治文化条件	3	3		3		3		3	
扩展余地	1	4		4		2		1	
总计	—								

将每个因素中各方案的排队等级评分乘以该因素的相应权数，并将所得分累加就得到每个方案的总分，该总分就表明各个备选的方案互相比较时的优劣程度，总分最高者为最佳方案，如表2－4所示。

表2－4 因素评分法举例（3）

影响因素	权重	候选方案A		候选方案B		候选方案C		候选方案D	
		评分	得分	评分	得分	评分	得分	评分	得分
劳动力条件	7	2	14	3	21	4	28	1	7
地理条件	5	4	20	2	10	2	10	1	5
气候条件	6	3	18	4	24	3	18	2	12

续表

影响因素	权重	候选方案 A		候选方案 B		候选方案 C		候选方案 D	
		评分	得分	评分	得分	评分	得分	评分	得分
资源供应条件	4	4	16	4	16	2	8	4	16
基础设施条件	3	1	3	1	3	3	9	4	12
产品销售条件	2	4	8	2	4	3	6	4	8
生活条件	6	1	6	1	6	2	12	4	24
环境保护条件	5	2	10	3	15	4	20	1	5
政治文化条件	3	3	9	3	9	3	9	3	9
扩展余地	1	4	4	4	4	2	2	1	1
总计	—		108		112		122		99

由此可知，此案例中最优方案为候选方案 C。

因素评分法在常用的选址方法中是使用得最广泛的一种，因为它以简单易懂的模式将各种不同因素综合起来。但是，运用因素评分法时应注意权重和等级评分的确定，因为确定权重和等级评分完全靠人的主观判断，只要判断有误差就会影响得分数值，最后影响决策的正确性。

（二）积点法

积点法和因素评分法应用起来有很多相似的地方，其步骤为：

（1）确定决策时需要考虑的因素。考虑因素的数目最好为 5 ~ 15 个。

（2）确定方案评价的标准总分，通常为 500 ~ 1 000 分。

（3）确定各因素的标准分。确定办法是将各因素按重要性依次排列，越重要的因素，它的分值应越多。各因素标准分之和应等于方案标准总分。

（4）分析备选方案各因素的得分。最佳的得分最高，但不能超过该因素的标准分，其余方案的因素得分根据其优劣程度评定。

（5）算出各方案的总积分。将各方案的因素评分相加，即可得出总积分。总积分最高的方案为最佳方案。

例 2 假设某厂有三个候选厂址 A、B 和 C，选址因素及分值如表 2 – 5 所示。

该厂针对生产经营情况确定选址影响因素，包括未来燃料可获性、水源供应的充足程度、劳动力供应情况、生活条件、运输的灵活性及前景、环境污染法规和税收稳定性。在众多影响因素中，根据实际情况给予不同因素相应的权重，认为未来燃料可获性最为重要。然后针对三个候选厂址的具体情况进行打分。候选厂址 B 的得分最高，因此 B 中选。

表 2－5 选址因素及分值

选址因素	最高分数	候选厂址		
		A	B	C
未来燃料可获性	300	200	250	220
水源供应的充足程度	100	80	90	80
劳动力供应情况	250	220	200	200
生活条件	150	120	120	100
运输的灵活性及前景	200	160	160	140
环境污染法规	50	30	40	30
税收稳定性	50	30	40	30
合计	1100	840	900	800

【思考练习】

选址的难度

长江三峡库区地壳稳定，地震基本强度在 6 度及 6 度以下。但沿江一些地段，由于水流的切割、溶蚀、渗流作用，岩石松软易风化，有局部古滑坡和现代滑坡，地形特征是：地表破碎、平地狭小、起伏不平。这使三峡工程的选址工作难度较大。

1983—1984 年，经过各方努力，共同完成了四川省 2 个城市 6 个县城（即万县市、涪陵市和巫山、奉节、云阳、万县、忠县、丰都县城）的初步选址工作，得出的结论是：

（1）巫山县巫峡镇迁往旧城下游约 1 km 处的夫宁河两岸。

（2）奉节县云安镇迁往旧城下游约 5 km 处的草堂。

（3）云阳县云阳镇迁往旧城上游约 30 km 处的双江镇。

（4）万县沙河镇迁往旧城上游约 10 km 的长江南岸的五桥百安攀。

（5）万县市充分利用旧城，按北岸方案，重点在龙宝发展新区。

（6）忠县忠州镇依托旧城，向东后靠发展。

（7）丰都县名山镇迁往长江对岸的王家渡。

（8）涪陵市依托旧城，重点向南和沿乌江向东后靠发展。

1992—1993 年，长江水利委员会同地方人民政府对库区所有迁建城市新址进行了考察和地质勘测工作，在原选址的基础上还增加了开县和长寿县的选址，选址结论如下：

开县迁建新址选定在南河南岸的驷马乡一带，与旧县城仅一河之隔，以安康村为中心，西起关子口，东至龙家院子。

三峡工程选址问题的讨论长达十多年，虽然不具普遍性，但也有借鉴意义。请根据以下提示来体会并具体分析企业选址的难度。

（1）选址因素相互矛盾；

（2）不同因素的相对重要性很难确定和度量；

（3）不同的决策部门利益不同，所追求的目标也不同；

（4）判别的标准会随时间变化。

【技能实践】

参观一家企业，对其选址情况进行分析，并考虑决定其选址的因素有哪些，说明其利与弊。

实训目的：通过对企业选址的分析，加强我们对企业选址的原则、步骤及方法的理解，并在实践当中能灵活地加以运用。

实训要求：深入实际地观察一家企业的选址，通过采访企业相关人员利用所掌握的知识就其选址动因进行分析，并结合社会发展的变化，就其选址提出相应的观点和建议。

任务 2　生产和服务设施的布置方式

【知识目标】

1. 了解生产和服务设施布置的影响因素；
2. 掌握制造业设施布置方法。

【技能目标】

具备分析制造业设施布置方法的能力。

【素质目标】

能够分析实际情况中生产和服务设施布置的优缺点，建立系统化思想来指导未来自我的学习和工作。

【相关知识】

设施布置是指在已经选定的厂址范围内，对厂房、车间、设备、办公楼、仓库、公用设施等物质实体进行合理的位置安排，以便有效地为企业的生产运作服务，并获得良好的经济效果。设施布置不仅要根据厂址地形、地貌的特点，确定其平面或立体的位置，还要相应确定物料流程、运输方式和运输路线。

一、生产和服务设施布置的影响因素及基本要求

（一）企业生产运作单位的构成

生产和服务设施布置要在确定了企业内部生产运作单位组成之后才能进行。一般来说，企业生产运作单位由生产技术准备部门、基本生产部门、辅助生产部门和生产服务部门组成。

1. 生产技术准备部门

它是为企业生产提供产品设计、工艺设计、工艺装备设计、非标准设备设计等技术文件，并负责新产品试制工作的单位和部门，主要包括：研究所、科研所、工艺科、工具科、试制车间等。

2. 基本生产部门

这个部门是直接对产品进行加工的部门。如大型机械制造企业的基本生产部门可能包括下列部门：准备部门（铸、锻、水压机、备料车间等）、加工部门（机械加工、冲压、铆焊、热处理、电镀车间等）、装配部门（主要包括部件装配、成品装配、油漆车间等）、产品服务部门（安装队、培训、试车、修理服务队等）。

3. 辅助生产部门

这是为了实现辅助生产过程，为基本生产提供辅助产品与劳务的生产单位。如大型机械制造企业的辅助生产部门可能包括下列单位和部门：辅助车间（工具、木模、金属模、机修、电修车间和建筑修理等单位）和动力部门（热电站、压缩空气站、煤气站、氧气站、锅炉房、变压所等）。

4. 生产服务部门

该部门是为基本生产和辅助生产过程服务的单位，主要包括：运输部门（汽车队、装卸队等）、各种仓库（材料库、半成品库、工具库、设备库、成品库等）、试验和检验部门（中央试验室、技术检查站、中央计量室等）。

企业生产单位的构成因行业不同差异甚大，尤其是机械制造企业生产单位设置比较复杂，每个企业都有自己的特点，主要受到产品的结构与工艺特点、企业的生产规模和企业的专业化与协作化水平等因素的影响。

（二）生产和服务设施布置的基本要求

企业是一个由许多生产运作单位构成的复杂系统，该系统的基本功能是生产产品和提供服务，其目的在于以最低的消耗获得最大的经济效果。因此，设施布置作为一项系统工程，其目标是十分明确的，就是如何建立一个优化物质系统，

以保证实现企业的既定目标。设施布置应满足如下基本要求：

1. 符合生产运作过程的要求

厂房、设施和其他建筑物的布置，特别是各车间和各种设备的布置，应当满足产品或服务的工艺过程的要求，能保证合理安排生产作业单位，便于采用先进的生产组织形式。

2. 尽可能使物料运输距离最短

据统计，在制造业中，物料运输费用占到总经营费用的20%～50%，良好的设施布置可使这一费用减少10%～30%。因此，设施布置时应使有密切生产联系和协作关系的生产运作单位尽量靠近，尽可能避免交叉运输和往返运输，并采用先进的运输方式，如自动运输线等，以减少物料流量和运距，提高运输效率。

3. 设施布置应有效利用面积

设施布置要讲求经济实用，协调、紧凑、合理，最充分地利用地面和空间面积，提高建筑系数（指厂房、建筑物占地面积在全厂总面积中所占的比重）。这样不仅可以缩短道路、管道距离和物料流程，而且可以节约用地，减少建设工作量，降低基建投资费用。

4. 有利于工作生活质量的改善

设施布置应充分考虑到防火、防盗、防爆、防毒等安全文明生产的要求，工作场地要有足够的照明和通风，减少粉尘、噪声和振动，认真处理好“三废”排放问题，给职工创造一个良好的工作环境，保护职工身心健康。要注意设施布置的美观性和艺术性，搞好绿化工作。

5. 合理划分区域

按照生产运作单位的功能要求和其他条件，合理划分设施的区域位置，把功能相同或相近且条件要求靠近的生产运作单位尽量布置在一个区域内，便于联系、协作和管理。如机械制造厂，可以分为加工区、动力区、仓库区和办公区。

6. 充分利用外部环境提供的便利条件

设施布置时应充分考虑并利用外部环境提供的各种便利条件，如铁路、公路、港口和供水、供电、供气等公共设施。特别是厂外运输条件，要与厂内生产过程的流向和运输系统的配置结合起来，满足物料运输的要求。

7. 留有合理的扩展余地

企业的生产经营活动是动态发展变化的过程，当市场发生变化，产品结构和生产运作方法一有改变，设施布置就要作相应的调整。因此，除了考虑设施布置的柔性外，还要为企业将来的发展留有余地。当然留有余地不是盲目的，要在较为精确的预测基础上进行。

8. 与社区环境相协调

任何一个企业都存在于一定的社区环境之中，是社会成员的一部分，与周围环境有密不可分的联系，因而设施布置要考虑与周围社区环境的协调性。如在历史文化名城或风景区附近办企业，布置建筑物设施就要考虑风格的协调性，不要破坏已有建筑和风景名胜格局。

（三）影响生产和服务设施布置的因素

影响生产和服务设施布置的因素主要有以下几点：

（1）厂房的布置应满足生产过程的要求，要避免互相交叉和迂回运输，以缩短生产周期，节省生产费用。

（2）生产联系和协作关系密切的单位应相互靠近布置，比如机械加工和装配车间应该安排在相邻的位置上。

（3）充分利用现有运输条件，如公路、铁路、港口及供水、供电等公共设施。

（4）按照生产性质、防火和环保的要求，合理划分厂区，比如加热车间区、冷加工车间区、动力设施区。为了减少居民生活区的污染，生活区应设在上风区。

（5）在考虑防火和卫生的条件下，总平面布置应力求占地面积小。

（6）工厂布置应考虑有扩建的余地。

总之，生产和服务设施的布置要尽量做到：

（1）尽量使产品通过各设备的加工路线最短。多设备看管时，工人在设备之间的行走距离最短。

（2）便于运输。加工大型产品的设备应布置在有桥式吊车的车间里。加工长形棒料的设备尽可能布置在车间的入口处。

（3）确保安全。各设备之间，设备与墙壁、柱子之间应有一定的距离。设备的传动部分要有必要的防护装置。

（4）便于工人操作和工作场地的布置。

（5）充分利用车间的生产面积，也就是常说的行程最短、时间最省、耗费最小。

二、制造业设施布置方法

（一）物料流程形式

设施布置的目标是使物流成本最小。当物料成本最小是主要目标时，流程分析在布置中就是很重要的问题。流程形式可以分为水平和垂直两种。如果所有的设施设置都在同一个车间里时，就按水平方式考虑；当生产作业是在多个楼层周转时，就按垂直方式考虑。常见的流程布置形式如图 2－2 所示。

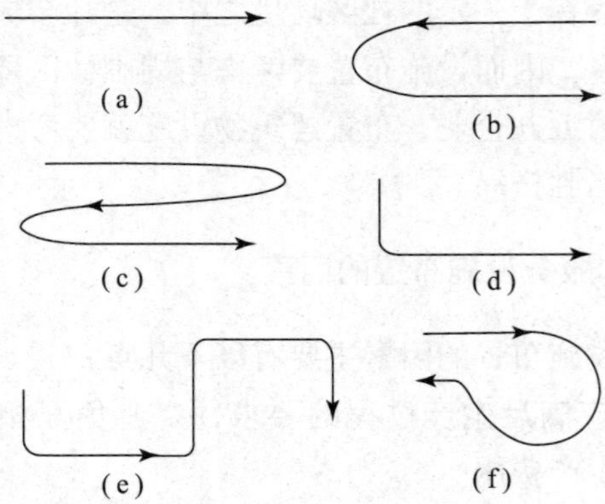

图 2－2　常见的流程布置形式

（二）固定式布置

固定式布置（Fixed Position Layout）是指将加工的对象如产品、零部件的位置固定不变，而人员、设备、工具向其移动，并在该处进行加工制造的一种设施布置方式，如图 2－3 所示。这种布置与产品对象专业化布置正好相反，是一种特殊的布置方式，主要适用于体积大、重量大、难于移动的产品，如重型机床、船舶、飞机、机车、锅炉、发电机组等。大型建设项目如建筑房屋、修水坝、筑路、钻井等都常用固定布置方式来进行生产。

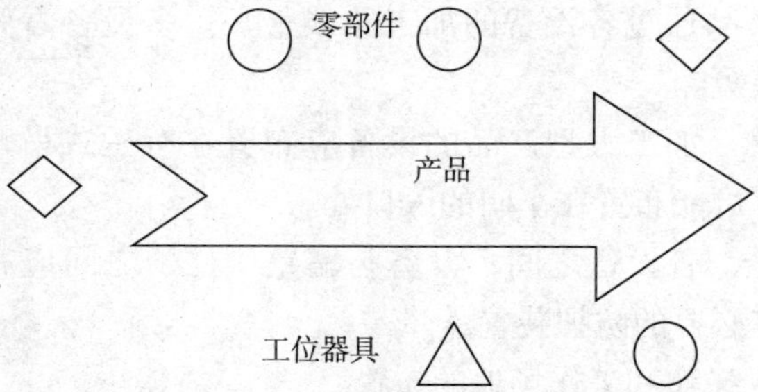

图 2－3　固定式布置示意图

（三）按产品布置

按产品布置（Product Layout）就是按产品对象专业化原则布置有关机器和设施。对象专业化原则又称“产品导向型原则”，是指按照产品（零件、部件）建立生产单位，将加工某种产品（零部件）所需的设备、工艺装备和工人放到一个厂房或一个区域内来建立生产单位的一种方式，如图 2－4 所示。其优点是可减少运输次数，缩短运输路线；使协作关系简单，简化了生产管理；可使用专用高效设备和工艺设备；在制品少，生产周期短。其缺点是对品种变化适应性差，生产系统的可靠性较差，工艺及设备管理较复杂。使用此布置方式的有医院分科（妇产科、小儿科、外科等），百货商店的分部，图书分馆的期刊馆等。

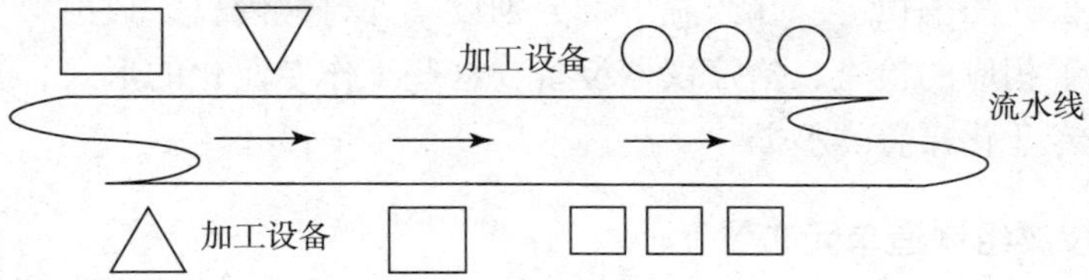

图 2－4　按产品布置布置示意图

最常见的按产品布置是流水生产线或产品装配线。其特点是按照某种产品的加工路线或加工顺序来布置设施，常常称为生产线。例如，汽车装配线、电视机生产线、电冰箱生产线都是按产品对象专业化布置的。一些产量很大的零部件、标准件的生产也可采用这种布置方式。如汽车制造厂的曲轴产量较大，可以把加工曲轴所需要的车床、铣床、磨床、钻床、热处理设备等按照曲轴加工的工艺顺序布置排列，形成一条曲轴生产线。

（四）按工艺过程布置

按工艺过程布置（Process Layout）又称为工艺专业化布置，是与工艺对象专业化的生产组织方式相适应的，是一种能够满足加工不同的产品或提供服务的布置。它是按生产过程的各个工艺阶段的工艺性质来建立生产单位的一种方式，简单来说就是相似功能工序集中放置，如图 2－5 所示。这种生产单位，集中同类型的机器设备和同工种的工人，对各种产品进行相同工艺的加工。这样容易进行专业化的技术管理，便于提高工人技术水平，对产品品种变换的适用性强。但运输线较长，交叉迂回运输多，消耗于运送原材料和制品的劳动量大，增加了制品的数量和制品在制造过程中的停放时间，延长了生产周期，增加了各生产单位之间的协作关系，难以掌握零部件的成套性，管理比较复杂。

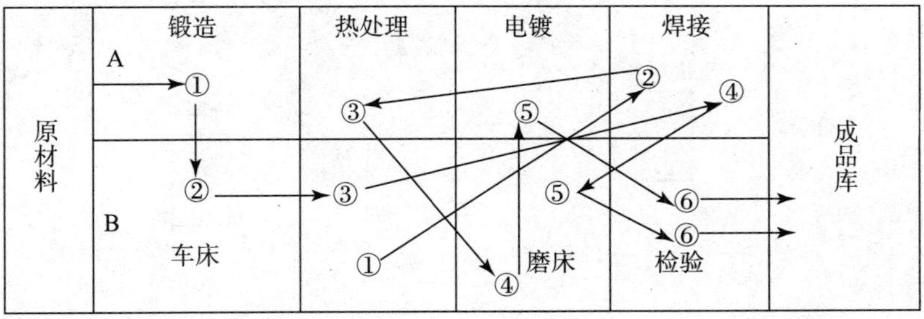

图 2－5　工艺过程布置图

在制造业中，工艺对象专业化布置的典型例子是机械制造厂，它按照产品的工艺特征来设置车间或工段，把同类的设备集中在一起组成生产单位，如车工车间、统工车间、磨工车间或在机械加工车间内设置车工工段、铣工工段、磨工工段等。在服务业中，工艺对象专业化的布置也相当普遍，如医院、银行、大学、航空公司及公共图书馆等。在医院中，分别设置外科、内科、放射科、眼科、耳鼻喉科并布置相应的检查、治疗仪器设备，这些工作专业化的形式，其本质仍属于工艺对象专业化布置类型。

（五）按成组制造单元布置

按工艺专业化布置生产和服务设施，带来的问题是很明显的。它容易造成被加工对象在生产单位之间交叉往返运输，不仅引起费用上升，而且延长了生产周期。人们经过研究，在实践中创造了按成组制造单元布置（Layout Base On Group）的形式。其基本原理是：首先根据一定的标准将结构和工艺相似的零件组成一个零件组，并确定零件组的典型工艺流程，再根据典型工艺流程的加工内容选择设备和工人，由这些设备和工人组成一个生产单元，如图 2－6 所示。成组制造单元与对象专业化形式很类似，因而也具有对象专业化形式的优点。但成组制造单元更适合于多品种的批量生产，因而又比对象专业化形式具有更高的柔性，是一种适合多品种中小批量生产的理想生产方式。

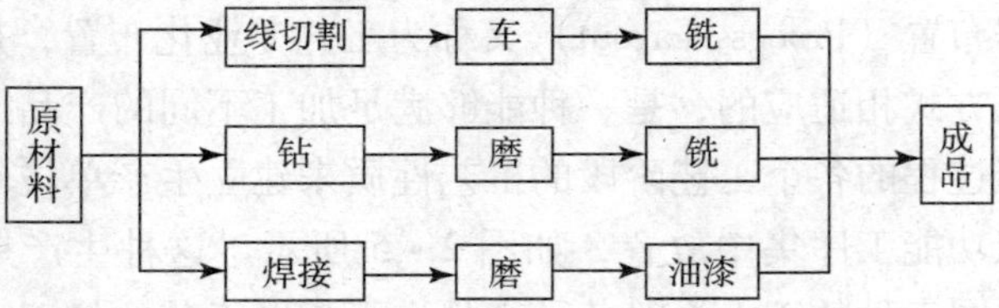

图 2－6　按成组制造单元布置示意图

成组制造单元具体可以布置成 C 形，简称 C 形制造单元布置，如图 2－7 所示。

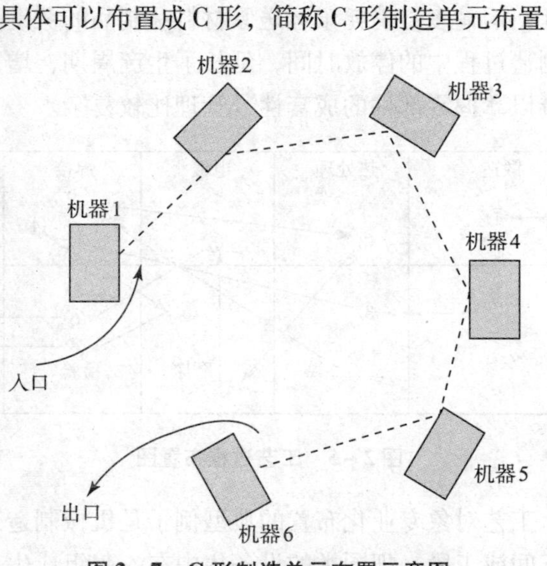

图 2－7　C 形制造单元布置示意图

成组制造单元也可以布置成U形，如图2-8所示。U形制造单元的布置方法使得生产单元内的在制品数量稳定，生产周期便于控制，不会生产多余的在制品，提高了生产的柔性，有助于迅速适应生产计划的变化和调整。

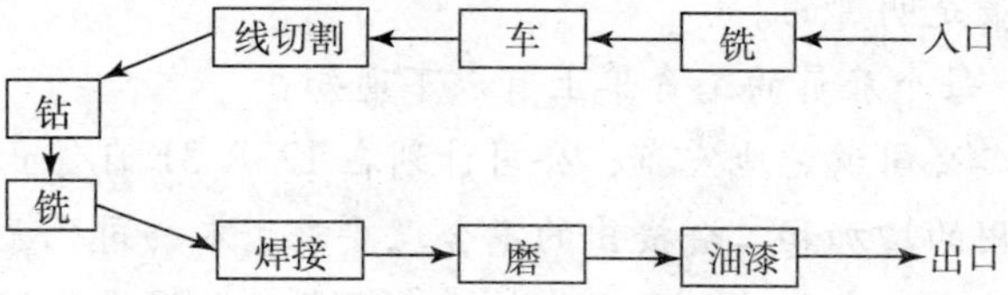

图2-8 U形制造单元布置示意图

在实际生产中，一般都综合运用上述几种形式，针对不同的零件品种数和生产批量选择不同形式的生产单元。

【案例分析】

南方旅游汽车公司

1994年10月，密苏里州圣路易斯的南方旅游汽车公司的最高管理部门宣布，公司准备将其生产和装配业务移至密西西比州的瑞支克莱斯特（Ridgecrest）。作为小吨位野营车和野营拖车的主要生产厂家，该公司由于急速上涨的生产成本，连续5年出现利润滑坡。劳动力和原材料费用直线上升，税收和交通运输费用也逐步上升。该公司尽管销售量在不断扩大，却仍然遭受了自1977年投产以来的第一次净亏损。

管理部门最初考虑迁厂时，曾仔细视察了几个地区。对迁厂至关重要的影响因素有以下这些：完备的交通设施，州、市的税收结构，充足的劳动力资源，积极的社会态度，合理的选址成本和金融吸引力。有几个地区提供了基本相同的优越条件，该公司的最高管理部门最终被密西西比能源和电力公司的努力以及密西西比州地方官员的热情所打动。密西西比能源和电力公司力图吸引“清洁，劳动力密集型”工业，州政府和地方政府的官员想通过吸引生产厂家在其境内建厂来促进该州经济的发展。

直到正式公布出来的前两周，南方旅游汽车公司的最高管理部门才将迁厂计划最后确定下来。瑞支克莱斯特工业区的一座现有建筑被选作新厂址。就业部开始招募工人，而公司出租或拍卖其在圣路易斯的产权的工作也已着手进行。密西西比吸引南方旅游汽车公司在瑞支克莱斯特建厂的条件如下：

（1）免收5年的国家和市政税收；

（2）免费使用供水和排水系统；

（3）在工业区再建一个装货码头（免收成本费）；

（4）同意发行50万美元工业债券，以备未来扩展之用；

(5) 由公共财政资助在地方工商学院培训工人。

除上述条件以外，该地区的劳动力费用远低于圣路易斯，工会组织力量也比圣路易斯弱，行政管理费用和税收也不算高。总之，南方旅游汽车公司的管理部门认为自己的决策是明智的。

10 月 15 日，每个雇员的工资单上有以下通知：

南方旅游汽车公司遗憾地宣布，公司计划在 12 月 31 日停止在圣路易斯的生产，由于生产费用的增加和工会提出的不合理要求，本公司已无法创收。我衷心感谢你们各位在过去几年中为公司提供的优良服务，如果我能够帮助你们在其他公司找到合适的工作，请通知我，再次感谢你们的合作和过去的工作。

总裁：格莱德·奥伯安

问题：

1. 评价密西西比州瑞支克莱斯特提供给南方旅游汽车公司的吸引条件。
2. 一个公司将其管理机构从人口密集的工业区移至小乡镇会面临什么困难？
3. 评价奥伯安列举的迁厂理由，它们合理吗？

【技能实践】

1. 请根据考察结果，在假定允许情况下，将学校各设施进行布置和安排，画出平面图。

2. 请针对学校某一饭堂的布置提出优化方案，并绘制相应平面图。

3. 假定你所在学校的旁边有一家小餐厅需要改进它的布置（自己观察并选择一家），请你收集相关数据以帮助这家小餐厅出谋划策。

目的：通过观察小餐厅的服务状况，来规划小餐厅的整体布置，以达到增加收益的目的。

要求：对其客户资源、服务状况进行客观调查，然后画出一张平面布置图。

项目三

预测驱动式生产运作管理

预测驱动式生产运作管理是根据对市场需求的预测来组织生产运作管理活动，它适用于具有共性需求且外部环境比较稳定的产品。具有共性需求的产品都有一定的生产批量。

本项目的内容主要包括需求预测、综合计划、编制主生产计划、编制物料需求计划、作业计划与控制和库存控制等六部分内容。

任务1 需求预测

【知识目标】

1. 了解企业市场需求预测的方法、原理和步骤；
2. 掌握定性预测和定量预测的方法；
3. 掌握需求预测的步骤和注意问题。

【技能目标】

具备运用定性预测和定量预测相结合的方法进行需求预测的能力。

【素质目标】

要求学生掌握企业市场需求预测的方法、原理和步骤，并可以利用定性预测和定量预测的方法预测模拟企业市场需求。

【案例导读】

李厂长的困惑

某市飞新童装厂近几年沾尽了独生子女的光，生产销售连年稳定增长。谁料该厂李厂长这几天来却在为产品推销、资金搁死大伤脑筋。原来，年初该厂设计了一批童装新产品，有男童的香槟衫、迎春衫，女童的飞燕衫、如意衫，等等。

借鉴成人服装的镶、拼、滚、切等工艺，在色彩和式样上体现了儿童的特点，活泼、雅致、漂亮。由于工艺比原来复杂，成本较高，价格比普通童装高出了80%以上，比如一件香槟衫的售价在160元左右。为了摸清这批新产品的市场吸引力如何，在春节前夕，厂里与百货商店联合举办了“新颖童装迎春展销”，小批量投放市场十分成功，柜台边顾客拥挤，购买踊跃，一片赞誉声。许多商家主动上门订货。连续几天亲临柜台观察消费者反应的李厂长，看在眼里，喜在心上。不由想到：“现在都只有一个孩子，为了能把孩子打扮得漂漂亮亮的，谁不舍得花些钱？只要货色好，价格高些看来没问题，一定要趁热打铁，尽快组织批量生产，及时抢占市场。”

为了确定计划生产量，以便安排以后的月份生产，李厂长根据去年以来的月销售统计数，运用加权移动平均法，计算出以后月份预测数，考虑到这次展销会的热销场面，他决定把生产能力的70%安排新品种，30%为老品种。二月份的产品很快就被订购完了。然而，现在已是四月初了，三月份的产品还没有落实销路。询问了几家老客商，他们反映有难处，原以为新品童装十分好销，谁知二月份订购的那批货，卖了一个多月还未卖出三分之一，他们现在既没有能力也不愿意继续订购这类童装了。对市场上出现的近一百八十度的需求变化，李厂长感到十分纳闷。他弄不明白，这些新产品都经过试销，自己还亲自参加市场调查和预测，最终为什么会事与愿违呢？

思考：

1. 你认为飞新童装厂产品滞销的问题出在哪里。
2. 为什么市场的实际发展状况与李厂长市场调查和预测的结论大相径庭？

【相关知识】

市场需求预测的基本原理是事物发展的内在规律性。事物总是按照过去、现在、未来的顺序不断发展。在过去、现在、未来必然存在某种联系，未来总是过去和现状的延续或发展，即使是突变，也总有其一定的原因和先兆。所以，马克思主义辩证唯物论和认识论认为世界是可知的，人们通过“实践、认识、再实践、再认识……”的科学认识过程，克服主观和客观、认识和实践之间的矛盾，实现认识世界的目的。当人们掌握了事物发展的规律，占有了历史和现状资料，就有可能推测、预计其未来状况。市场也有其发展规律，从而为开展市场需求预测提供了客观可能性。按市场需求预测的性质可将其分为以下两类。

（1）定性预测。

定性预测是指通过对预测对象内在发展规律的分析，判断其未来发展变化趋势的一种预测方法。它是经验形态的预测，也是活信息密集型的预测，通常是在数据不足且难于获得，或没有必要去收集详细的数据时，凭借个人的经验、知识或集体的智慧和直观的材料，对事物的性质和规律进行预测，而不是依靠复杂的数学工具进行预测。

（2）定量预测。

定量预测是根据历史的数据，通过建模和解模，对预测对象未来发展变化趋势进行量的分析和描述的方法。它是一种知识形态的预测，也是物化信息密集型的预测，通常在原始数据比较充裕或数据来源多且稳定的情况下加以采用。

一、什么是预测

“预测是对未来需求的估计。预测可以是应用数学方法对历史数据进行的客观分析，也可以是对非正式信息的主观判断，同时预测也可以是两种方法和技术的结合。”

“凡事预则立，不预则废。”预测为人们提供了即将发生的情况的信息，增加了成功的机会。但预测不是一门精确的科学，它是科学与艺术的结合。预测离不开科学测定的数据，也离不开人们的经验和判断，所以不能因为预测的失误而否定预测。

二、为什么要学习需求预测

学好需求预测可以帮助管理者设计生产运作系统，比如解决企业生产什么产品，提供何种服务；在何处建立生产（服务）设施；采用什么样的流程；供应链如何组织等问题。

帮助管理者对系统的使用进行计划，例如可以规划今年生产什么，生产多少；如何利用现有设施提供满意服务等问题。

就预测的作用而言，预测是企业经营决策的前提。正确有效的预测可以把握市场的总体动态与各种营销环境因素的变化趋势，使决策者了解和掌握本企业的产品在未来市场的潜在需求状况，从而为企业确定资金投向、经营方针、发展规模等战略性决策提供可靠的依据和方案。

预测能为企业确定目标市场提供决策依据。评估市场吸引力的两大标准是市场容量和市场增长。决策者需要对整个市场的容量有多大、目标市场的容量又有多大、未来一定时间内市场容量将增长到什么程度、企业未来的销售潜力如何等方面的发展趋势进行详细分析、预测和判断，只有这样才能准确地确定企业的目标市场。

预测是企业制定营销策略的前提。企业制定市场营销策略是以企业和市场发展变化的种种可能为背景的。企业只有在市场前景、4P（指产品、价格、渠道、促销）等方面做出准确预测，才能在相关方面制定正确的策略。

预测还是提高企业竞争能力和经营水平的重要手段。在现代市场经济条件下，企业的生存和发展与市场息息相关。企业加强预测工作，就能在经营上争取主动权，掌握市场需求的动态变化，根据需求变动及时调整生产经营方向，向市场提供适销对路的产品，加速资金周转，降低流通费用，提高经济效益，从而增强企业的竞争能力。

【思考练习】

产品和服务的实际需求是市场上众多影响因素作用的结果，其中有些因素是企业可以影响甚至决定的，而另外一些因素则是企业无法控制的，但是综合分析，可以预测出市场的容量。

三、预测方法

预测按照不同的标准可划分为不同的类型，如按照预测对象的不同，可分为科学预测、技术预测、经济预测、社会预测和市场需求预测；按预测时间的长短可分为长期预测、中期预测和短期预测；按主客观因素所起的作用也就是市场需求预测的性质可分为定性预测和定量预测。定性预测和定量预测的具体方法如图 3 –1 所示。

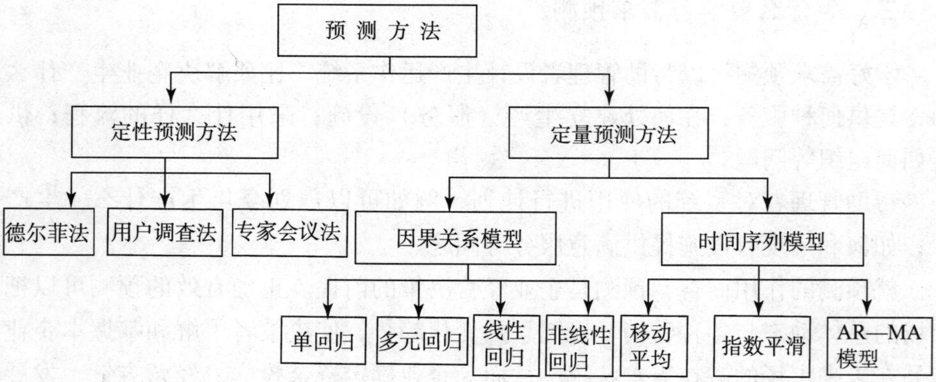

图 3 –1　定性预测方法和定量预测方法

（一）定性预测方法

定性预测依靠预测者的专门知识和经验来分析判断事物未来的发展趋势。它要求在充分利用已有信息的基础上，发挥预测者的经验和主观判断力。定性预测适合预测那些模糊的、无法计量的社会经济现象，并通常由预测者集体来进行，以此集中多人的经验和智慧，克服个人的主观片面性。

在实际应用中，由于影响物流市场发展的因素错综复杂，资料难以数量化，甚至根本不可能用数量指标表示。比如，一定时间内物流市场形势的发展变化情况，国家某项政策的出台对物流市场发展前景的影响，在这种对预测项目的具体数据未知的情况下，可采用定性预测方法。物流企业经营活动中的分析经营环境、制定战略规划、技术开发或新产品研制等，往往也只能采用定性预测方法。

定性预测要求预测者具有从事预测活动的经验，同时要善于收集信息、积累数据资料，尊重客观实际，避免主观臆断，才能取得良好的预测效果。定性预测方法简便，易于掌握，而且时间快，费用省，因此得到广泛采用。特别是在进行多因素综合分析时，采用定性预测方法，效果更加显著。但是，定性预测方法缺乏数量分析，主观因素的作用较大，预测的准确度难免受到影响。因此，在采用定性预测方法时，应尽可能结合定量分析方法，使预测过程更科学，预测结果更准确。

定性预测方法可分为主观估计法和技术分析法两类。主观估计法包括经验判断法、集体意见法和主观概率法等。技术分析法包括德尔菲法、历史类推法、形态分析法和系统分析法等。经常采用的方法有德尔菲法、主观概率法、经验判断法等，其中德尔菲法和主观概率预测法应用较为广泛。

（二）定量预测方法

定量预测方法又称统计预测法，其主要特点是利用统计资料和数学模型来进行预测。这种方法中，各种主观因素所起的作用小一些。

1. 时间序列预测法

时间序列预测法是搜集整理某一经济现象的历史数据的发展形态并进行外推的一种方法，属于动态分析方法。时间序列是将同一现象在不同时间上的观察值按照时间的先后顺序排列起来所形成的序列，也称为动态数列。如某地区每月的地区生产总值、某企业每月的销售额、某地区地铁每天的客流量等，都是时间序列。

时间序列的变量值总是受多种因素共同影响，这些因素有主有次，有强有弱，既有长期性的、周期性的，也有短暂性的，既有决定性的，也有偶然性的。按照影响的性质和作用形式，将时间序列的众多影响因素归结为长期趋势、季节变动、循环变动和不规则变动等四种。

其中，长期趋势、季节变动是时间序列分析的重点。长期趋势是指现象在相当长一段时间内持续发展变化的一种态势或规律性。它是时间序列中最基本的构成因素，是受某些长期性、起决定性作用的基本因素影响的结果。季节变动泛指现象在一年内所呈现的较有规律的周期性起伏波动。季节变动的周期长度可以是一年，也可以小于一年（如一季、一月、一周或一日等）。引起季节变动的原因既可能是自然条件（如一年四季的更替），也可能是法规制度和风俗习惯等（如节假日）。

长期趋势的测定和分析，是时间序列分析中最主要的一项任务。测定长期趋势，不仅可以认识现象发展变化的基本趋势和规律性，并可以作为预测的重要依据，而且也是准确测定其他构成因素的基础。测定长期趋势最常用的是移动平均法和趋势模型法。

2. 因果分析法

在时间序列模型方法中，将需求作为因变量，而将时间作为唯一的独立变量。实际上影响需求的因素很多，如国家制定的各种方针政策、科学技术的发展成果、企业的广告宣传、产品的定价等，这些因素无疑都会对需求产生影响。

因果分析法将需求作为因变量，将影响因素作为自变量，通过对影响需求的有关因素变化情况的统计计算与分析找出影响需求的一个或多个因素，分析其与需求的因果关系，根据这些关系的规律性来对需求进行预测。

四、需求预测的一般步骤

为了保证预测结果的准确性，预测需要按照一定的程序进行。通常按以下步骤进行预测。

1. 明确预测的对象和预测周期的长短

进行预测之前，首先应明确预测什么，即弄清楚要预测何种产品的市场需求量。预测周期是指对预测对象进行预测的时间跨度。

2. 收集并分析所有可以利用的信息资料

有关需求信息的资料可分为直接资料和间接资料。

产品需求信息的资料来源主要有：政府部门的计划和统计资料，行业的计划和统计资料，商业部门的市场统计和分析资料，情报部门整理的有关技术经济情报和国内外市场动态资料，政府出版物、期刊和书籍上的有关数据和资料，技术发展趋势资料，企业生产部门和销售部门的有关实际活动统计资料。收集这些信息资料，并分析信息的可靠性、准确性和可用性。

3. 选择预测方法

预测方法有上百种，可分为定性预测方法和定量预测方法两类，每一大类中又有若干中方法。

需求预测的各种方法都有其特点和具体的适用范围，在预测时选择哪种方法是由需求预测的预测对象、预测周期、信息资料情况、对预测精度的要求和预测费用所决定的。在可能的情况下，最好将定性与定量方法结合起来进行预测。

4. 建立或选择适当的需求预测模型

为了寻求需求预测对象的发展趋势和有关因素对其影响的规律，需要建立或选择适当的需求预测模型。

许多产品的市场需求往往随着时间的推移有某种固有的变化规律，这些规律可以利用相应的数学模型来描述和反映。

5. 需求预测结果的修正

对市场需求进行预测时，影响其未来发展变化的因素很多，而且很多因素是随机性的。因此，需要对需求预测模型的计算结果进行误差分析。

五、预测中应注意的问题

1. 正确认识预测

预测经常会出错，因而预测要包括预期结果和对预测结果误差的测量。长期预测通常没有短期预测精确；综合预测通常比独立预测要准确。

2. 预测精度与成本

在选择预测方法时，显然要在成本和精度之间进行权衡。越是精确的预测方法成本越高，所以需要选择精度合理而费用最低的区间。预测精度与费用之间的关系，如图 3－2 所示。

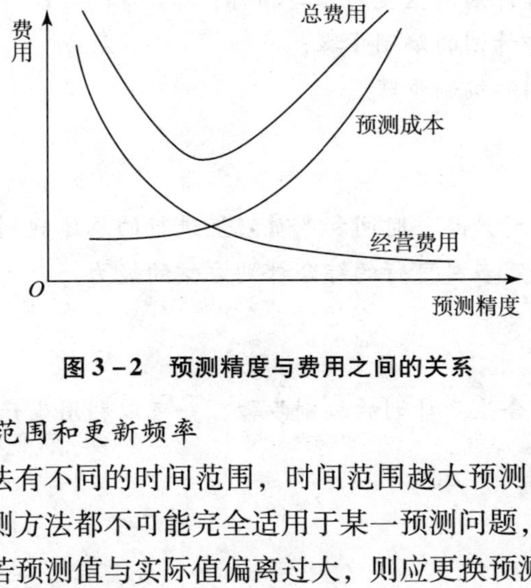

图 3－2　预测精度与费用之间的关系

3. 预测的时间范围和更新频率

不同的预测方法有不同的时间范围，时间范围越大预测的结果就越不准确。同时，任何一种预测方法都不可能完全适用于某一预测问题，应根据实际需求不断检验预测方法。若预测值与实际值偏离过大，则应更换预测方法。

4. 预测的稳定性与响应性

稳定性是指预测抗拒随机干扰、反映稳定需求的能力。

响应性是指预测迅速反映需求变化的能力。

【技能实践】

在校生拥有电脑已经是一种非常普遍的现象。在大部分高校宿舍中，大都有 2～3 台电脑，一人一台的现象也是越来越多。个人电脑在高校大学生中间如此普及，可见，在校大学生是一个很大的市场。

大学生对电脑及其相关服务存在各种各样以及各个不同层次的需求，这些需求既有显性需求也有潜在需求。另外，不同高校、不同背景、不同专业的学生，需求也各不相同，所以要求我们要对相关群体和需求层次进行深入分析和了解，才能进行更好的定位，抓住市场商机，达到盈利的目的。

A 公司主要经营个人电脑产品及相关服务，请你以本校为研究范围，为 A 公司进行本校的影响因素分析、市场需求预测方法和步骤的选择并拟定 A 公司实施计划的方案。

任务 2 综合计划

【知识目标】

1. 掌握企业计划的层次与特点；
2. 掌握生产运作计划的主要内容与指标；
3. 掌握生产运作计划的编制步骤；
4. 掌握综合计划的编制步骤。

【技能目标】

综合生产计划是对产品、时间和人员配置进行的总体规划。要求学生通过本任务的学习，具备拟定多种可行的综合计划方案的能力。

【素质目标】

要求学生掌握综合生产计划的编制步骤，并可以利用生产运作计划的思想指导未来的学习与工作。

【案例导读】

国企的悲哀

内地某国有企业曾经与外商草签了一份供销合同，合同规定由外商给该企业提供价值 300 万元人民币的生产设备，以提高企业的生产能力，合同为期三年。三年后该企业将无偿拥有这些设备的所有权。

合同约定，在三年合同期内，该企业按双方商定好的价格每年为外商提供某种产品 10 000 件。合同同时约定，若第一年少交货 1 件，该企业将按每件 1 000 元交付赔偿金；若第二年少交货 1 件，该企业将按每件 2 000 元交付赔偿金；若第三年少交货 1 件，该企业将按每件 3 000 元交付赔偿金。该企业几个主要领导商议后认为有利可图，便与外商正式签订了合同。

300 万元的设备到位后，该企业立即组织生产，由于生产能力不足，虽经全体职工的努力，第一年只生产出了 8 000 件产品，按合同规定，被罚金额 2 000 件 ×1 000 元/件 =2 000 000 元。第二年该企业调整好生产组织方式，准备大干一年，挽回经济损失，但第二年只生产了 8 500 件，结果被罚金额 1 500 件 × 2 000 元/件 =3 000 000 元。第三年只交货 7 000 件，被罚金额 3 000 件 ×3 000 元/件 = 9 000 000 元。辛苦三年，损失竟然达到了 14 000 000 元以上。

【相关知识】

一、企业计划的层次与特点

计划是一种预测与构想，即预先进行的行动安排。具体地说，计划就是预先确定要去做什么、如何做、何时做和由谁做的一种程序。实际上是指由一系列活动组成的计划编制过程。生产运作计划即是对企业生产运作活动所做的统筹安排，是生产运作活动的依据。企业中的各种计划，一般可分为战略层计划、战术层计划和作业层计划三个层次，各层次计划的特点如表 3－1 所示。

表 3－1　不同层次计划的特点

项目	战略层计划	战术层计划	作业层计划
计划期	长（≥5 年）	中（1 年）	短（月、旬、周）
计划的时间单位	粗（年）	中（月、季）	细（工作日、班次、小时、分）
空间范围	企业、公司	工厂	车间、工段、班组
详细程度	高度综合	综合	详细
不确定性	高	中	低
管理层次	企业高层领导	中层、部门领导	低层、车间领导
特点	资源获取	资源利用	日常活动处理

由表 3－1 可以看出，三个层次的计划有不同的特点，从战略层到作业层，分别对应从高到低的管理层次，计划期由长到短，计划的时间单位越来越细，覆盖的空间范围越来越小，计划的内容越来越详细，计划的不确定性越来越小。生产运作计划也与其他计划一样，具有以下三个层次。

（1）长期生产计划。

长期生产计划是全企业的生产指导计划，其计划长度一般为 3～5 年，或更长的时间。它是企业在生产、技术、财务等方面对重大问题的规划，它确定了企业的长远发展目标以及为实现目标所制订的战略计划。

其主要任务是：进行产品决策、生产能力决策以及竞争优势的决策。

（2）中期生产计划。

中期生产计划，又称为综合生产计划或生产计划大纲，其计划期一般为 1

年，所以又称为年度生产计划。

其主要任务是：在正确预测市场需求的基础上，充分利用现有资源和生产能力，尽可能均衡地组织生产活动和合理地控制库存水平，以期尽可能满足市场需求和获得利润。

（3）短期生产计划。

短期生产计划，又称为生产作业计划，它的计划期在半年以下，一般为月或跨月计划。它包括物料需求计划、生产能力需求计划等。

其主要任务是：直接根据顾客的订单，合理地安排生产活动的每一个细节，使它们紧密衔接，以确保按顾客要求的质量、数量和交货期交货。

二、生产运作计划的主要内容与指标

（一）生产运作计划的主要内容

企业的生产运作计划应该包括以下内容：

（1）市场研究与综合计划，包括市场调查、预测与综合计划的制订。

（2）主生产计划，即生产大纲，即对全年生产进行综合平衡，对设备能力、劳力等进行平衡，也就是所谓的定盘子。这个环节需要落实到每一具体产品品种的安排。

（3）生产作业计划。这是生产运作计划的执行计划。它要求对每一产品品种的各种零部件的生产都给出非常细致的物料需求安排。

（4）作业分配。它起到微调计划的作用，使各项工作落到实处。

（5）生产能力计划。它使计划从生产能力的角度进一步落实下来。

（二）生产运作计划的主要指标

企业年（季）度生产计划，包括产品产量计划、产值计划、产品出产进度计划、生产协作计划等，这些计划是由一系列生产指标构成的。

生产计划的主要指标有产品品种指标、产量指标、质量指标、产值指标等。这些指标各有不同的内容和作用，并从不同的侧面来反映对生产的要求。

1. 产品品种指标

产品品种指标是指企业在计划期内生产的产品品名和品种数。产品品种按具体产品的用途、型号、规格来划分。

2. 产品质量指标

产品质量指标是指企业在计划期内提高产品质量应当达到的指标。

3. 产品产量指标

产量指标是指企业在计划期内出产的符合质量标准的产品数量。产量指标一般以实物单位计量。

4. 产品产值指标

产值指标是用货币表示的产量指标。根据产值指标包括的具体内容及作用不同，产值指标分为商品产值指标、总产值指标及净产值指标三种。

（1）商品产值指标是指企业在计划期内出产的可供销售的产品价值，它是编制成本计划、销售计划和利润计划的重要依据。

（2）总产值指标是以货币形式表现的企业在计划期内完成的工业生产活动的总成果数量，是用工厂法（即以工业企业作为一个整体，按其工业生产活动的最终成果来计算）计算的。总产值包括：本企业计划期内的全部商品产值，外单位来料加工产品的材料价值，企业在制品、自制工具、模型等期末与期初结存量差额的价值。

（3）净产值指标是指企业在计划期内新创造的价值，是工业部门创造的国民收入。工业净产值在企业管理中有重要的作用。

①它反映了企业为社会新增加的物质财富，能够比较确切地反映工业生产的发展。

②工业净产值可以综合反映增产和节约两个方面的效果。在产值指标中，商品产值和净产值一般用现行价格计算，总产值一般采用不变价格计算，可消除各个时期价格变动的影响，以保证不同时期总产值资料的可比性。

三、生产运作计划的编制原则

作为管理活动的中心环节，计划的实质是对要达到的目标及途径进行预先规定。企业在考虑计划工作时，应根据企业的特点，遵循以下三个原则。

（一）承诺原则

现在所做出的决策都是对未来的承诺，是对用户的保证。因此，每一个决策都是为了实现组织未来的目标而制定的，具有权威性。承诺原则是指合理的计划应该规定一个必要的期限，在该期限内应尽可能地履行目前决策所规定的各项任务。这实际上是计划工作的核心。

（二）弹性原则

弹性原则是指计划应有一定的灵活性。由于未来的不确定因素很多，因此，要求计划具有较大的适应性，具有在遇到意外事件时，在不增加成本情况下修正行动方案的能力。但弹性原则只能在一定的限度内进行，与承诺期间所涉及的风险大小相权衡。

（三）滚动原则

短期计划、中期计划与长期计划或战略计划、战术计划和作业计划应相互协调。在制订中期计划时，应考虑长期计划；在制订短期计划时，应考虑中期计划。并且，还应根据短期计划、中期计划的执行结果和环境的变化情况，不断适当调整中期计划和长期计划的内容和方向，将眼前的利益与长期的生存和发展相结合。

以上三个原则在生产运作计划的制订和实施过程中尤为明显和重要。此外，统一性、持续性、灵活性与准确性这些也都是一个好计划的一般特征。

【小知识】

生产运作计划由三个层面的计划组成，它们的制订均受企业内外部环境的影响，那么影响生产计划制订的内外部因素有哪些？

外部环境因素有：经济发展水平、生产需求、现有原材料、竞争者行为、外协与外包能力等；内部环境因素有：当前生产能力、现有劳动力、库存水平及生产中的活动等。

四、生产运作计划的编制步骤

（一）调查研究、收集资料

通过调查研究，主要摸清三方面的情况：国家和社会对企业产品的需要；企业生产的外部环境；企业生产的内部条件。同时，认真总结上期计划执行中的经验并分析存在的主要问题，制订本期计划中的具体改进措施。

（二）统筹安排、初步提出生产计划草案

企业根据国家、社会的需要提高企业的经济效益，在统筹安排的基础上，提出初步生产计划指标方案，其中包括确定产品品种、质量、产量、产值和利润等指标，制定各种产品品种的合理搭配和出产进度的合理安排，将生产指标分解为各个分厂（或车间）的生产任务指标等工作。计划部门应该提出多个指标方案，并从中进行分析研究，通过定性和定量评价、比较，选择较优的可行方案。

（三）综合平衡，确定最佳方案

对计划部门提出的初步指标方案，必须进行综合平衡，研究措施，解决矛盾，以达到社会需要与企业生产可能之间的相互平衡，使企业的生产能力和资源都能得到充分利用，获得良好的经济效益。

（四）编制年度生产计划表

企业经过反复核算与综合平衡，确定出生产指标，最后编制出年度生产计划表，经上级主管部门批准或备案后，即作为企业正式计划。年度生产计划表

主要包括产品产量计划表、工业产值计划表及计划编制说明。生产计划的编制说明，应主要包括：编制生产计划的指导思想和主要依据；预计年度生产计划完成情况；计划年度产量、产值增长水平及出产进度安排；实现计划的有利条件、不利因素、存在的问题及解决措施；对各单位、各部门的要求等。

（五）考核和总结生产运作计划的完成情况

这一步许多企业都没有认真执行，实际上这是为下一期生产运作计划编制工作能够做得更好所进行的非常重要的一个环节。

【思考练习】

编制计划所需要的信息来源

计划的编制非常重要，但是要想编制出来的计划具有可行性，必须掌握企业生产经营管理的各种信息，这些信息需要由不同的部门来提供。请思考下述信息应该从哪些部门获得，把表3-2填写完整。

表3-2　编制计划所需要的信息

所需信息	信息来源部门
新产品开发情况 主要产品和工艺改变 工作标准	
成本数据 企业的财务状态	
劳动力市场状况 现有人力情况 培训能力	
现有设备能力 劳动生产率 现有人员水平 新设备计划	
市场需求预测 经济形势 竞争对手状况	
原材料供应情况 现有库存水平 供应商 承包商的能力 仓储能力	

五、综合计划、主生产计划、物料需求计划

根据国际惯例，制造型企业的生产运作计划一般来说可以分为三个层次：综合计划、主生产计划和物料需求计划。综合计划又称生产计划大纲，它是企业根据市场需求和资源条件对企业未来较长一段时间内资源与需求的平衡所做的总体规划，是根据企业所拥有的生产能力和需求预测对企业未来一段较长时期内的产品品种、产量、劳动力水平、库存投资等问题所做出的决策性描述。

主生产计划是在综合生产计划的基础上制订的运作计划，是把综合计划具体化为可操作的实施计划，其目的是要确定企业生产的最终产品的出产数量和出产时间。主生产计划是物料需求计划的输入部分之一，与我国通常采用的产品出产进度计划在计划的时间单位上略有不同，产品出产进度计划一般以月为计划时间单位，而主生产计划通常以周为单位。

物料需求计划是根据主生产计划的要求，对所需的全部物料所做出的安排。这是一步最复杂而且细化的工作，尤其是在企业的产品结构复杂、零部件种类繁多的情况下，这个工作是非常难以细化操作的。

六、编制综合生产计划

综合生产计划并不具体制定每一品种的生产数量、生产时间，也不布置每一车间、人员的具体工作任务，而是对产品、时间和人员的配置进行总体规划。

综合计划的编制按如下程序进行：

（1）收集有关资料，进行必要的市场调研；

（2）拟定多种可行的综合计划方案；

（3）优化综合计划方案；

（4）综合平衡，最终确定正式方案。

例 某公司产品的需求量随季节不同而变化，费用为250元/人，该产品的加工时间为5小时/台，正常工作时间内的工时费用为4元/小时，加班时间内工时费用为6元/小时，生产开始时的期初库存量为400台，另外，由于预测的不确定性高，另考虑有25%的安全库存。该公司6个月的需求预测与工作天数如表3－3所示。

表3－3 6个月的需求预测与工作天数

月份	需求预测	每月工作天数
1	1 800	22
2	1 500	19
3	1 100	21

续表

月份	需求预测	每月工作天数
4	900	21
5	1 100	22
6	1 600	20

请制订综合生产计划和主生产计划。初步生产计划如表 3－4 所示。

表 3－4　初步生产计划

月份	(1)期初库存	(2)需求预测	(3)安全库存 0.25×(2)	(4)计划产量 (2)+(3)－(1)	(5)期末库存 (1)+(4)－(2)
1	400	1 800	450	1 850	450
2	450	1 500	375	1 425	375
3	375	1 100	275	1 000	275
4	275	900	225	850	225
5	225	1 100	275	1 150	275
6	275	1 600	400	1 725	400
合计				8 000	

计划方案一：仅改变工人人数、按制度工作时间生产，每个月的投产量等于初步生产计划中安排的出产数量，具体方案如表 3－5 所示。

表 3－5　计划方案一

月份	(1)计划产量	(2)所需生产时间	(3)每人每月工时	(4)所需人数 (2)+(3)	(5)新增工人数	(6)招聘费用(5)×200	(7)解聘工人	(8)解聘费用(7)×250	(9)正常时间总费用 (2)×4
1	1 850	9 250	176	53	0	–	–	–	37 000
2	1 425	7 125	152	47	0	0	6	1 500	28 500
3	1 000	5 000	168	30	0	0	17	4 250	20 000
4	850	4 250	168	25	0	0	5	1 250	17 000
5	1 150	5 750	176	33	8	1 600	0	0	23 000
6	1 725	8 625	160	54	21	4 200	0	0	34 500
合计	8 000							7 000	160 000

计划方案二：工人人数不变（假定40名工人），仅改变库存水平，具体方案如表3－6所示。

表3－6 计划方案二

月份	(1)期初库存	(2)能力工时	(3)实际产量	(4)需求预测	(5)期末库存(1)+(3)－(4)	(6)缺货数	(7)缺货费用	(8)安全库存	(9)超储(5)－(8)	(10)库存费用	(11)正常时间总费用
1	400	7 040	1 408	1 800	8	0	0	450	0	0	28 160
2	8	6 080	1 216	1 500	－276	276	1 380	375	0	0	24 320
3	－276	6 720	1 344	1 100	－32	32	160	275	0	0	26 880
4	－32	6 720	1 344	900	412	0	0	225	187	281	26 880
5	412	7 040	1 408	1 100	720	0	0	275	445	667	28 160
6	720	6 400	1 280	1 600	400	0	0	400	0	0	25 600
合计							1 540			948	160 000

【技能实践】

制订模拟公司的综合计划

假设模拟企业的预测需求如表3－7所示。其他所需条件如工人工资、加班费用、安全库存量、期初库存等数据依据模拟公司情况自定，编制综合生产计划。

表3－7 模拟企业的预测需求

月份	预测需求	每月工作天数
3	2 800	22
4	3 600	20
5	4 100	21

任务3　编制主生产计划

【知识目标】

1. 掌握主生产计划的内涵；
2. 掌握主生产计划编制的一般流程；
3. 掌握主生产计划的编制条件、编制步骤；
4. 采用滚动计划法进行主生产计划的编制。

【技能目标】

具备独立编制和检查模拟公司的主生产计划的能力。

【素质目标】

要求学生掌握采用滚动计划法进行主生产计划编制的方法，并开始利用滚动法编制主生产计划的思想影响未来的学习与工作计划。

【相关知识】

一、主生产计划

主生产计划（Master Production Schedule，MPS）是把企业战略、企业生产计划大纲等宏观计划转变成可操作的微观作业计划，描述企业生产什么、生产多少以及什么时段完成的生产计划。它是根据企业产品销售计划制订的，是企业经营计划的重要组成部分，同时又是编制企业其他计划的主要依据。

主生产计划是确定每一具体的最终产品在每一具体时间段内生产数量的计划。这里的最终产品是指对于企业来说最终完成、要出厂的完成品，要具体到产品的品种、型号；这里的具体时间段，通常以周为单位，在有些情况下，也可以以日、旬、月为单位。主生产计划根据客户合同和市场预测，把经营计划或生产大纲中的产品系列具体化，使之成为制订物料需求计划的主要依据，起到了从综合计划向具体计划过渡的承上启下的作用。

二、主生产计划的主要指标

主生产计划是企业生产管理的依据，它对企业的生产任务作统筹安排，规定着企业在计划期内生产的产品品种、质量、数量和期限等指标，这些指标各有不同的经济内容，从不同的角度反映计划期内企业生产活动的要求。

（一）品种指标

品种指标是企业在计划期内出产的产品品名、型号、规格和种类数，它涉及“生产什么”的决策。确定品种指标是编制生产计划的首要问题，关系到企业的生存和发展。品种一般按用途、型号和规格来划分，例如机床制造企业中不同型号的机床等。

（二）产量指标

产量指标是企业在计划期内出产的合格产品的数量，它涉及“生产多少”的决策，关系到企业能获得多少利润。产量指标通常采用实物单位或假定实物单位来计量，如机床用“台”表示，煤炭用“吨”表示等。对于品种、规格很多的系列产品，也可以用主要技术参数计量，如拖拉机用马力计量等。产量指标是表示企业生产能力和规模的重要指标，是企业进行供产销平衡和编制生产作业计划、组织日常生产的重要依据。

（三）质量指标

质量指标是指企业在计划期内各种产品应该达到的质量水平。它反映了产品的内在质量（如机械性能、工作精度、寿命，使用经济性等）及外观质量（如产品的外形、颜色等），一般采用统计指标来衡量，如一等品率、合格品率、废品率、返修品率等。

（四）产值指标

产值指标是用货币表示的产量指标，但又不同于产量指标，因为它还受质量因素影响，它是企业生产成果的综合反映。企业产值指标分为工业总产值、工业增加值与工业销售产值三种形式。

工业总产值是用货币表现的工业企业在报告期内生产的工业最终产品或提供工业劳务活动的总价值量。

工业增加值是指工业企业在报告期内以货币形式表现的工业生产活动的最终成果，是企业生产过程中新增加的价值。

工业销售产值是用货币表现的工业企业在报告期内销售的工业产品总量，包括已销售的成品、半成品价值，对外提供的劳务价值，对本单位基本建设部门、生产福利部门等提供的产品和劳务费及自制设备的价值。

（五）出产期

出产期是为保证按期交货确定的产品出产期限。正确的决定出产期非常重要，因为出产期太紧，保证不了按期交货，会给顾客带来损失，也影响企业的信誉。出产期太松，不仅不利于争取顾客，还会造成生产能力的浪费。

三、主生产计划编制的一般流程

主生产计划编制的一般流程包括以下几点：

（1）业务部于下年度开始前3个月，提出年度销售计划，生产管理部依据年度销售计划，制订出年度生产计划，并针对物料需要、人力、设备负荷等拟定计划。

（2）依据年度生产计划、业务部开出的制造通知单以及现有库存量，拟定月生产计划。

（3）生产管理单位于接到业务部开出的制造通知单后，根据有关的生产资料做以下工作：安排生产进度预定表；计算所需要的物料，通知仓库组织安排；将外协加工计划通知外协管理单位，以寻求适当的外协厂商。

（4）生产管理单位依据月生产计划、制造通知单、实际的生产进度以及现有的人力、设备资料于每周定期安排次日起10天内的生产进度表。

（5）依预定和实际的生产进度，发出工作命令（发出前要确知物料情况）和发料单。在开工前3天发出工作命令和发料单。工作命令一联给现场制造各科组（同时要附工艺流程图、操作标准、检查标准等），一联通知质量管理单位。发料单一联给现场制造各科组，一联通知仓库备料。

四、主生产计划的制定条件

主生产计划是具体产品在具体时间段内的生产计划。制订完整的MPS，必须依据一定的条件。

（一）客户交期

销售合同上约定的产品交货的时间，这是制订主生产计划的首要考虑因素。

（二）物料状况

物料状况包括订单物料齐备时间、物料上线与下线时间、上线前的物料追踪、生产中的进度跟进与品质异常协调处理等。

（三）生产能力

制定主生产计划必须要考虑订单与企业生产能力之间是否平衡，若订单量大于生产能力，企业需要考虑增加设备和人工或委托外协生产，或协商延期交货；若订单量小于生产能力，企业需要考虑承接外协加工，或减少人工等。

五、主生产计划的编制步骤

在企业中，编制和检查主生产计划的主管单位一般为企业的计划部门或生产管理部门。在编制主生产计划的一般过程中，需要得到其他各个职能部门的协助和配合。编制主生产计划的主要步骤大致可以归纳如下。

（一）调查研究，收集资料

编制主生产计划的过程，实质上就是一个信息处理的过程。编制主生产计划所需的信息包括：反映社会需求方面的信息，如本企业的经营目标和经营方针、企业长远规划、计划期应实现的利润指标、计划期产品销售量、上期合同执行情况及成品库存量、上期生产计划的完成情况；反映社会可能提供的生产资源方面的信息，如产品开发进度和生产技术准备情况；反映企业实际生产水平的有关信息。

（二）编制计划草案

编制计划草案应着眼于更好地满足社会需要和提高生产的经济效益，对全年的生产任务做出统筹安排，其中包括：根据现有库存量确定产量指标；产品出产进度的合理安排；各个产品品种的合理搭配；将企业的生产指标分解到各个分厂、车间。这些工作相互联系，实际上也是同时进行的。

（三）综合平衡，确定生产计划指标

把需要同能力结合起来，将初步提出的生产计划指标同各方面的条件进行平衡，使生产任务得到落实。综合平衡的内容主要包括：

1. 生产任务与生产能力之间的平衡

其目的是按能力分配产品的生产任务，计算产品任务在各个能力单位的负荷分布，了解是否存在负荷过重或不足情况。

2. 生产任务与劳动力的平衡

根据任务量安排需要的劳动力人数和劳动力的工种，与现有劳动力的数量与工种进行协调。由于生产任务和生产条件的变化，有时各工种之间会出现人员配备不平衡的现象，要提前做好人员的调配，保证计划的执行。

3. 生产任务与物料供应之间的平衡

进行生产，必须具备品种齐全、质量合格、数量合适的各种原材料和外协部件。生产部门在编制计划时，必须同物资供应部门进行配合，对物料进行检查，根据生产任务对物料的需求量与库存已有储备、物料采购与供应情况进行分析，确保生产对物料的需求。

4. 生产任务与生产技术准备的平衡

生产技术准备包括技术文件的准备、工艺装备的设计与制造等。技术文件包括产品和零件的图纸、装配系统图、毛坯和零件的工艺规程、材料消耗定额和工时定额等。工艺装备是指产品制造过程中的各种工具、量具、夹具、模具等装备。

5. 生产任务与资金占用的平衡

生产活动的开展需要耗用资金，如购买材料、支付人工费用、设备维修等。为保证生产任务能顺利完成，必须要有足够的资金支持。

（四）进行有效性评估，最后确定生产指标

有效性评估的主要依据有：

1. 具体性

计划中的项目应具体可行。

2. 项目最少化

有效的主生产计划应该是根据产品生产技术组织条件和产品结构制订的，并且使产品在生产过程中，零部件类型数目最少。

3. 全面性

计划应尽可能全面地考虑企业的资源情况。

4. 稳定性

在计划期内，主生产计划要相对稳定，不能随意改动。

5. 弹性

编制主生产计划时要考虑设备的预防性修理等，要留有修改余地。

六、采用滚动计划法进行主生产计划的编制

滚动计划法是一种将短期计划、中期计划和长期计划有机地、根据计划的执行情况和环境的变化情况，定期修订、逐期向前推移的方法。在采用该方法制订计划时，同时要制订未来若干期的计划，但计划的内容用近细远粗的办法制订，即近期计划应尽可能详细，远期计划则较粗。在计划期的第一阶段结束时，根据该阶段计划的执行情况和内外环境的变化情况，对原计划进行修订，并将计划向前滚动一个阶段。以后根据同样的原则逐期滚动。滚动计划示意图如图 3－3 所示。

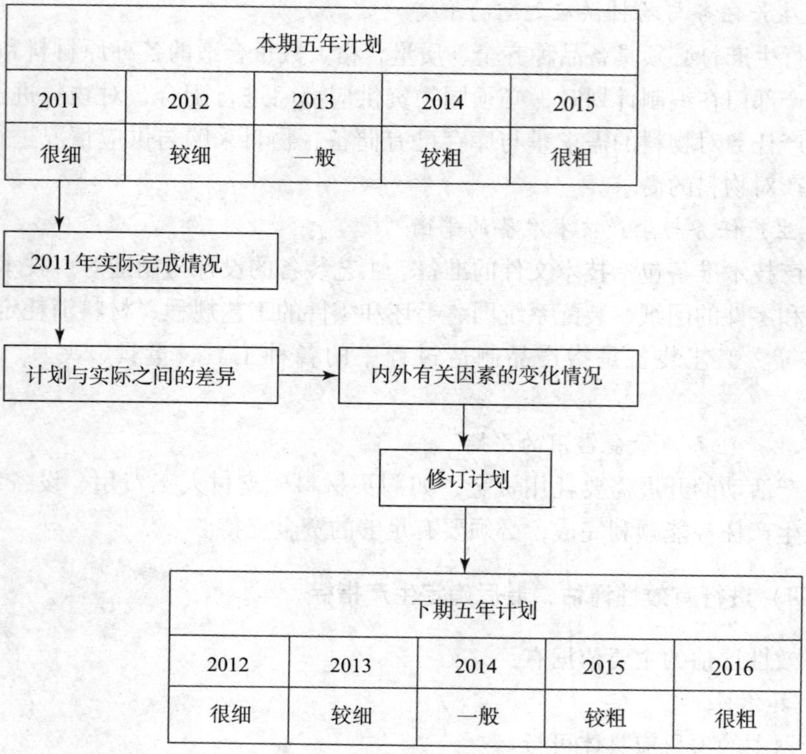

图3-3 滚动计划示意图

（一）滚动计划法的优点

滚动计划法的优点包括以下几点：

（1）计划更加符合实际。由于人们无法对将来的变化做出准确估计，所以计划往往不够准确，计划期越长，不准确性越大，而滚动计划相对缩短了计划期，从而提高了计划的准确性和质量。

（2）短期计划、中期计划和长期计划相互衔接，可根据变化及时对其进行调整，使各期计划基本一致。

（3）大大增加了计划的弹性，提高了组织在剧烈变化的环境中的应变能力。

（二）滚动计划法的缺点

该方法的缺点是需要一次性编制几个计划期的计划，所以计划编制的工作量大。

表3-8、表3-9、表3-10分别是企业的年度生产计划表、月度生产计划表、生产计划安排表的样表。

表 3－8　年度生产计划表样表

年　　月　　日订

产品名称	生产部门	单价	月		月		月		月		月		月	
			数量	金额	数量	金额	数量	金额	数量	金额	数量	金额	数量	金额
产值合计														

表 3－9　月度生产计划表样表

本月份预定工作日期数　日

生产批号	产品名称	数量	金额	生产单位	生产日期		预计销售日期	预期成本			附加值	备注
					起	止		原料	物料	工资		
配合单位时间				预计生产目标					预计毛利			
设备组				产值					附加值			
质检组				总工时					生产费用			
包装组				每工时产值					预计毛利			

表 3－10　生产计划安排表样表　　　　月份

生产单位	产品数量	生产数量	预计日期		生产工时	预计产值	原料成本	物料成本	人工成本	生产费用	生产成本	实现利润
			起	止								

厂长：　　　　　　审核：　　　　　　拟定：

七、主生产计划的拟定

（一）产品出产进度安排

编制主生产计划，不仅要确定全年总的产量任务，而且要进一步将全年生产任务具体安排到各个季度和各个月份，这就是产品的出产进度安排。合理安排产品的出产进度，可以使企业的计划进一步落实，为完成用户订货合同提供保证。

1. 产品出产进度安排的基本要求

产品出产进度的安排，应满足以下基本要求。

（1）必须满足订货合同规定的交货期限。

（2）要符合均衡生产的要求，保证设备和劳动力的负荷均匀。

（3）应与产品的生产技术准备工作相衔接。

2. 产品出产进度安排的基本措施

产品出产进度安排的基本措施有以下几种。

（1）通过增减劳动力数量来调整生产水平，以适应市场对产品需求的上下波动。

（2）通过增减工作班次或各班的工作时间来调整生产水平，促使劳动力数量保持稳定。

（3）通过增减库存量来吸收市场对产品需求的波动。

（4）利用厂外协作补充生产能力。

3. 大批量生产企业产品出产进度的安排

大批量生产企业产品品种单一或较少，生产比较稳定。出产进度的安排主要是将全年任务按季按月分配，安排的方式有：

（1）平均安排。各季各月的平均日产量相等。其优点是充分利用人力和设备；产品质量稳定；管理工作稳定。缺点是成品库存量大，库存保管费用多，流动资金占用多。

（2）变动安排。各月生产量的安排随市场销售量的预测而变动。其优点是成品库存量小，库存保管费用少，流动资金占用少，对市场的适应性好。缺点是需要经常调整设备和人力，设备利用程度差，不利于产品质量的稳定。

尽可能使各季各月的产品产量与该种产品的生产批量相等，或成整数倍数关系，以简化生产管理，并要进行月度的生产任务和生产资源供应可能性之间的平衡。

4. 多品种成批生产企业产品出产进度的安排

多品种成批生产的企业，其生产任务的安排不仅需要合理安排产品的出产进度，而且要搞好品种搭配工作。产品出产进度的安排与大批量生产相似。多品种生产的品种搭配，就是在同一时期内，将哪些品种搭配在一起进行生产。合理组织各种产品的搭配生产，有利于按期、按品种完成生产任务，稳定生产秩序，提高生产的经济效果。搞好品种搭配，一般应该考虑下面几个问题。

（1）要首先安排经常生产的和产量较大的产品。对于这些产品应该在符合订货合同要求的前提下，采用“细水长流”的办法，尽可能在全年作比较均衡的安排，使各个季度、月度都能生产一些这种产品，这样可以保持企业生产上的稳定性。

（2）对于企业生产的其他品种，实行“集中轮番”的安排方式，加大产品的生产批量，在较短的时间完成全年任务，然后轮换别的品种。特别是对于同类型（同系列）的产品，宜采用这种方式，它能够在不减少全年产品品种的前提下，减少各季、各月同期生产的品种数，从而简化生产管理工作，提高经济效益。

（3）新老产品交替要有一定的交叉时间。在交叉时间内，新产品产量逐渐增加，老产品产量逐渐减少。这样可以避免由于“齐上齐下”带来产量的过大波动，也有利于工人逐步提高生产新产品的熟练程度。

（4）尖端产品与一般产品、复杂产品与简单产品、大型产品与小型产品等，均应合理搭配，使各个工种、设备及生产面积得到均衡负荷。

（5）各个品种轮番时，应当以生产技术准备工作的完成期限、关键材料和外协部件的供应期限等因素来确定先后次序。

表 3－11 是多品种成批生产企业产品出产进度安排的一个样表。

表 3－11 进度安排表样表

产品名称	全年任务	月份											
		1	2	3	4	5	6	7	8	9	10	11	12
A	830	60	60	60	60	70	70	70	70	70	80	80	80
B	80	20	20	20	20								
C	150					10	10	20	20	20	20	25	25
D	36	9	9	9	9								
E	30					6	6	6	6	6			
F	27										9	9	9

5. 单件小批生产企业产品出产进度的安排

单件小批生产企业要根据不同客户的要求来生产，产品的品种多、规格多，在编制计划时，任务还不能全部具体落实，订单有时来得迟，要货急，并且生产技术准备工作量大。所以单件小批生产企业要根据这些特点灵活地安排产品出产进度。具体安排时要注意如下几点。

（1）全年产品生产任务的安排只安排那些具体明确的生产订单，对尚未明确的只作初步安排，随着陆续接到订单再加以具体化。

（2）在保证订货要求的前提下，尽可能使关键设备的负荷均衡。

（3）对于新产品的生产要交错安排，要有充分的时间进行生产技术准备。

（4）要做好归类搭配生产，可以采用集中轮番生产的安排方式，减少同一生产周期内生产的产品品种，简化生产管理工作。

总之，单件小批生产企业的生产安排要根据具体情况来安排，计划的弹性要大，要加强订单的管理。

（二）安排车间任务

生产任务的安排，不仅要对企业总的生产任务做出进度安排，而且要将整个企业的生产任务分解到各个车间（或分厂），规定车间的生产任务。安排车间生产任务，应该实现下列要求。

（1）必须保证整个企业的生产计划得到实现，为此，规定给各个车间的生产任务，应当在品种、数量和进度上相互衔接，以保证企业计划的按期完成。

（2）要缩短生产周期和减少流动资金占用量，以提高生产的经济效益。

（3）要充分利用车间的生产能力，规定给各个车间的任务应当适合这个车间的机器性能和设备条件，并能充分利用这些机器设备，避免忙闲不均。

安排车间任务时，一般是首先安排基本车间的生产任务，然后安排辅助车间的生产任务。

1. 基本车间生产任务的安排

规定基本车间生产任务的方法，取决于各基本生产车间的专业化形式。对象专业化的基本生产车间，安排车间任务的方法比较简单，主要是考虑生产能力、生产技术条件对生产任务的适应情况。如果两者大体适应，就可将生产任务按各车间原有的专业分工范围进行安排。根据实际情况，必要时亦可对原有车间的分工进行某些适当的调整。工艺专业化的基本生产车间，规定车间任务主要是解决车间与车间之间在品种、数量和期限方面的平衡衔接问题，这时，安排车间任务的方法是“反工艺顺序法”，按照工艺顺序的相反方向，逐个地决定各个车间的生产任务。以机械制造企业为例，首先根据装配车间产品装配的数量、时间要求，决定机械加工车间的生产任务；然后再根据机械加工车间产品加工的数量、时间要求，决定毛坯车间的生产任务。

2. 辅助生产车间的任务安排

若辅助车间的任务同基本生产车间的任务有着明显的、直接的联系，就要根据基本生产车间的任务来规定。例如，工具车间的任务应当根据各个基本生产车间的产品加工数量和单位产品的工具消耗定额来规定，同时还要考虑其他辅助车间对工具的需要量、试制新产品对工具的需要量以及工具结存量的变化等因素；运输车间的任务，应当根据厂内运输量和厂外货运量来规定等。若辅助车间的任务同基本生产车间没有明显的、直接的联系，例如机修车间，它的生产任务应该根据它所服务的全部机器设备的使用程度，按照设备修理计划来规定。

【技能实践】

生产管理人员吴昊根据 2 月份办公椅 200 台的销售预测及与“中实集团”100 台办公椅的销售订单去组织生产，并安排主生产计划。调整并确认后，将生产计划派工给生产车间办公椅加工中心。该车间生产办公椅的关键产能资源为人力，办公椅加工中心有工人 5 人，每人每天 8 小时产能，每生产一台办公椅耗用产能 1 小时。

请根据订单制订主生产计划。

任务 4　编制物料需求计划

【知识目标】

1. 能够展开产品结构，建立物料清单（BOM）；
2. 掌握制定物料消耗定额的方法；
3. 掌握物料需求计划（MRP）的编制方法。

【技能目标】

具备编制产品 BOM 表、分清物料层级以及编制 MRP 计划的能力。

【素质目标】

培养学生独立分析、独立操作的能力，并使其能够积极利用这种思想影响自己生活与学习中的物质资源管理。

【案例导读】

怎么会错了呢？

宏宇汽车制造厂是一家装配轻型卡车的小型工厂，专门承接一些大的汽车公司不愿生产、消费者有特殊需求的变形汽车。这些变形汽车生产批量小、品种较多，适合宏宇生产。今年 2 月份，宏宇收到生产 100 辆某种型号轻型卡车的任务。生产科李科长要新来的科员小张安排生产和采购计划。由于过去宏宇生产过这种车型，故尚有余下的零部件，经小张查点，库房里还有该车型可以使用的零部件。其中有变速器 2 件，该变速器使用的齿轮箱组件 15 件，用于齿轮箱的最大齿轮 7 个和制造该齿轮的毛坯 46 件。小张看了看零件清单和图纸，发现一辆轻型卡车除了其他的零部件外，还包含变速器 1 件，每个变速器包括齿轮箱组件

1 件，每个齿轮箱中有最大齿轮 1 个，因而制造这些轻型卡车需要98（100 - 2）件变速器，需要85（100 - 15）个齿轮箱组件，需要93（100 - 7）个大齿轮，需要54（100 - 46）件毛坯。当小张兴致勃勃地找到李科长，告诉他需要生产和采购的零部件数量时，李科长连连摇头，说：“错了！错了！”小张顿时感到不解：难道我连这样简单的算术都不会了吗？

MRP 是 20 世纪 60 年代发展起来的一种计划物料需求量和需求时间的系统。1965 年，美国奥列基（Joseph A. Orlicky）博士提出了独立需求和相关需求的概念，MRP 在此基础上产生，并不断得到应用和发展，从 MRP 到 MRPⅡ，再发展到目前的 ERP 阶段。

本任务中 MRP 是指在产品生产中对构成产品的各种物料的需求量与需求时间所做的计划。其基本思想是围绕物料转化组织制造资源，实现按需准时生产。在企业的生产计划管理体系中，它一般被排在 MPS 之后，属于实际作业层面上的计划。

MPS 是把企业的宏观计划转变成可操作的微观作业计划，描述企业生产什么、生产多少以及什么时段完成的生产计划，它是 MRP 的直接来源。根据主生产计划确定独立需求产品或备件、备品的需求数量和日期；依据 BOM 自动推导出构成独立需求物料的所有相关需求物料的需求，即毛需求；由毛需求以及现有库存量和计划接收量得到每种相关需求物料的净需求量；根据每种相关需求物料的各自提前期（采购或制造）推导出每种相关需求物料开始采购或制造的日期。

MRP 中的物料指的是构成产品的所有物品，包括部件、零件、外购件、标准件以及制造零件所用的毛坯与原材料等。这类物料的需求性质属于相关性需求，其特点是需求量与需求时间要求严格且相对稳定；需求量符合批量准则且按时段均匀划分，可以按时按量地保证供应。MRP 的作用主要是：

（1）为生产和供应部门提供准确和完整的物料需求数据，主要包括需求数量和需求时间。

（2）利用库存信息来调控采购量和购进时间，充分发挥库存信息在计划管理中的重要作用，在满足生产需要的前提下最大限度地降低库存，包括中间库存和在制品库存，以减少在库存方面的资金积压。

（3）根据产成品的需求、成品零部件的工艺路线及规定工时，计算出各时段内相关工作中心的生产能力需求量，为下一步能力需求计划（CRP）的制订提供依据。

（4）根据企业实际情况确定零件及半成品生产的优先级，列出每一时间段内应当完成的生产装配任务，从整体上确定产成品的出产进度，提高计划的可执行性，实现均衡生产。

一、建立物料清单

物料清单（Bill Of Materials，BOM）是描述产品结构的文件，是企业各主要业务部门要使用的基本而又重要的管理文件。要正确计算出物料需求的数量和时间，特别是相关需求物料的数量和时间，首先要知道企业所制造的产品的结构和所有要使用到的物料。产品结构列出构成成品或装配件的所有部件、组件、零件等的组成、装配关系和数量要求，它是 MRP 产品拆零的基础。图 3－4 就是一个简化了的自行车的产品结构图，它大体反映了自行车的构成。

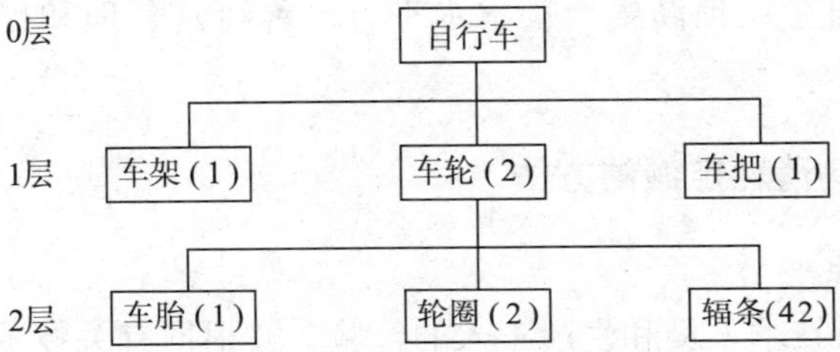

图 3－4　自行车产品结构图

当然，这并不是我们最终所要的 BOM。为了便于计算机识别，必须把产品结构图转换成规范的数据格式，这种用规范的数据格式来描述产品结构的文件就是 BOM，它必须说明组件（部件）中各种物料需求的数量和相互之间的组成结构关系。表 3－12 所示的就是一个简单的与自行车产品结构相对应的 BOM。

表 3－12　自行车产品的 BOM

层次	物料号	物料名称	单位	数量	类型	成品率	ABC 码	生效日期	失效日期	提前期/天
0	G0B95	自行车	辆	1	M	100%	A	950101	971231	2
1	CJ120	车架	件	1	M	100%	A	950101	971231	3
1	CL120	车轮	个	2	M	100%	A	010105	020202	2
2	LQ300	轮圈	件	1	B	100%	A	950101	971231	5
2	LT890	轮胎	套	1	B	100%	B	010105	020202	7
2	FT30	辐条	根	4	B	100%	B	950101	971231	4
1	CB120	车把	套	1	B	100%	A	010105	020202	4

注：类型中“M”为自制件，“B”为外购件。

二、物料消耗定额的含义及作用

所谓物料消耗定额，是指在一定的生产技术组织条件下，制造单位产品或完成单位生产任务所必需消耗的物料数量标准。

物料消耗定额可分为单项定额和综合定额两种。单项定额指制造单位零件的物料消耗定额，是加工前下料及核算各生产环节用料数量的依据，同时也可作为车间发放物料的标准。综合定额是指制造单位产品所消耗的全部物料定额，它是核算企业物料需求量，计算产品成本和考核企业物料消耗水平的依据。

制定先进合理的物料消耗定额，具有以下重要作用。

（1）它是确定企业物料需求量，编制物料供应计划的基础。

（2）它是科学地组织物料发放，对物料消耗实行有效控制的依据。

（3）它是监督和促进企业内部合理使用和节约物料的有力工具。

（4）它是促进企业提高生产技术水平、改善经营管理和提高工人操作水平的重要手段。

三、计算物料消耗定额的方法

1. 经验估计法

这是一种凭借技术人员和生产工人的经验，并根据有关技术文件和技术条件制定物料消耗定额的方法。

物料消耗定额 =（最少消耗定额 + 一般消耗定额 ×4 + 最多消耗定额）/6

这种方法主要用于新产品或单件小批产品生产物料消耗定额的简单判断。

2. 统计分析法

这是一种根据物料消耗的统计资料，考虑计划期内生产技术和生产组织条件的变化等因素，经过对比、分析、计算，从而制定物料消耗定额的方法。这种方法适用于成批生产。

3. 实验测定法

这是运用现场称重量、量尺寸和计算等方式，对工人操作的物料消耗数量进行测定，然后通过分析研究，制定物料消耗定额的方法。运用这种方法时，应注意生产条件和操作工人的典型性、代表性，测定次数一般不少于 3 次，以便比较真实地反映出物料的实际消耗水平，避免偶然性。这种方法适用于生产批量大、周期短、工艺简单、涉及加工工种和人员较少的生产。

4. 技术计算法

这是按照构成定额的组成部分和影响定额的各种因素，如产品设计结构、配方、工艺要求、所用设备、原材料质量、生产工人的技术水平和熟练程度等，通过科学分析和技术计算而制定物料消耗定额的方法。它要求具备大量的、完整的技术资料，并通过一定的计算程序，工作量较大，技术性较强。这种方法适用于大量大批生产物料消耗定额的制定。

四、物料消耗定额的制定

物料消耗定额按其在生产中的作用可分为主要原材料消耗定额、燃料消耗定额、动力消耗定额和工具消耗定额等。

1. 主要原材料消耗定额的制定

要正确制定主要原材料消耗定额，首先要分析物料消耗定额的构成，即从原材料投入生产至制成成品的整个过程中，原材料被消耗在哪些方面。以机械产品为例，物料消耗定额包括以下三个部分：

（1）产品净重消耗，它是构成消耗定额的主要部分。

（2）工艺性消耗，指物料在加工过程中，由于工艺技术上的要求所产生的消耗。如加工过程中的切屑、铸造中的烧损、下料过程中的料头等。这部分消耗是由工艺技术水平决定的，应不断改进技术、改善工艺，力求把工艺性消耗降到最低限度。

（3）非工艺性消耗，指由于生产中产生的废品、运输保管不善、材料供应不符合要求，以及其他非工艺技术原因产生的消耗。这部分消耗是由于管理不善造成的，并非产品制造必须，应力求避免和减少。

前两项组成工艺消耗定额，三项合计组成物料供应定额。因此，严格地说，物料消耗定额主要包括产品净重和工艺性消耗。计算公式如下：

$$\text{单位产品（零件）工艺消耗定额} = \text{单位产品（零件）净重} + \text{各种工艺性消耗重量}$$

$$\text{单位产品（零件）物料供应定额} = \text{工艺消耗定额} \times (1 + \text{材料供应系数})$$

$$\text{材料供应系数} = \text{单位产品非工艺性消耗} / \text{工艺消耗定额}$$

工艺消耗定额与物料供应定额是相互联系又有所区别的。物料供应定额是以工艺消耗定额为基础的，是在此基础上按一定比例加上非工艺性消耗。

2. 主要原材料消耗定额的制定

机械工业企业主要原材料消耗定额通常是根据设计图纸和有关技术文件规定的产品尺寸、规格、重量等进行计算的。但在具体计算时，按照工艺过程的不同要求，对型材、板材、锻件等的计算方法也不相同。

（1）型材、棒材零件消耗定额的制定。以棒材为例，它的构成可用下面公式计算：

$$\begin{aligned}\text{零件棒材消耗定额} = &\ \text{锻件毛坯重量} + \text{锻造切割耗损重量} + \text{烧损重量} + \\ &\ \text{锯口重量} + \text{夹头重量} + \text{残料重量}\end{aligned}$$

$$\text{零件棒材消耗定额} = \frac{\text{一根棒材重量}}{\text{一根棒材可锯出的毛坯数}}$$

当一根棒材用来制造同种零件时，它的消耗定额可以用下列公式计算：

$$\text{一根棒材可锯出的毛坯数} = \frac{\text{棒材长度} - \text{料头长度} - \text{夹头长度}}{\text{单位毛坯长度} + \text{锯口宽度}}$$

当一根棒材用来制造几种不同零件时，可按照下料部门材料利用率来计算，公式如下：

$$零件棒材消耗定额 = \frac{零件毛坯重量}{下料部门材料利用率}$$

$$下料部门材料利用率 = \frac{零件毛坯总重量}{制造零件所用棒材总重量} \times 100\%$$

例 一根长 3 600 mm，直径为 55 mm 的圆钢，比重为 18. 64 kg/m，用它来制造某种零件，零件毛坯长 116 mm。根据下料工艺，切一个 4 mm 的毛坯切口，计算这种棒材零件的消耗定额。

解 可切出的毛坯数 =（材料长度 - 夹头长度）/（零件毛坯长 + 切口宽度）

= 3 600/（116 + 4）= 30 个

每个零件的消耗定额 = 零件毛坯重量 + 切口重量 + 夹头重量 + 残料重量

= 116 × 18. 64/1 000 + 4 × 18. 64/1 000 = 2. 236 8 kg/件

或 = 一根棒材重量/一根棒材可切的毛坯数

= （3 600 × 18. 64/1 000）/30 = 2. 236 8 kg/件

（2）板材零件消耗定额的制定。它是按工艺规定的下料方法，首先在板材上裁出所需零件和毛坯，据此计算这块板材上裁出的零件毛坯的总重量，除以板材重量，求出板材下料利用率，然后再根据零件毛坯重量和板材下料利用率，计算零件板材消耗定额。公式如下：

$$板材下料利用率 = \frac{零件毛坯总重量}{板材重量}$$

$$零件板材消耗定额 = \frac{每个零件毛坯重量}{板材下料利用率}$$

（3）锻件材料消耗定额的制定。锻件材料消耗定额由锻件毛坯重量、锻件工艺消耗重量和下料损耗重量三部分组成。一般分两步计算：首先按毛坯重量加上锻造工艺损耗重量（包括锻造切割损失和烧损重量），求出锻造前重量，称为下料重量，然后在锻造前重量基础上，加上下料损耗（包括锯口、夹头、残料等）重量，即可求出锻件材料消耗定额。计算公示如下：

锻件材料消耗定额 = 锻造切割损耗重量 + 毛坯重量 + 烧损重量 +
锯口重量 + 夹头重量 + 残料重量

2. 辅助材料消耗定额的制定

企业所需的辅助材料品种繁多，使用情况复杂，其消耗定额的制定应根据不同情况采用不同方法。与主要原材料消耗定额成正比例的辅助材料，可按主要原材料消耗量的一定比例计算；与设备开工时间或工作日有关的辅助材料，其消耗定额可根据设备开工时间或工作日来计算，如润滑油等；与使用期限有关的辅助材料，一般按规定的使用期限来确定，如劳保用品和清扫工具等；对于难以计算的辅助材料，可以按统计资料、经验估计或实际耗用来确定。

3. 燃料消耗定额的制定

燃料在生产中使用广、需要量大，其消耗定额应根据不同用途和不同标准分别制定。如动力用燃料消耗定额，是以发一度电、生产一吨蒸汽所需燃料为标准来制定；工艺用燃料消耗定额，可以用生产一吨合格铸件所需燃料为标准；取暖用燃料消耗定额，通常按每个锅炉或单位受热面积来计算。但是，由于燃料品种不同，其物理形态和发热量也不一样，在制定定额时应以标准燃料为基础（1 kg 标准煤发热量为 7 000 大卡），然后换算成实际使用燃料消耗定额。

4. 动力消耗定额的制定

动力消耗定额通常按不同用途分别制定。如用于发电机器的电力消耗定额，先按实际开动功率计算电力消耗量，再按每种产品消耗的机械小时数计算出单位产品的电力消耗定额；而电炉炼钢的耗电定额，可直接按单位产品来计算确定。

5. 工具消耗定额的制定

工具消耗定额可用生产某种产品所需用某种工具的总工时与该工具的耐用期限的比值来确定，也可根据统计资料来确定。

四、如何降低物料消耗定额

为了降低物料消耗定额，应做到以下几点：

（1）首先要在产品设计中贯彻节约原则，改进产品设计，减少构成产品或零件净重的物料消耗。

（2）采用先进工艺，尽可能地减少工艺性消耗。

（3）在保证产品质量的前提下，采用新材料和代用品，以减少物料消耗，降低产品成本。

（4）加强运输保管工作，建立健全管理制度，尽量减少物料在流通过程中的损耗。

（5）着眼于全局需要，实行集中下料，推广套裁下料方法，最大限度地提高物料利用率。

（6）对生产过程中不可避免产生的废旧物料及时进行回收利用，也是减少物料消耗的有效途径。

五、MRP 编制的步骤

MRP 编制的步骤主要有以下几点。

（1）根据产品的结构层次，逐层把产品展开为零件和部件，生成物料清单。

（2）根据规定的期量标准（提前期）、由产品的出产日期逆工序倒排，编制零件的生产计划，并根据产品的计划产量计算零件的毛需求量。

（3）根据毛需求量和该零件的待分配库存量计算净需求量，再根据选择批量的原则和零件的具体情况，确定零件的实际投产批量和投产日期。

（4）对于外购的原材料和零部件，先根据 BOM 按品种规格进行汇总，再根据它们的采购提前期确定订购的日期和数量。

六、库存信息

库存信息是保存企业所有产品、零部件、在制品、原材料等存在状态的数据库。在 MRP 系统中，将产品、零部件、在制品、原材料甚至工装工具等统称为物料或项目，为便于计算机识别，必须对物料进行编码，物料编码是 MRP 系统识别物料的唯一标识。

期初库存量是指在企业仓库中期初实际存放的可供下期使用的物料库存数量。

计划收到量（在途量）是指根据正在执行中的采购订单或生产订单，在本期将要入库或将要完成的物料数量。

已分配量是指尚保存在仓库中但已被分配掉的物料数量。

提前期是指执行某项任务由开始到完成所消耗的时间。不同类型和类别的库存项目，其提前期的含义是不同的。如外购件采购提前期是指物料进货入库日期与订货日期之差；零件制造提前期指各工艺阶段比成品出产要提前的时间。MRP 对生产库存的计划与控制就是通过对各相关需求的提前期进行计算来实现的。

安全库存量是为了预防需求或供应方面的不可预测的波动，在仓库中经常保持的最低的库存量。

根据以上的各个数值，可以计算出某项物料的净需求量：

净需求量 = 毛需求量 + 已分配量 − 计划收到量 − 现有库存量

七、MRP 计算实例

理解 MRP 的关键在于掌握一些业务概念及其计算，这里引用运作管理教程里的一个百叶窗的例子来说明其计算过程以及所需要的数据。

百叶窗主生产计划见表 3－13。

表 3－13　百叶窗主生产计划

周数	1	2	3	4	5	6	7	8
生产数量				400				150

BOM 资料见表 3－14 和图 3－5。

表 3－14　百叶窗物料清单

层次	物料名称	数量	类型
0	百叶窗	1	M
1	框架	2	B
1	木制部分	4	M

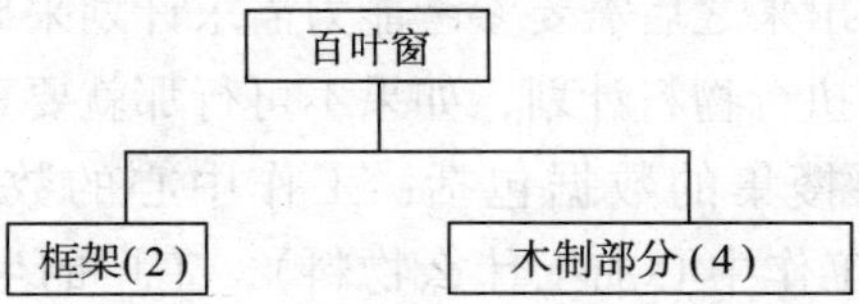

图 3－5　百叶窗产品结构树

库存信息以及提前期见表 3－15。

表 3－15　各物料提前期、现有库存量和安全库存

物料名称	提前期	现有库存	安全库存	废品率
百叶窗	1	0	0	0
框架	2	0	0	0
木制部分	1	70	0	0

物料需求计划见表 3－16。

表 3－16　百叶窗、框架和木制部分的需求计划

	周数	1	2	3	4	5	6	7	8
	需求				100				150
百叶窗 提前期=1周	毛需求				100				150
	现有库存				0				0
	净需求				100				150
	计划出产量				100				150
	生产计划下达			100				150	
				×2				×2	
框架 提前期=2周	毛需求			200				300	
	现有库存			0				0	
	净需求			200				300	
	计划订货量			200				300	
	计划订单下达	200				300			
					×4			×4	
木制部分 提前期=1周	毛需求			400				600	
	现有库存			70				0	
	净需求			330				600	
	计划出产量			330				600	
	生产计划下达		330				600		

物料需求计划制订出来之后需要参考能力需求计划来确定其是否可行，如果可行那么就生成真正的执行物料计划，如果不可行那就要重新制订。

能力需求计划主要搜集的数据包括：工作中心的数据（用于计算工作能力），工艺线路数据（工作中心加工什么物料），工厂的生产日历（工作中心工作时间）。生产能力计算模型如图 3－6 所示。

WC01的物料需求计划

周数	1	2	3	4	5
物料A	10		5	15	
物料B		10	6		15

工艺路线

工作中心	物料	能力类别	能力数据	能力单位
WC01	A	工时	10	小时
WC01	B	工时	5	小时

负荷–能力报表

周数	1	2	3	4	5
负荷	100	50	80	150	75
能力	100	100	100	100	100
余/欠能力	0	50	15	-50	25

能力数据

工作中心	WC01
能力类别	工时
能力数据	100
能力单位	小时/周

工厂日历

日期	周	月	标准工作小时
1999/01/01	1	1	8
1999/01/02	1	1	8
…			

图 3－6　生产能力计算模型

从中可以计算出负荷，如图 3－7 所示。如果负荷为负值则说明计划出现问题，需要改进。

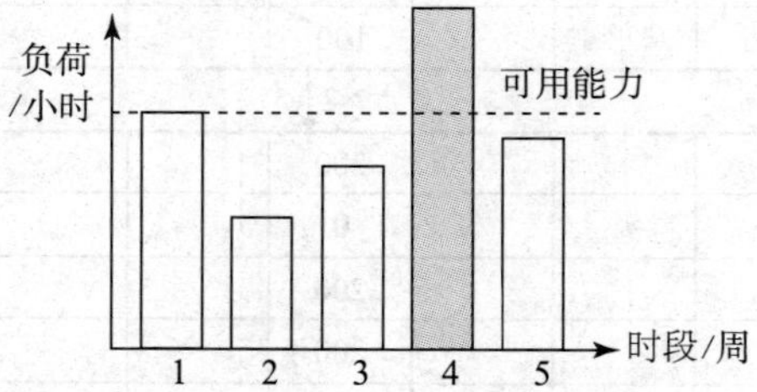

图 3－7　用图形表示的 WC01 负荷报表

【技能实践】

请仔细分析图 3－8 所示的打洞机，完成打洞机产品结构树，建立 BOM 层级表，绘制 BOM 图，并列出打洞机的物料清单。

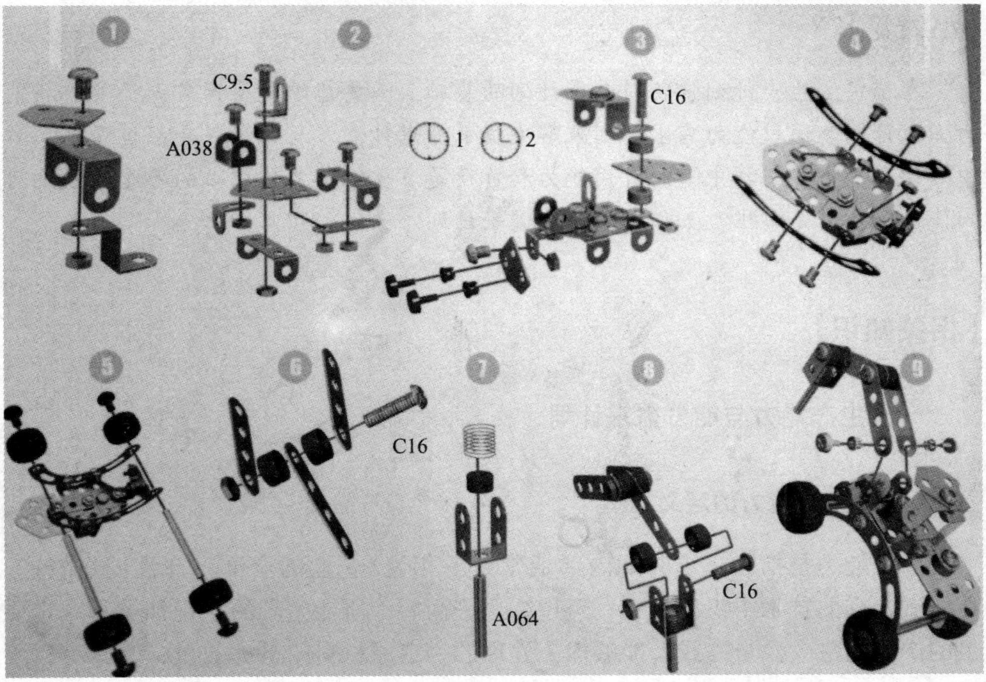

图3－8　打洞机

任务5　作业计划与控制

【知识目标】

1. 掌握生产能力的定义、种类、影响因素及其核定；
2. 掌握能力需求计划的定义及运行流程；
3. 掌握生产作业控制的基本方法；
4. 掌握生产调度和生产进度控制的方法。

【技能目标】

具备进行企业能力需求计划的编排、分析企业的生产能力以及安排生产进度并对进度进行控制的能力。

【素质目标】

要求学生具有较强的语言表达、逻辑思维能力，头脑清晰，掌握企业的生产能力以及能够安排生产进度并对进度进行控制。

【小讨论】

在确定主生产计划、物料需求计划的基础上，要想进行生产首先还要编排能力需求计划。通过能力需求计划来解决物料需求计划涉及的物料会经过哪些工作中心的加工？各工作中心的可用能力和负荷是多少？各工作中心的各个时段的可用能力和负荷是多少？如何编制能力需求计划？

【相关知识】

一、生产能力与能力需求计划

（一）生产能力的定义

生产能力是指在一定时期内（通常是一年），企业的全部生产性固定资产，在先进合理的技术组织条件下，经过综合平衡后，所能生产的一定种类和一定质量的产品的最大数量，或者能够加工处理的一定原材料的最大数量，其具有以下特点：

（1）是企业的生产性固定资产。

（2）在企业可能达到的技术组织条件下确定，不考虑劳动力不足和物质供应中断等不正常现象。

（3）以实物指标为计量单位。

（4）是综合平衡的结果。

（5）一般以最大产品数量来表示，有时也以加工的原材料的最大数量表示。

【小知识】

能力与产量是两个不同的概念，产量是某一时间段内的实际产出，而能力是正常操作时间内的最大产出率。

（二）生产能力的种类

1. 设计能力

设计能力是指工业企业基本建设时，设计任务书与设计文件中所规定的生产能力。它是企业新建、改建和扩建后应该达到的最大年产量。

2. 查定能力

查定能力是指企业生产了一段时间以后，重新调查核定的生产能力，是在企业的产品方向、固定资产、协作关系、资源条件、劳动状况等方面发生了重大变化的情况下可能实现的最大生产能力。

3. 计划能力

计划能力是指企业在年度内依据现有的生产技术组织条件，实际能够达到的生产能力。它是以现有生产条件，并考虑在年度内能够实现的各种技术的、组织的措施的效果来确定的。

上述三种生产能力反映了企业不同时期、不同生产技术组织条件下生产能力的水平，其用途各异。如在确定企业的规模，编制企业的长远规划，安排基本建设和技术改造时，应以设计能力和查定能力为依据；而在编制年度（季度）生产计划，确定生产指标时，应以计划能力为依据。

（三）能力需求计划的概念

能力需求计划（Capacity Requirement Planning，CRP）是确定完成生产任务具体需要多少劳动力和机器资源，是企业分析 MRP 后产生的切实可行的能力执行计划。广义的能力需求计划分为粗能力需求计划（RCCP，又称为产能负荷分析）和细能力需求计划（CRP，又称为能力计划）。

RCCP 是根据产品需求计算关键资源所需的投入时间，观察关键资源的能力供应是否能满足实际生产的需要。负荷计算对象是独立需求。

CRP 是计算所有生产任务在各个相关工作中心加工所需的能力，并将所需能力与实际可供能力进行对比，以便企业确定能力供应是否满足生产需求。若不能满足，则需要调整生产任务或生产时间，直到能力供应能满足所有的生产任务需要。

1. CRP 的处理过程

在编制 MPS 时，一般要在总体上进行能力平衡核算，即能力计划工作。但是，多品种小批量生产企业生产的产品品种和数量每月各不相同，生产能力需求经常变化，当总负荷核算平衡时，每个生产周期、每个工作中心可能并不平衡。所以还要按较短的时间周期、更小的能力范围（如工作中心）进行详细负荷核算与能力平衡。处理过程如下：

（1）编制工序进度计划。用倒序编排法或工序编排法，利用订单下达日期（开工期）、计划订单入库日期（完工日期）及数量，对工序进度计划进行编制。

（2）编制负荷图。当所有订单都编制了工序计划后，以工作中心为单位进行负荷计算。

（3）负荷与能力调平。如果能力与负荷不平衡，要进行原因分析。可能的原因是 MRP 计划不全面，能力数据不准确，提前期数据不准确等，根据原因进行纠正。

2. CRP 的编制依据

（1）工作中心。它主要是指人力资源及设备资源，是各种生产或加工能力单元和成本计算单元的统称。对工作中心，都统一用工时来量化其能力的大小。

（2）工作日历。它是用于编制计划的特殊形式的日历，是由普通日历除去每周双休日、假日、停工和其他不生产的日子，并将日期表示为顺序形式而形成的。

（3）工艺路线。它是一种反映制造某项物料加工方法及加工次序的文件，说明加工和装配的工序顺序，每道工序使用的工作中心、各项时间定额、外协工序的时间和费用等。

（4）由 MRP 输出的零部件作业计划。

3. CRP 的计算逻辑

CRP 的运算过程就是把 MRP 订单换算成能力需求数量、生成能力需求报表的过程，这个过程可用图 3－9 来表示。

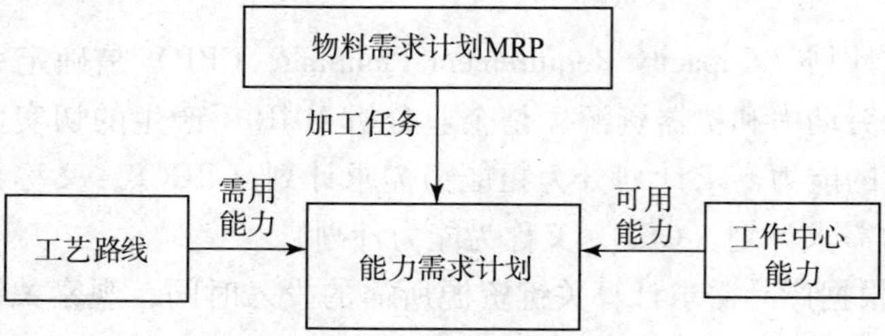

图 3－9　能力需求报表生成过程

当然，在计划时段中也有可能出现能力需求超负荷或低负荷的情况。闭环能力计划通常是通过报表的形式（直方图是常用工具）向计划人员报告，但是并不进行能力负荷的自动平衡，这个工作由计划人员人工完成。

二、企业生产能力的影响因素及计量单位

（一）影响生产能力的因素

影响企业生产能力的因素很多，而最基本的影响因素有三种：固定资产的数量、固定资产的工作时间和固定资产的生产效率。

1. 固定资产的数量

它是指能够用于工业生产的全部机器设备的数量、厂房及其他生产性建筑物的面积。机器设备包括正在运转、正在修理、正在安装或等待修理的机器设备，以及因生产任务不足或某些非正常原因而暂时停用的机器设备。对于损坏严重、已判定不能修复决定报废的设备，以及留作备用、封存待调的机器设备，则不应计算在内。

2. 固定资产的工作时间

它是指机器设备的全部有效工作时间和生产面积的全部利用时间，可以分为制度工作时间和有效工作时间。前者是在规定的工作制度下，固定资产可利用的时间，一般为全年日历数目扣除 104 个周末和 11 个节假日后的差（一般为 250

天）与每天工作班次、每班工作小时数的连乘积。后者是在制度工作时间中扣除了设备停歇时间。连续性生产企业的机器设备有效工作时间为日历时间减去计划修理时间，而生产面积的利用时间，按制度工作时间计算，一般没有停修时间。

3. 固定资产的生产效率

它包括机器设备生产效率（即设备能力）和生产面积的生产效率。前者用单位机器设备的产量定额或单位产品的台时定额表示；后者是指单位产品占用生产面积的大小以及时间的长短。

上述三个影响因素相乘的乘积，就是企业固定资产的生产能力。在核定生产能力时，必须正确确定固定资产生产效率的定额水平，使之先进合理，才能使生产能力保持在先进水平上。

（二）生产能力的计量单位

1. 具体产品

在产品品种单一的大量生产企业中，企业的生产能力可以用该具体产品的产量表示。

2. 代表产品

在多品种生产的企业中，可以在构成相似的产品中选出代表产品，以生产代表产品的时间定额和产量定额作为固定资产的生产率定额来计算生产能力。

通常选用下列产品作为代表产品：

（1）企业专业方向中的主要专业产品。

（2）国家和市场迫切需要的重点产品和短线产品。

（3）产量较大，结构和工艺具有代表性的产品。

在结构、工艺相似的产品中，一般可选择产量与劳动量乘积最大的产品。

3. 假定产品

在产品品种数较多，各种产品结构、工艺和劳动量构成差别较大的情况下，可选择用假定产品作为计量单位。

假定产品是由各种产品按其劳动量比例构成的一种假想产品。

$$\text{假定产品台时定额} = \sum \left(\begin{matrix}\text{该产品}\\\text{台时定额}\end{matrix} \times \begin{matrix}\text{该产品产量占假定}\\\text{产品总产量的百分比}\end{matrix} \right)$$

$$\text{以假定产品为单位的生产能力} = \frac{\text{设备台数} \times \text{单位设备有效工时}}{\text{假定产品台时定额}}$$

三、生产能力的核定

核定生产能力是根据决定生产能力的三个基本因素，在查清现有固定资产现状和采取相应措施的基础上，对企业、车间、班组的生产能力水平进行计算和确定。企业生产能力的核定，应该从班组开始，自下而上，一级一级地进行，通常分为两个阶段：一是核定班组、工段、车间各环节的生产能力；二是在对各生产环节的能力进行综合平衡的基础上，核定企业的生产能力。

1. 单台设备及流水线生产能力的计算

（1）单台设备生产能力的计算。流水线的生产能力取决于每道工序设备的生产能力，因此，生产能力的计算从单台设备开始。单台设备生产能力的计算公式为：

$$M_{单} = 计划期有效工作时间/单位产品台时定额 = F_e/t$$

或 $$M_{单} = 计划期有效工作时间 \cdot 单位时间产量定额 = F_e \cdot P$$

（2）流水线生产能力的计算。

$$流水线生产能力 = 流水线有效工作时间/节拍 = F_e/R$$

流水线生产能力在各道工序生产能力综合平衡的基础上确定。

例1 某加工A产品的流水线，有车、铣、磨三道工序，各工序生产能力在综合平衡后，分别为500台/年、495台/年、510台/年，则该流水线的年生产能力为495台/年。

2. 设备组生产能力的计算

（1）生产单一产品，工序由S台设备承担时，工序生产能力为 $M = F_e \cdot S/t$ 或 $M = F_e \cdot S \cdot P$

例2 某加工车间有车床15台，两班制工作，车床组计划检修时数为1 145小时，单位产品台时定额为200小时，求该车床组的生产能力。

解 $M = F_e \cdot S/t = (250 \times 15.5 \times 15 - 1\ 145)/200 = 284$（小时）

注：全年工作日按制度工作日数250天计，每天两班按15.5小时计（下同）。

例3 某机械加工车间的产品加工过程按顺序移动方式设置，顺次通过车、铣、磨三个工艺环节，相关资料见表3-17，试计算各组设备的生产能力。

表3-17 车间生产能力资料表

设备组	设备台数	工作班数	设备组计划检修时数	全年有效台时	产品台时定额	设备组生产能力
①	②	③	④	⑤=②×250×15.5-④	⑥	⑦=⑤÷⑥
车工组	15	2	1 100	57 025	200	285
铣工组	10	2	1 000	37 750	180	209
磨工组	9	2	680	34 195	120	285

由计算结果可知，车工组与磨工组的生产能力相同，每年可以生产285件，相比之下，铣工组是薄弱环节，应采取一定的技术组织措施“填平补齐”。

（2）多品种成批生产条件下，按代表产品作为计量单位计算。

首先，确定代表产品。代表产品是反映企业专业方向、产量较大、占用劳动量最多、在结构或工艺上具有代表性的产品。

其次，计算出以代表产品为计算单位表示的设备组生产能力。

再次，将其他产品的计划产量用换算系数分别折合成代表产品的产量。换算时，一般用台时定额或产量定额作为换算标准，换算系数的计算公式是：

$$换算系数=\frac{某种产品台时定额}{代表产品台时定额}$$

或

$$换算系数=\frac{代表产品单位时间产量定额}{某种产品单位时间产量定额}$$

最后，计算出设备组各种计划产品的生产能力。

某具体产品的生产能力 = 该产品以代表产品为单位表示的生产能力/换算系数。

例4　某厂车床组有车床10台，每台车床全年有效时间为3 800小时，车床组加工A、B、C、D四种结构和工艺相似的产品，其计划产量分别为100台、50台、200台、80台，单位产品台时定额分别为90台时、60台时、80台时、50台时，选定C为代表产品，试计算车床组的生产能力。

以代表产品C的产量表示的生产能力及将代表产品换算为具体产品的计算过程和结果见表3－18。

表3－18　换算为具体产品的计算过程及结果

产品名称	生产计划	台时定额	换算系数	换算为代表产品产量	换算后产量比重	以代表产品表示的生产能力	换算为具体产品表示的生产能力	备注
①	②	③	④＝③/80	⑤＝②×④	⑥＝⑤/$\sum$⑤	⑦	⑧＝⑦×⑥/④	⑨
A	100	90	1.125	112.5	0.281	3 800×10/80＝475	118	代表产品是C
B	50	60	0.75	37.5	0.094		59	
C	200	80	1	200	0.5		237	
D	80	50	0.625	50	0.125		95	
$\sum$	430	280		400	1		509	

（3）单件小批生产条件下，用假定产品作为计量单位计算。

首先，计算假定产品的台时定额。

$$假定产品的台时定额=\sum\left(该产品台时定额\times\frac{该产品产量}{假定产品总产量}\right)$$

其中，假定产品总产量以各种产品计划产量总和来表示。

其次，计算设备组生产假定产品的生产能力。

$$以假定产品为单位的生产能力=\frac{设备台数\times单位设备有效工时}{假定产品台时定额}$$

最后，根据设备组假定产品的生产能力，计算出设备组各种计划产品的生产能力。

计划产品生产能力 = 假定产品生产能力 × 该产品产量占假定产品总产量的百分比

例 5 某厂车床组共有车床 10 台，生产 A、B、C、D 四种结构、工艺不相似产品，计划年产量分别为 750 台、600 台、1 200 台、450 台，单位产品消耗定额分别为 20 台、25 台、10 台、40 台时，每台年有效工作时间为 4 400 小时。问该车床组的生产能力。

以假定产品为计量单位计算生产能力的过程及结果如表 3 – 19 所示。

表 3 – 19 以假定产品为计量单位计算生产能力表

产品名称	计划产量	各产品比重	各产品台时定额	假定产品台时定额	以假定产品为计量单位的生产能力	各种计划产品的生产能力
①	②	③	④	⑤ = ③ × ④	⑥	⑦ = ⑥ × ③
A	750	25%	20	5	4 400 × 10/20 = 2 200	550
B	600	20%	25	5		440
C	1 200	40%	10	4		880
D	450	15%	40	6		330
合计	3 000	100%		20	2 200	2 200

3. 企业生产能力的确定

先将各生产环节的生产能力综合平衡，进而确定企业的生产能力。综合平衡有两个方面的工作，其一是基本生产车间之间的能力平衡；其二是辅助生产车间生产能力与基本生产车间生产能力的平衡。

当各基本生产环节的能力不一致时，应按主导环节来确定企业的生产能力。主导环节是指产品制造的主要工艺加工环节，如机械制造企业的机械加工车间，其占产品全部制造过程劳动量的比重最大，所需投资额也往往最多，据此确定企业的生产能力，可以更好地发挥经济效益。若企业主导生产环节同时有几个，并且生产能力各异，综合生产能力的核定应依据未来市场的需求来确定。若该产品需求量大，按较高能力的主导生产环节来定，同时组织外协或技术改造解决其他能力不足的环节；否则，可按薄弱环节的能力来核定，对于能力富余的环节，可将多余的设备调出，或长期接受外协订货。

当基本生产单位的生产能力与辅助生产单位的生产能力不一致时，企业的生产能力要按基本生产单位的生产能力来确定。

四、生产作业控制

生产作业控制是指在生产计划和生产作业计划的执行过程中，对生产活动进行的一系列监督检查及纠正偏差等工作。在生产作业计划的执行过程中必然会遇到一些预想不到的情况和矛盾，造成新的不平衡现象，影响计划的完成，因此需要监督和检查，并及时采取措施，以保证计划的实现，这就是生产控制工作。

对于生产作业控制的基本方法，本部分仅介绍生产调度和生产进度控制。

（一）生产调度

生产调度工作的任务就是要及时全面地了解生产过程，按照实际情况组织生产活动，及时地采取有效措施，处理生产中出现的各种矛盾和不平衡现象，克服薄弱环节，使生产过程的各个环节能够协调地进行，保证生产作业计划的全面完成。

1. 生产调度的主要内容

生产调度的主要内容，是及时了解、掌握、预防和处理生产作业计划执行过程中可能出现的偏差，保证整个生产活动协调进行。为了做好生产调度工作，一般企业都设有调度机构。调度机构的设置因企业的生产规模、生产类型和具体的生产特点而各有不同。一般情况下，企业设有厂部、车间和工段三级调度组织。厂部设总调度室，由生产副厂长（副总经理）负责；车间设车间计划调度组，由车间主任负责；工段（班组）设调度员，由工段长（班组长）负责；劳动、工具、运输、供应等部门根据实际需要也可以设立专门调度组织。这样，就形成了一个统一、集中和健全的生产指挥系统。要保证生产过程均衡、协调地进行，生产调度工作必须由厂部总调度室全面控制、统一指挥。各部门、各环节都要服从总调度室的安排和指挥，以保证顺利完成生产作业计划。

在不同的行业，生产调度工作的内容是不完全相同的，一般来说生产调度工作的内容主要有：

（1）按照生产作业计划规定的产品品种、数量、质量、期限和成本等的要求，组织企业的日常生产活动并检查计划的执行情况，特别是关键产品、零件，必须按照各工艺阶段规定的出产和进度要求按期完成生产任务。

（2）检查、督促、协调各有关部门及时做好各项生产准备工作，包括生产技术准备、设备运行状况检查、物资供应工作等，保证生产作业计划得以顺利实施。

（3）合理调配各生产环节的劳动力，保证各个生产环节、各道工序协调地工作。

（4）控制生产过程的原材料、标准件、工具、半成品等物资供应和厂内运输工作，检查生产设备的利用情况。

（5）对轮班、昼夜、周、旬及月计划完成情况做好统计，检查各个生产环节作业计划执行情况，及时发现问题，找出原因，并采取纠正措施。如需要调整生产作业计划，必须及时向车间主任和总调度室汇报，取得同意后方可调整。

（6）组织生产调度会议，监督、贯彻并执行调度决议，统计分析月、周或日计划的完成情况。

2. 调度人员的分工方式

企业的生产调度部门，是实施生产作业（进度）控制，进行日常生产管理，以实现生产作业计划的责任部门。调度机构的调度人员分工一般有以下三种方式。

（1）按产品分工。由每个调度员主管一种或几种产品的调度业务。从所管产品的生产前准备、投料、生产，直到产品完成的全过程，都由分管调度人员包干负责到底。这种分工的优点是：调度人员了解所分管产品的全过程，责任明确，特别适用于生产周期长的产品和新产品。其缺点是：容易发生对车间、工段的多头指挥，影响调度工作的集中统一。

（2）按车间、部门分工。由每个调度人员分工主管一个或几个车间（业务部门）的调度工作，全面掌握所管车间或部门所有产品的生产及业务活动。这种分工的优点是：调度人员能全面了解该车间生产各种产品的情况（或该业务部门的全部情况），便于统筹兼顾。其缺点是：不能了解产品生产的全过程，容易发生前后脱节的现象。对于品种较稳定的成批大量生产，宜采用这种分工方式。

（3）按产品、车间相结合分工。即对稳定生产的品种，实行按车间分工的方式，对特殊的、难度大的、生产周期长的产品，设专职调度员，以保证此类产品较顺利地完成生产全过程，同时又尽可能减少各种产品相互冲突，抑制车间、工段多头指挥的现象。

此外，厂级的设备、工具、供应、运输、仓库、劳动等部门，可根据实际需要，设立调度组，或指定专人负责调度工作。

3. 生产调度工作的要求

（1）计划性。计划性主要体现在三个方面：一是调度工作要以生产作业计划为依据；二是调度的灵活性应该服从于计划的原则性；三是要协助做好生产作业计划的编制工作。为了保证生产任务的全面完成，生产调度人员必须深入掌握重点车间、重点产品、重点任务的生产情况，同时全面了解企业的生产情况。

（2）预见性。生产调度工作不能单纯依靠事后补救，要做到以防为主、争取主动。为此，生产调度人员要加强总结、分析、探索调度工作的规律性；要勤检查、勤分析，督促各部门做好生产技术准备工作，检查生产过程中的薄弱环节，预见可能发生的各种隐患，事先采取预防和纠偏措施。

(3) 集中性。调度人员是生产领导的助手，负责对生产活动进行组织协调，因此必须坚持集中领导、分级管理的原则，即按照管理层次，下级服从上级，各生产环节统一于企业生产总指挥。所有调度人员应在主管生产厂长的统一领导下行使调度职权和发布调度命令。各级调度人员应做到步调一致，各级领导应维护调度职权，明确指示、充分授权，共同维护计划的统一性。

(4) 及时性。在生产作业计划的执行过程中，必然会出现各种新情况、新问题，生产调度部门要能及时发现问题，迅速分析原因，尽快采取措施予以解决。为此，生产调度人员必须亲自深入生产第一线，全面、及时、准确地获取生产中的物资、设备、生产、技术、劳动力等各种资料和信息，深入细致地研究分析问题，掌握第一手资料。

(5) 群众性。生产调度工作应发扬民主，深入群众，倾听群众意见，做到集思广益。在进行调度时，要将生产作业计划的执行情况和生产进度向群众公布，讲清楚完成工作任务的意义和作用，调动群众积极性。如果上级调度命令和实际情况不符，要及时倾听群众意见改变命令。只有充分依靠群众，才能更好地切合实际，正确有效地做好调度工作。

【小知识】

甘特图

甘特图，也称为条状图（Bar Chart）。它是在1917年由亨利·甘特开发的，其内在思想简单，基本是一个线条图，横轴表示时间，纵轴表示活动（项目），线条表示在整个期间上计划和实际的活动完成情况。它直观地表明任务计划在什么时候进行及实际进展与计划要求的对比。它是现在通用的显示进度的方法。

（二）生产进度控制

生产进度控制，又称生产作业控制，是在生产计划执行过程中，对有关产品生产的数量和期限的控制。其主要目的在于依据生产作业计划，检查零部件的投入和出产数量、出产时间和配套性，保证产品能准时装配出厂。生产进度控制是生产控制的基本方面，狭义的生产控制就是指生产进度控制。

1. 生产进度控制的内容

完整的生产进度控制内容主要包括四个方面：

(1) 投入进度控制。它是指按生产作业计划的要求，控制产品开始投入日期以及各种原材料、毛坯、零部件的投入提前期和投入数量。没有投入，就没有产出，进度计划完不成常常与投入进度失控有关，投入进度是进度控制的第一环节。

（2）工序进度控制。它是指按生产作业计划的要求，控制产品在生产过程中经过的每道加工工序的进度。有的企业会把每个工人把握的每道工序，用时间来确定。不过，用时间来具体衡量的，基本出现在那些拥有大型流水线、产品稳定、工艺相对简单的企业。

（3）出产进度控制。它是指按生产作业计划的要求，控制产品的出产日期、出产提前期、出产量、出产均衡性和成套性等。针对一些销售区域的专属产品，在进行出产成品控制时，要相对应地与主体产品分离，并做好目标销售区产品区域性特征，同时做好记录，待产品追溯时，有据可查。

（4）生产设备控制。生产设备无故障性与产品生产是同步的。

其他的对生产进度控制产生影响的一些非生产因素包括部门协同性、数据共享性等。如果一个订单的生产计划周期大于两个月，企业员工的工作积极性、情绪、个人身体状况等，也是不容忽视的潜在因素。

2. 生产进度控制的过程

生产进度控制的基本过程主要包括分配作业、测定差距、处理差距、提出报告等。

生产进度控制贯穿整个生产过程，从生产技术准备开始到产成品入库为止的全部生产活动都与生产进度有关。人们习惯上把生产进度等同于出产进度，这是因为客户关心的是能否按时得到产成品，所以企业也就把注意力放在产成品的完工进度即出产进度上。

生产进度控制要根据各项原始记录及生产作业统计报表进行作业分配，确定每天生产进度，并查明计划与实际进度出现偏差的原因。在大量生产条件下，主要控制生产节拍、平均日产量和在制品、库存半成品的变化趋势；在成批生产条件下，主要控制的对象是投入、产出的提前期与库存零件成套水平的均衡程度；在单件生产条件下，控制的主要目标是产品的标准生产周期与实际进度的差异及主要零件的工序进度。无论是哪一种生产类型，都要严格控制设备负荷率和生产能力的变化。

（三）如何做好生产调度工作

生产调度工作是一项非常复杂和细致的工作。企业应建立一个有力的生产调度系统，制定生产调度工作程序，以保证能够及时解决生产作业中出现的问题。

1. 生产调度的工作程序

（1）调度人员必须提前到班（一般为 15 分钟左右），然后做好交接班手续，并做好当班准备。

（2）了解人员、工艺、设备和物料等状况，交代本班任务。

（3）对出现的问题及时了解原因，并妥善处理，稳定生产，同时做好记录，并及时向上级汇报。

（4）班末听取基层汇报，统计并记录本班任务完成情况。

（5）填写调度日志，打扫环境卫生，做好向下一班移交的准备。

2. 生产调度值班制度

为了经常检查生产作业计划的执行情况，连续而系统地掌握生产信息，随时处理生产中发生的各种问题，厂部和车间都应建立调度值班制度。调度员在值班期间要负责下列工作。

（1）按班或按小时（大量生产时）检查产品出产计划的完成情况。

（2）检查有关部门调度决议和重点任务的执行情况。

（3）记录和发出企业、车间领导对生产的指示和要求，并检查其执行情况。

（4）及时处理生产中临时发生的问题，并将当班时发生的问题及采取的措施和执行结果详细记录在调度日志内，以便检查和作进一步的处理。

3. 生产调度报告制度

企业各级调度机构都应建立一套完整的调度报告制度。各班组、各车间都应该将执行计划任务的情况准确及时地报告给上级部门，总调度室应将班组、车间的调度报告进行汇总后向生产副厂长汇报。

（1）班、日生产汇报。各个生产岗位和生产环节都要对每班、日的生产情况进行全面检查，将规定上报项目汇报给调度员，以便调度员协调生产活动，向有关部门递交生产日报。

（2）旬、月生产汇报。旬报分别在上、中、下旬进行三次，是月报的基础。月报是针对月生产计划的完成情况，对企业整个生产活动做出全面的综合总结。一般来讲，旬、月报都是以书面形式上报给有关主管和上级调度部门。

4. 生产调度会议制度

召开生产调度会议是生产调度管理的重要工作内容，也是一种有效的工作方法。通过调度会议，可以广泛听取各方面的意见，了解生产中存在的各种问题，同时，也可以发扬民主，统一思想，协调工作。

（1）召开班前班后会。通过班前会议，布置本班应当完成的生产任务和注意事项；通过班后会议，检查计划的完成情况并总结本班生产的经验和教训。

（2）召开生产碰头会。每天下班前，各部门的生产负责人开生产碰头会，听取基层的反映，对一天的生产情况进行总结，平衡生产。

（3）召开生产调度会。生产调度会由生产调度长主持，各部门负责人参加，主要是听取生产调度长对生产活动的汇报，听取基层负责人的情况反映、提出存在的问题。经过协商与平衡，企业领导做出下一步工作指示。

5. 现场调度制度

现场调度就是到生产现场去讨论和解决问题的调度方法。在深入基层生产现场过程中，对发现的问题要及时向值班调度员指明，在值班调度员的配合下，现场组织解决问题。现场调度一般由生产领导亲自到现场与调度员、技术员以及员工一起共同讨论、研究急需解决的关键问题。

【思考练习】

生产进度落后时应采取什么措施?

【技能实践】

一、模拟企业生产计划与控制，请同学们依据所组建的模拟公司，查阅相关资料，完成下列内容:

1. 小组讨论，分析影响本企业生产能力的因素，以报告的形式完成。
2. 公司下月需要生产5 000个产品，分析公司的生产能力。
3. 完成生产调度安排。
4. 完成生产进度控制的过程报告。

二、请观察实际生活中（银行、超市、食堂等）服务业的排序方式，举例说明并分析其是否合理，如果不合理，能否提出改进意见?

任务6 库存控制

【知识目标】

1. 了解库存的种类及作用;
2. 了解库存成本的种类;
3. 掌握库存的利弊;
4. 掌握降低库存的基本策略，寻求降低库存的方法。

【技能目标】

具备分析降低库存的基本策略的能力。

【素质目标】

要求学生掌握库存的基本知识，并利用降低库存的基本策略制订模拟企业的库存计划。

【相关知识】

从一般意义上来说，库存是指企业所有资源的储备。这种资源与是否存放在仓库中没有关系，与资源是否处于运动状态也没有关系。

库存水平的高低，对企业的生产经营将产生重要的影响。必要的库存数量能防止产品供应中断、交货期延误，确保生产的连续和稳定。库存有利于提高供货的弹性，根据需求变动进行调整，减少产销矛盾。但过多的库存掩盖了生产中的各种问题，如计划脱节、管理不到位、废次品和在制品过多等。因此，在一定的生产技术和经营管理水平下，加强库存控制，使库存保持在经济合理的水平上就显得尤为重要了。

一、库存的种类

1. 按库存物料所处状态划分

（1）原材料库存。原材料库存是指企业通过采购和其他方式取得的用于制造产品并构成产品实体的物品，以及供生产耗用但不构成产品实体的辅助材料、修理用备件、燃料及外购半成品等，是用于支持企业内制造或装配过程的库存。

（2）在制品库存。在制品库存是指已经经过了一定生产过程，但尚未全部完工、在销售以前还要进一步加工的中间产品和正在加工中的产品。

（3）产成品库存。产成品库存就是已经制造完成并等待装运，可以对外销售的制成产品的库存。

2. 按库存的作用划分

（1）周转库存。批量周期性形成的库存就称为周转库存。这里有两个概念：一个是行货周期，一个是订货批量。由于周转库存的大小与订货的频率成反比，因此如何在订货成本和库存成本之间进行权衡选择是决策时主要考虑的因素。在实践中可采用降低订货费用、缩短作业交替时间和利用相似性扩大生产批量等措施来降低周转库存。

（2）安全库存。安全库存，又称缓冲库存，是生产者为了应付需求、生产周期或供应周期的不测变化，防止缺货造成损失而设置的一定数量的库存。安全库存的数量除受需求和供应的不确定性影响外，还与企业希望达到的顾客服务水平有关，这些是安全库存决策时主要考虑的因素。在实践中可通过缩短生产周期与订货周期、减少供应的不稳定性、改善需求预测工作和加强设备与人员的柔性来降低安全库存。

（3）调节库存。调节库存是为了调节需求或供应的不均衡、生产速度与供应速度的不均衡、各个生产阶段的产出不均衡而设置的一定数量的库存。有些季节性较强的原材料或供应商供应能力不均衡时，也需要设置调节库存，如空调、电风扇等季节性需求产品。

（4）在途库存。在途库存是指正处于运输中的，以及停放在两个工作地之间或相邻组织之间的库存。在途库存的大小取决于运输时间及该时间内的平均需求。降低在途库存，可采取缩短生产—配送周期的基本策略。

3. 按用户对库存的需求特性划分

（1）独立需求库存。独立需求库存是指用户对某种库存物品的需求与其他种类的库存无关，表现出对这种库存需求的独立性。从库存管理的角度来说，独立需求库存是指那些随机的、企业自身不能控制而是由市场所决定的需求，这种需求与企业对其他库存产品所做的生产决策没有关系。如用户对企业最终完成品、维修备件等的需求。独立需求库存无论在数量上还是时间上都有很大的不确定性，但可以通过预测方法粗略地估算。

（2）相关需求库存。相关需求是指与其他需求有内在相关性的需求。根据这种相关性，企业可以精确地计算出它的需求量和需求时间，是一种确定型需求。例如，用户对企业完成品的需求一旦确定，与该产品有关的零部件、原材料的需求就随之确定，对这些零部件、原材料的需求就是相关需求。

二、库存成本的种类

库存的本质就是用于未来的资源在一定时期内的闲置，这种闲置是要付出代价的，这种代价就是库存成本。常见的库存成本有以下几种。

1. 采用成本

采用成本包括采购成本与订货成本两大类。采购成本是指由买价和运杂费构成的成本，其总额取决于采购数量和单位成本。单位成本一般不随采购数量的变动而变动。

订货成本是指为订购材料、商品而发生的成本，包括采购人员的工资、采购部门的一般经费（如办公费、水电费、折旧费、取暖费等）和采购业务费（如差旅费、邮电费、检验费等）。其中有一部分成本是为了维持一定的采购能力而发生的，各期金额比较稳定，称为固定订货成本；另一部分是随订货次数的变动而呈正比例变动的成本，称为变动订货成本。

2. 生产准备成本

生产准备成本，又称生产变化成本。生产一种新产品包括以下工作：取得所需原材料，安排特定设备的调试工作，填写单子，确定装卸时间和转移仓库中原来的材料。如果从生产一种产品转到另一种产品不产生成本或没有时间损失，则可以生产很小的批量，这将降低库存水平，并最终达到节约成本的目的。目前一个挑战性的目标是在较小的生产批量下尽量降低生产准备成本。

3. 储存成本

储存成本，又称置存成本，是指储存存货而发生的成本，包括支付给储运公司的仓储费、存货所占资本按利率或投资报酬率计算的机会成本、保险费、财产税、锈蚀变质损失、企业自设仓库的一切费用（包括工资、折旧费、维修费、办公费、水电费、空调费、取暖费等）。储存成本包括固定储存成本和变动储存成本两部分内容。其中，固定储存成本的总额相对稳定，与储存存货量多少和时间长短无关；而变动储存成本的总额大小则取决于存货数量和时间的长短。

4. 缺货成本

缺货成本是指存货数量不能及时满足生产和销售的需要而给企业带来的损失。例如，因待料而停工引起的损失（如交货延期的罚金、停工期间的固定成本等)，由于商品不足而失去的销售收入中的创利额，因临时采取紧急措施补足所需存货而发生的超额费用，以及顾客需要未能得到满足而使企业的商誉蒙受的损失（即失去以后销售的机会）等，均属于缺货成本。缺货成本计算起来很困难，这是因为一般缺货成本大都为机会成本。尽管如此，还应估算出单位缺货成本(短缺一个单位存货一次给企业带来的平均损失)，以供某些存货决策分析的需要。单位缺货成本往往比单位储存成本高得多，绝不应由于计量困难而无视其存在。

三、库存的利弊

1. 库存的重要作用

库存的作用主要在于能有效地缓解供需矛盾，使生产尽可能均匀，有时甚至还有“奇货可居”的投机功能。具体而言，库存的重要作用包括以下几项。

(1) 改善服务质量。保持一定量的库存有利于调节供需之间的不平衡，保证企业按时交货、快速交货，能够避免或减少由于库存缺货或供货延迟带来的损失，这些对于企业改善顾客服务质量都具有重要作用。

(2) 节省订货费用。订货费用是指订货过程中为处理每份订单和发运每批订货而产生的费用。这种费用与订货批量的大小无关。因此，如果通过持有一定量的库存增大订货批量，就可以减少订货次数，从而减少订货费用。

(3) 节省作业交换费用。作业交换费用是指生产过程中更换批量时因调整设备、进行作业准备所产生的费用。作业的频繁更换会耗费设备和工人的大量时间，新作业刚开始时也容易出现较多的产品质量问题，这些都会导致成本增加，而通过持有一定量的在制品库存，可以加大生产批量，从而减少作业交换次数，节省作业交换费用。

(4) 提高人员与设备利用率。持有一定量的库存可以从三个方面提高人员与设备的利用率：减少作业更换时间，这种作业不增加任何附加价值；防止某个环节零部件供应缺货导致生产中断；当发生需求波动或季节性变动时，使生产均衡化。

2. 库存的弊端

库存的作用是相对的。客观地说，任何企业都想把库存压到最低，无论是原材料、在制品还是完成品，企业都会想方设法降低库存，这是因为库存还会给企业带来很多不利因素，库存的弊端主要表现在以下几个方面。

(1) 占用大量资金。因为库存货物要占用大量资金，使得资金运转速度减慢，这是不言而喻的。通常情况下，库存占企业总资产的比重为20% ~40%，库存管理不当会形成大量资金的沉淀，从而使企业出现资金紧张。

（2）发生库存成本。库存需要花费大量的成本，主要包括：占用资金的利息，储存保管费（仓库费用、搬运费用、管理人员费用等）、保险费、库存物品价值损失费用（丢失或被盗、库存物品变旧、发生物理化学变化导致价值的降低、库存物品过时导致的价值降低）等。

（3）掩盖企业经营问题。精益生产方式认为，高库存有可能掩盖一系列生产经营问题。

①掩盖经常性的产品或零部件的制造质量问题。当废品率和返修率很高时，一种很自然的做法就是加大生产批量和在制品、完成品库存。

②掩盖工人的缺勤问题、技能训练差问题、劳动纪律松弛和现场管理混乱问题。

③掩盖供应商的供应质量问题、交货不及时问题。

④掩盖企业计划安排不当问题、生产控制不健全问题等。

总之，生产经营中的诸多问题，都有可能被高库存掩盖。而问题如果不暴露到表面，就不会有压力和动力去致力于改进。反过来，如果库存水平很低，所有这些问题就会立刻暴露出来，迫使企业去改进。所以，在精益生产方式中，把库存当作“万恶之源”，致力于尽量通过减少库存来暴露生产经营中潜藏着的问题，从根本上解决问题，从而不断提高生产经营系统的“体质”。

四、降低库存的基本策略

企业总是在不断寻求降低库存的方法。这里仅从库存作用的角度出发，讨论降低库存的基本策略和具体措施，如表 3 – 20 所示。

表 3 – 20　降低库存的策略

库存类型	基本策略	具体措施
周转库存	减小批量	1. 降低订货费用 2. 缩短作业交换时间 3. 利用“相似性”增大生产批量
安全库存	订货时间尽量接近需求时间，订货量尽量接近需求量	1. 改善需求预测工作 2. 缩短生产周期与订货周期 3. 减少供应的不稳定性 4. 增加设备与人员的柔性
调节库存	使生产速度与需求变化吻合	尽量“拉平”需求波动
在途库存	缩短生产配送周期	1. 标准品库存前置 2. 慎重选择供应商与运输商 3. 减少批量

1. 降低周转库存

由于平均周转库存等于 Q/2，所以降低周转库存的基本策略很明了：减小批量。现在有一些日本企业可以做到周转库存只相当于几个小时的需求量；而对于大多数企业来说，至少相当于几周，甚至几个月的。但是，只单纯地减小 Q 而不在其他方面做相应的变化是很危险的，有可能带来严重的后果。例如，订货成本或作业交换成本有可能急剧上升。因此，必须再采取一些具体措施，寻找使订货成本或作业交换成本降低的办法。在这方面，日本企业有很多成功的经验，如"快速换模法"等。利用一人多机、成组技术或柔性制造技术，即尽量利用"相似性"来增大生产批量、减少作业交换是另一种可以考虑的途径。此外，还可以尽量采用通用零件等。

2. 降低安全库存

安全库存是为了防止意外情况发生而比需要的时间提前订货，或订货量大于需求量而产生的。因此，降低这种库存所必须采取的行动也很显然：订货时间尽量接近需求时间，订货量尽量接近于需求量。但是与此同时，由于意外情况发生而导致供应中断、生产中断的危险也随之加大，从而影响到顾客服务，除非有可能使需求的不确定性和供应的不确定性消除，或减到最小限度。这样，至少有四种具体措施可以考虑使用。

（1）改善需求预测。预测越准，意外需求发生的可能性就越小。还可以采取一些方法鼓励用户提前订货。

（2）缩短订货周期与生产周期。这一周期越短，在该期间内发生意外的可能性也越小。

（3）减少供应的不稳定性。途径之一是让供应商知道企业的生产计划，以便能够及早做出安排。另一个途径是改善现场管理，减少废品或返修品的数量，从而减少由于这种原因造成的不能按时按量供应。还有一种途径是加强设备的预防维修，以减少由于设备故障而引发的供应中断或延迟。

（4）增加设备、人员的柔性。这可以通过生产运作能力的缓冲、培养多面型人员等方法来实现。这种方法更多地用于非制造业，因为对于非制造业来说，服务无法预先储存。

3. 降低调节库存

降低调节库存的基本策略是尽量使生产速度与需求变化吻合，但这是一件说到容易做到难的事情。一种思路是想办法把需求的波动尽量"拉平"，要针对性地开发新产品，使不同产品之间的需求"峰""谷"错开，相互补偿；还可以在需求淡季通过价格折扣等促销活动转移需求。

4. 降低在途库存

影响在途库存的变量有两个：需求和生产配送周期。由于企业难以控制需求，因此降低这种库存的基本策略是缩短生产配送周期。可采取的具体措施：一是标准品库存前置；二是选择更可靠的供应商和运输商，以尽量缩短不同存放地点之间的运输和存储时间；三是利用计算机管理信息系统来减少信息传递上的延误，以及由此引起的在途时间的增加。此外，还可以通过减小批量 Q 来降低在途库存，因为 Q 越小，生产周期越短。

【思考练习】

库存的作用

库存占用资源，会造成浪费，增加企业的开支。那么，为什么还要维持一定量的库存呢，库存对于企业来说有哪些作用？

五、库存成本控制的具体措施

对库存成本的控制具体可以从以下几个方面展开。

1. 正确确定库存物料

对一般性的企业来说，其所经营的产品少则几十种，多则成千上万种，并且在大多数情况下，不需要也不可能对所有的产品都准备库存。所以，企业的首要任务就是正确确定库存和非库存的物料。

一般来说，企业的库存管理模式可以分为拉动式和推动式，前者是基于需求（生产或客户的订单），仅在需要时才生产或采购的库存管理模式，JIT 和看板管理系统就属于这种方式。

2. 减少不可用库存

虽然很多时候库存是必须存在的，但并不是所有的库存都能随时发挥其作用、满足生产或交货的需要，或者说这些库存在一定时间内是不能用的、降低库存成本的一个重要方面就是要尽可能地减少这些不可用库存的量。对于一个企业来说，在途库存、淤滞（滞销）库存、预留库存（可交货的订单因其他方面的原因而不能交货）、在制品或待检品库存都是不可用的库存。库存管理的目标之一就是要提高可用库存占库存总量的比例。

在实际工作中，针对不同的不可用库存通常采用不同的措施来降低其库存。

（1）降低在途库存的措施。

①缩短交货运输时间。从供应商到企业的这段距离的运输时间应尽可能地缩短，要根据产品的特性（价格、体积、重量等）选择合适的运输方式。对这段时间的管理会大大影响企业的在途库存量。一般来说，对于价格高而且体积、重量较小的产品优先选择空运，反之，对于体积、重量较大的产品，则优先选择海运。但是合适的运输方式的选择是要通过仔细比较运输时间的缩短对库存乃至库存成本以及运输费用的影响而做出的，否则将不能达到整体优化的目的。

②选择合适的交货和付款方式。这也是降低库存成本的一个重要方面，尤其是在国际采购中。从货物离开供应商的工厂，到实际抵达企业的仓库，需要经过较长的时间和不同的场所，在这个过程中，货物的所有权越晚交予企业，付款的期限越长，则企业所需承担的风险和费用也就越大。

③选择正确的厂址。企业离供应商或者客户的距离会影响其库存的水平，距离越短，交货时间越短，库存量相应也可以降低。如通用汽车的供应商随着通用公司在上海设厂而纷纷将其工厂移至上海，其目的就是为了缩短供应时间，降低库存。

（2）降低预留库存的措施。

严格控制订单的整批交货。整批交货的订单对客户来说可以大大降低其库存的水平，但是对供货方来说却是不小的压力，所以企业对此类订单必须严格控制，在确实需要的情况下，才能向客户提供整批交货。另外，要加强销售部、财务部及客户之间的沟通，消除因付款、客户项目延期等原因造成的预留库存。

（3）降低淤滞库存的措施。

通过合适的商务政策来减少淤滞库存的产生。例如，客户所取消的订单如果是订制的产品，则客户必须支付一定的赔偿金等。对已经存在的淤滞库存，则需要通过大力的销售促销（降低销价等）将其尽量销售出去。如果淤滞库存能够经过再加工而提高销售的机会，那么与供应商合作，对淤滞库存进行再加工也是一个较好的处理手段。

3. 库存控制

库存控制的基本目的是以最低的成本，建立起满足生产和销售需要的库存。常用的库存控制方法有两种：一种是定量控制模型，即对库存量进行连续观测，看是否达到重新订货点来进行控制；另一种是定期控制模型，即通过固定的时间周期检查库存量，达到控制库存的目的。

六、定量订货模型

定量订货是指当库存量降到某一确定的数值时，开始订购预先确定的新的物资，补充库存，而订货的时间不定。定量订货模型主要包含三个因素：一是确定订货的库存水平，即订货点；二是为了降低成本，需要确定一个合适的订货批量，一般用经济订货批量来表示；三是为了防止各种不确定因素对生产过程连续性的影响，需确定一个安全库存量。

表 3－21～表 3－28 是库存控制的相关表格。

表 3－21　物料库存计划表

目次								
品名及规格								
材料编号								
生产量	数量							
	单位							
单位用量								
用量小计								
损耗率/%								
总用量								
库存量	库存							
	数量							
计划用量								
单价								
金额								
需要日期								
请购单号码								
需要日期	5							
	10							
	15							
	20							
	25							
	30							
备注								

表 3－22　存量基准设定表

材料编号	品名	规格	单位	采购区域	去年平均月用量			设定月用量			安全存量		采购临界点		合计
							合计			合计	天数	数量	天数	数量	

物控主管：　　　　　　　　　　　　　　　　　　　经办人：

表 3－23　物料存量管制卡

年度：　　　　　　　　　　　　卡号：____　　　编制日期：____年__月__日

材料名称		规格		计划采购量		最低存量	
材料编号		型号				安全存量	
材料等级			存放位置			最高存量	

日期	收/发/领/退凭单编号	收料记录			生产批令号码	领料单位	发料记录			核对
		数量	单价	金额			数量	单价	金额	

物控主管：　　　　　　　　　　仓管员：　　　　　　　　　　制表：

表 3－24　物料入库日报表

编号：　　　　　　　　　　　　　　　填写日期：____年____月____日

物料名称	编号	单位	数量	供应商	采购人员	合格		不合格		
						数量	入库单号	数量	原因	处理结果

仓储主管：　　　　　　　　　　仓管员：　　　　　　　　　　制表：

表 3－25　物料库存月报表

编号：　　　　　　　　　　　　　填写日期：____年____月____日

物料名称	编号	规格	单位	上期结存数量	本月进度数量	本月出库数量	结存数量

仓储主管：　　　　　　　　　　仓管员：　　　　　　　　　　制表：

表 3－26　成批领料单

编号：　　　　　　　　　　　　　　　　日期：____年____月____日

制造编号	批量	机型	生产单位	主管	制表
	台				

项次	品名规格	编号	单位	单位用量	应领	实发	补退记录								合计	单价	总额
1							/		/		/		/				
……							/		/		/		/				

仓库主管：　　　　　　　　　　仓管员：　　　　　　　　　　领料人：

注：一式三联，第一联生产部存根，第二联交原料库，第三联交生产班组。

表 3－27 限额领料单

编号：　　　　　　　　　　　　　　　　　　日期：____年____月____日

领料部门		发料仓库		用途			
材料编号	材料名称及规格	计量单位	计划投产量	单位消耗定额	领用限额	实发	
						数量	单价	金额

日期（月/日）	领用记录			退料记录			限额结余数量
	数量	领料人	发料人	数量	退料人	收料人	
生产计划主管		物控主管		仓管员			

表 3－28 物料盘点报表

盘点区号：　　　　　　　　　　组别：盘点日期：____年____月____日

物料编号		物料名称	
数量		单位	
物料类别	□原材料　□物料　□呆料　□废料		
盘点时物料位置			
盘点时物料状况	□良料　□次料 □废料　□其他	相关说明	
实盘数量		账面数量		盈（亏）	
复核员		记录员		盘点员	

注：本表一式三联，第一联交财务人员，第二联交仓管员，第三联贴于物料存放位置。

【技能实践】

模拟企业库存管理，请同学们依据所组建的模拟公司，查阅相关资料，完成下列内容：

1. 小组讨论，以报告的形式完成模拟公司库存成本的构成、分析库存的利弊、提出降低库存的基本策略。

2. 假定公司下月要生产 5 000 个产品，请站在库存管理这一角度，根据本任务所学内容填制相关单据。

项目四

订单驱动式生产运作管理

基于订单驱动的运作模式是一种逆向拉动运作模式，与传统的推动式运作模式有着本质的区别。传统的推动式运作模式以制造商为中心，驱动力来源于制造商，而拉动式运作模式是以用户为中心，驱动力来源于最终用户。两种不同的运作模式分别适用于不同的市场环境，有着不同的运作效果。不同的运作模式反映了不同的经营理念，由推动式运作模式向拉动式运作模式的转变，反映的是企业所处环境的巨变和管理者思想认识上的重大转变，反映的是经营理念从“以生产为中心”向“以顾客为中心”的转变。

供应链的运作是以订单驱动方式进行的，产品销售订单是在用户需求订单的驱动下产生的，然后销售订单驱动产品制造订单，产品制造订单又驱动原材料或零部件采购订单，原材料或零部件采购订单再驱动供应商。这种逐级驱动的订单驱动模式使供应链系统得以准时响应用户的需求，从而降低了库存成本，提高了物流的速度和库存周转率。

本项目主要包括产品和服务设计、准时生产和精益生产、大量定制等三部分内容。

【案例导读】

一个关于订单驱动的小故事

小丁是生产机械设备产品的B公司的销售经理，某天，他接到一个客户的电话，说是急需C型号的设备10台，三天后交货。小丁看了当天仓库提供的库存日报，看到C型设备有20台的库存就告诉客户没有问题。于是在接到客户订单后，小丁就在系统录入了销售订单。

三天后，小丁与仓库确认是否已经安排发货。结果仓管员告诉他，库存日报上虽然写着20台，其实只有15台，而且除去公司最大的客户先前下单的10台。剩下只有五台。

由于无法给客户交代，小丁只好向总经理张总报告。总经理知道后，要求马上召集各部门主管开会，会上他大发雷霆：“仓库库存不准”“客户订单无法跟踪”“品质不良不及时处理”。“必须有一套有效的管理流程能够规范各部门管理流程，并能以三大订单为中心进行管理，以确保客户需求得到及时满足。”张总会后冷静下来暗下决心。

经过复杂的选型和几个月的实施，B公司按订单驱动业务的管理体系终于成功上线。从此之后，再也没有出现因库存不准或产销信息不准确而造成的订单交付延误的问题。公司业绩蒸蒸日上，同时也赢得了客户的赞赏。

任务1 产品和服务设计

【知识目标】

1. 了解产品和服务设计的意义，清楚认识新产品开发过程中可能遇到的问题；
2. 掌握产品设计的方法；
3. 熟悉服务设计的流程。

【技能目标】

具备运用产品设计和服务设计的方法为模拟企业进行设计的能力。

【素质目标】

要求学生能够根据企业现实情况进行产品设计和服务设计，同时具有较强的语言表达能力、逻辑思维能力。

【案例导读】

格兰仕的产品设计

自1998年以来，格兰仕每年用于研发的投入都超过亿元，2002年研发投入更是高达4亿元。强大的研发实力使格兰仕微波炉拥有了包括新一代球体光波技术、多重防微波泄露技术、磁控管延寿技术在内的500多个专利技术。技术上的领先也使得格兰仕“全球制造”的含金量大大提高，内销外销全线飘红，2003年1—5月，格兰仕系列产品外销增长100%，内销增长50%。

格兰仕光波炉的发明就是由杀菌消毒的需求而催生出的高科技产品。2001年，美国“9·11”恐怖袭击事件爆发后，席卷大洋彼岸的炭疽热令许多美国人不敢打开信件、邮包。为了消除人们心中的恐惧感，美国著名的反生化恐怖主义专家阿利比克在一个关于核不扩散会议上介绍说，使用微波炉或者蒸汽电熨斗就可以杀死炭疽孢子。当格兰仕首创的数码光波炉在美国研究中心问世后，美国客商就频频与格兰仕接洽。由于光波炉的强大杀菌功能在美国市场刮起了“光波风暴”，美国军方服务社送来了大批量订单。

在SARS期间，为了支援北京小汤山“抗非”工作，格兰仕整合全球资源，通过美国研究中心与相关科研院所联合攻关，重新设计、重新开模、重新采购，从设计到产品下线前后仅用了7天时间，将最新的杀菌技术运用到光波炉上，迅速推出集杀菌消毒、烹调食物、营养保鲜于一体的新一代光波炉。该光波炉30秒内可以产生200℃以上的高温，能高效杀灭细菌病毒。这种光波炉获得了卫生部的推荐。格兰仕公司先后向北京小汤山、302医院、中日友好医院、中科院SARS基因中心等“非典”医院捐赠了1 500台新一代的光波炉。

为了能够为国家分担更多，格兰仕在加大产能的同时，还决定从销售额中提出一定费用作为“消毒家电”的专项基金，与国内外的科研院所联合攻关，将最新的杀菌消毒技术率先运用到家用电器上，创造出更多的消毒“明星产品”，为消费者的健康生活“保驾护航”。

思考：格兰仕的产品取得成功的原因在哪里？

【相关知识】

一、产品和服务设计的意义

顾客个性化需求的日益突出、技术的飞速进步、竞争的白热化使研究与开发新产品越来越紧迫，产品和服务的设计越来越重要。产品和服务设计是企业生存与发展的需要，也是订单型生产和项目进行的第一阶段。

随着全球经济一体化进程的加快，许多企业在市场竞争中要面对越来越多的来自国外对手的竞争。先进的计算机技术、通信技术，贸易壁垒的持续降低，运输业的不断发展都是使市场竞争越来越激烈的因素。全球激烈的竞争、全球化信息网络的形成使得消费者希望市场能够不断地推出新产品和服务，而且这些新产品和服务的市场比以前更快地走向成熟，从而使得这些产品更快地走向商品化，同时，边际利润更快地下降。飞速发展的科学技术缩短了产品的生命周期，影响了产品和服务的生产和服务流程，计算机辅助设计（CAD）与计算机辅助制造（CAM）使企业大大缩短了产品的开发和制造周期，自动化技术对生产流程产生了巨大的影响，机器人的应用降低了劳动力成本，提高了产品质量。于是，企业面临着前所未有的开发新产品和服务及相应的生产和交付流程的巨大压力。

1. 增加营业额和利润的手段

任何一个企业不能只在材料和技术上创新，还要注意把新材料和新技术进一步转化为新产品、新性能以及新的使用方式，注意使用方式和审美功能上的创新与开发，而这一切都是产品设计所要做的工作。材料成本、人工费用、设备折旧、运输管理都是有形的产品“硬”价值，产品的新颖性、实用性、舒适性及产品的整体优良设计则是无形的产品“软”价值。但这种“软”价值所占的比例很高，有关资料表明：在创新产品中，设计占产品总价值的比例为5%，因为新产品的技术含量高；但在改良产品中，设计的价值约占总价值的15%。在以设计占领市场的服装、皮具等行业的名牌产品中，设计的价值占到80%以上。美国工业设计每投入1美元，产出高达2 500美元，又如日本日立公司每增加1 000亿日元的销售收入中设计占51%，技术与设备改造的作用只占12%。因此，企业要想得到较高的利润，就必须进行产品设计。

2. 加强竞争力，树立企业形象

随着社会的发展，人们的消费预期不断提高，使得一些现有的服务设施与服务系统已经不能满足消费者的需求。毫无疑问，人们从来没有像现在这样关注他们所接受的服务。消费者在售前、售中、售后获得的体验决定着一个品牌和企业的整体品质在消费者心中的地位。消费者可以在几分钟内对他们使用的任何东西——产品及服务，做出评估和比较。在这样的世界里，公司要为它们的行为和所提供的产品承担比以往更多的责任，也要对他们所传递的服务予以特别的关注。

因此，在服务领域应用设计的技术是十分必要的。这样可以有效地提高品牌和企业的整体形象，使消费者对服务产生更高的满意度。随着品牌知名度和整体品牌形象的提升，更多的商业机遇和投资合作也会随之而来。

另一方面，服务设计能够帮助企业提高服务效率从而节约成本。从生态学的角度来说，服务设计对问题的服务化解决方案减少了有形产品在生产过程中对资源和能源的过度使用。企业能够更好地控制服务所提供的内容，并从中获得更多的回报。

二、影响产品与服务设计的因素

从某种意义上看，文化即人化。而作为一种形式文化的设计，以产品设计为核心任务的工业设计先后受制于四类人的作用：消费者的需求、企业的条件、设计者的风格水平以及管理者的决策。

1. 消费者的需求

产品的消费者包括购买者和使用者。他们的需求是产品存在的基石。在现实生活中，每一个人都处在一个特定的时代、一个特定的自然和人文环境之中，他们的分类决定于其所拥有的社会经济地位和不同的文化熏陶，这同时也决定了他们各自的社会需求，从而构成了独特而丰富的集群需求。设计的人本主义根源于此，这也是产品设计的属性之一。随着经济的不断发展和物质文化水平的不断提高，人类的生活需求越来越趋于多样化。多样的生活需求，决定了企业必须从消费者文化品位的角度进行多层次划分。第一层级的划分是为了圈定企业的目标人群；第二层级的划分是为了解决产品的项目品牌问题；其后的层级问题是为了解决每一产品项目中的产品组合问题。而决定这些问题的依据就在于企业对消费者生活文化品位的逐级研究，需要依据现实的情况来区分有效的目标群体，然后研究群体形成的根本原因，从他们的文化背景、生活经历、经济状况和现在的社会角色扮演中寻找存在的问题和需求，从他们的眼光去定义产品的设计问题，最终用产品来营造他们的个性文化生活。消费者是否认同是产品设计能否成功的最根本的决定因素。

2. 企业的条件

在现实中，从来就没有一般意义上的产品设计，其商业属性先天就决定了设计的企业归属。其首先体现了企业的意志。企业存在的目的是为了赚钱，也正因为它赚钱，所以才会有更多的人进入这一领域。竞争也因此逐渐成为一种生存手段。消费者为什么会选择某一企业的产品，不仅是因为该产品能满足其使用要求，还在于相较于其他竞争者，它是独特的。这种独特不仅体现了企业对消费者生活观念的一种独特理解，还体现了企业对自身与竞争者差别化的一种角色定位。这种产品观念往往在证明成功之后，会被企业长期保持下去。这符合文化的积淀与传承。也因此，企业的产品设计才会鲜活、具体而独特。

3. 设计者的风格水平

不同的设计者意味着不同的设计结果。设计者的修行、学问和对事物的理解，同样决定了最终的结果。企业的选择必然首先来自于对设计者的选择，毫不夸张地说，在选择设计者的同时，就已经选择了设计的最终结果。因此，设计者的选择理所当然地成为设计管理尤为重要的一个关键环节。合适的设计师应该符合企业的文化品位要求。也就是说，设计师对企业的目标文化圈应该有一个较深入的认知。当然，从现实层面来讲，设计师对材料、工艺的偏好也可以成为被选择的一个依据。

4. 管理者的决策

企业产品获得成功的关键还在于：由谁来选择设计者和为决策者认可最终结果提供可行的方案，由谁来引导设计者快速而有针对性地认识企业并步入企业的设计角色，由谁来根据企业的大政方针确定企业的设计战略，从而确保设计的企业属性不被混淆。简单而言，管理者需要在充分理解企业所处时代、地域和行业特征的前提下，根植于企业自身先天和后天优劣的基础上，从企业的既定战略层面，确定符合企业特性的设计战略；然后，在此基础上选择合适的设计师，构建合理而有效的设计机制，最大限度地整合企业内外设计资源，适时调整设计的资源组合，满足和加速企业的发展需求。

三、新产品及其特点

从生产技术角度来看，新产品是指在性能、结构、材质和技术特征等方面或多方面比老产品有显著改进和提高或独创的，具有使用价值和推广价值，可产生明显经济效益的产品。从市场营销的角度看，凡是企业向市场提供的过去没有生产过的产品都叫新产品。具体地说，只要是产品整体概念中的任何一部分的变革或创新，并且能给消费者带来新的利益、新的满足的产品，都可以认为是一种新产品。

新产品按照其与现有产品相比的创新程度技术特性可以分为以下三类：派生产品、换代产品和创新产品。

1. 派生产品

派生产品（Derivative Product）主要指对现有产品采用各种改进技术，使产品在功能、性能、质量、外观、型号上有一定改进和提高的产品，如增加电视机的遥控功能、增加电风扇的定时功能。派生产品是创新程度最小的一类产品，只需在产品设计和制造流程中进行改动，所需投入的资源较少，是对现有产品的补充和延伸，派生产品对企业的重要性在于能确保企业近期的现金流。通过不断改进和延伸现有产品线，可以使企业在短期内保持市场份额。一般情况下，企业能够快速地将派生产品推向市场。

有时企业对产品设计稍微进行改动就会大大影响产品的生产流程，因此，企业是否需要推出派生产品，必须全面考虑产品与生产流程的相互关系。

2. 换代产品

换代产品（Next - generation Product）主要是指生产产品的基本原理不变，部分地采用了新技术、新材料、新的元器件，使性能有重大突破的产品，如计算机问世50年来，已从电子管、晶体管、集成电路进入到大规模集成电路的第四代产品，目前正在研制第五代具有人工智能的新产品。换代新产品的技术或经济指标往往有显著提高，具有新的用途，可以带给顾客更新的解决方案，拓宽产品族，延长产品族的生命周期，保持市场活力。例如，英特尔公司通过不断更替的换代产品保证了利润的持续增长，从286、386、486、Pentium、Pentium II、Pentium III到Pentium Ⅳ微处理器，每一种换代产品都向顾客表明“英特尔的技术突飞猛进”。又如汽车行业中主要的车型变化也是产品更新换代的例证，福特公司1964年推出第一代野马（Mustang）后，对这一车型进行改进而不断推出新的换代产品。换代产品保证了企业利润的持续增长，而利润的增长又为产品更新换代提供了所需要的投资，从而保证了顾客对换代产品的持续的忠诚。

3. 创新产品

创新产品（Breakthrough Product）主要指采用科学技术的新发明所生产的产品，一般具有新原理、新结构、新技术、新材料等特征。与现有的产品比较，在某些方面没有任何共同之处，具有独创性。创新产品往往是因为一种科学技术的突破而形成的，如汽车、飞机、计算机、半导体、电视机、化学纤维和青霉素等，都是在某个时代开发出的创新产品。

如果能够将创新产品成功地推向市场，企业将成为创新产品的市场先入者，获得先入为主的优势。例如，IBM 公司于 1981 年推出了世界上第一台电脑（IBM 5150），日本东芝公司于 1985 年推出了世界上第一台笔记本电脑以及摩托罗拉公司于 1973 年推出了第一部手机。这些新产品深刻地改变了人们的生活和工作方式。

在创新产品的开发中，管理层必须意识到开发重大流程的重要性。创新产品对企业保持持续的竞争力是相当重要的，因为随着竞争的加剧以及环境和技术发展的巨大压力，企业现有产品总会过时。因此，创新产品不仅能够使企业在现有市场上获得成功，也能够在新的市场中获得成功，从而创造更长远的未来优势。

目前，新产品开发面临着费用高、成功率低、风险大和回报下降等压力，随着产品生命周期的不断缩短，这种压力会越来越大。

斯蒂文斯（Stevens）和伯宵（Burley）调查统计后提出：3 000 个新产品的原始想法，只有 1 个能成功。阿尔巴拉在总结以往研究的基础上指出，新产品开发的死亡率为 98.2%。在初期的项目中只有 2% 可以进入市场，其他都是半途而废。新产品开发结果示意图如图 4－1 所示。对在美国和欧洲的文献中查到的失败事例进行研究的结果是：大约 25% 的工业新产品与开发者的愿望相去甚远，同时 30%～35% 的消费品也遭到了同样的命运。杜邦公司估计，一种适销对路产品的产生可能需要考虑 250 多种想法。公司要不断地进行产品的选择、定义和设计工作，要经历数百次失败才能产生一种能够盈利的产品，必须能够接受风险并且承受失败。

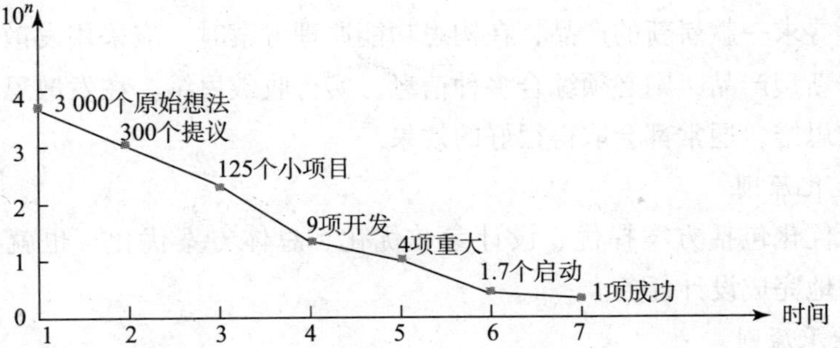

图 4－1　新产品开发结果示意图

根据调查，产品开发失败的原因主要有：

（1）没有潜在的用户需求，新产品是按设计人员的思路开发出来的。（市场调查不细致，预测发生错误）

（2）新产品与当前需求不匹配。

（3）成本过高，或营销不利。

（4）产品开发时间过长，失去占领市场的好时机。

四、产品设计的原则

1. 需求原则

产品的功能要求来自于需求。产品要满足客观的需求，这是一切设计最基本的出发点。不考虑客观需求会造成产品的积压和浪费。客观需求会随着时间、地点的不同而发生变化，这种变化了的需求是设计升级换代产品的依据。客观需求有显需求和隐需求之分，显需求的发展可导致产品的不断改进、升级、更新、换代；隐需求的开发会导致创造发明，形成新颖的产品。

2. 信息原则

设计过程中的信息主要有市场信息、科学技术信息、技术测试信息和加工工艺信息等。设计人员应全面、充分、正确和可靠地掌握与设计有关的各种信息。用这些信息来正确引导产品规划、方案设计与详细设计，并使设计不断改进提高。

3. 创新原则

设计人员的大胆创新，有利于其冲破各种传统观念和惯例的束缚，创造发明出各种各样原理独特、结构新颖的机械产品。

4. 系统原则

每个机械产品都可以看作一个待定的技术系统，设计产品就是用系统论的方法求出功能结构系统，并通过分析、综合与评价决策，使产品达到综合最优。

5. 收敛原则

为了寻求一款崭新的产品，在构思功能原理方案时，应采用发散思维；为了得到一个新型产品，则必须综合多种信息，实行收敛思维。在发散思维的基础上进行收敛思维，通常都会取得很好的效果。

6. 优化原则

广义优化包括方案择优、设计参数优化、总体方案优化，也就是高效、优质、经济地完成设计任务。

7. 继承原则

将前人的成果，有批判地吸收，推陈出新，加以发扬，为我所用，这就是继承原则。设计人员有悟性地掌握继承原则，可以事半功倍地进行创新设计，可以集中主要精力去解决设计中的主要问题。

8. 效益原则

设计中必须讲求效益，既要考虑技术经济效益，又要考虑社会效益。

9. 时间原则

加快设计研制时间，以抢先占领市场。同时，在设计时，要预测产品研制阶段内同类产品可能发生的变化，保证设计的产品投入市场后不至于沦为过时货。

10. 定量原则

对方案、造型技术美学、产品技术性能、经济效益等的评价，都尽量采用科学的定量方法。

11. 简化原则

在确保产品功能的前提下，应力求设计出的产品简化，以降低产品成本，并确保质量。在产品初步设计阶段和改进设计阶段，尤其应该运用这个基本原则。

12. 审核原则

要实现高效、优质、经济的设计，必须对每一项设计步骤的信息，随时进行审核，确保每一步做到正确无误，竭力提高产品的设计质量。

五、产品设计的方法

（一）串行的产品设计方法（串行工程）

从需求分析、产品结构设计、工艺设计一直到加工制造和装配是一步步在各部门之间顺序进行的。在传统的制造工业中，产品的开发过程沿用串行工程的模式。串行工程是基于两百多年前英国政治经济学家亚当·斯密的劳动分工理论的一种产品设计方法。

1. 产品开发工作流程

产品开发工作流程如图 4－2 所示。

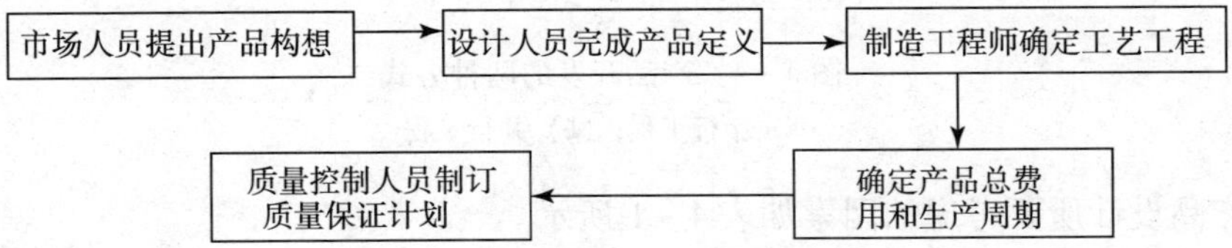

图 4－2　产品开发工作流程

2. 串行的产品开发过程存在的问题

串行的产品开发过程存在的问题如图 4－3 所示。

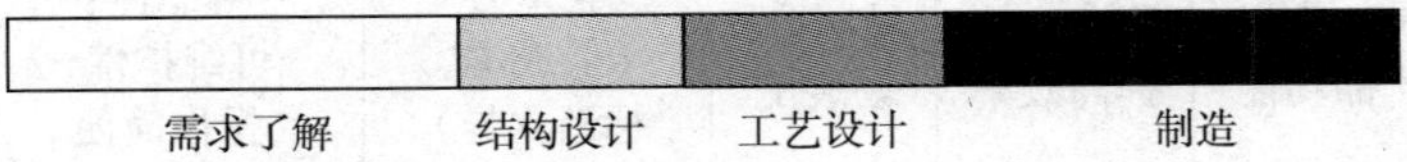

图 4－3　串行的产品开发过程存在的问题

（1）开发周期长，成本高。各下游开发部门所具有的知识难以加入早期设计，加入设计的阶段越早，降低费用的机会越大。而发现问题的时间越晚，修改费用越大，费用随时间呈指数增加（如手机的更新换代）。

（2）各部门对其他部门的需求和能力缺乏理解，目标和评价标准的差异和矛盾降低了产品整体开发过程的效率。

（二）并行的产品设计方法

1. 产品开发的新模式——并行工程

并行工程是对产品及其相关过程，包括制造过程和支持过程，进行并行、一体化设计的一种系统化方法。

这种方法力图使产品开发者从一开始就考虑到产品全生命周期从概念形成到产品报废的所有因素，包括质量、成本、进度和用户需求，并强调各部门的协同工作，通过建立各决策者之间有效的信息交流与通信机制，综合考虑各相关因素的影响，使后续环节中可能出现的问题在设计的早期阶段就被发现，并得到解决，从而使产品在设计阶段便具有良好的可制造性、可装配性、可维护性及回收再生等方面的特性，最大限度地减少反复设计，缩短设计、生产准备和制造时间。并行工程的目标为提高质量、降低成本、缩短产品开发周期和产品上市时间。产品开发的两种方式如图 4－4 所示。

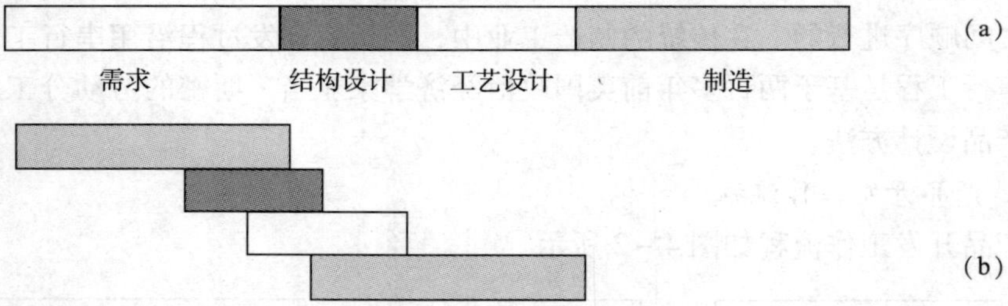

图 4－4　产品开发的两种方式

（a）串行工程；（b）并行工程

产品设计所要考虑的因素如表 4－1 所示。

表 4－1　产品设计时要考虑的因素

过程	需求阶段	设计阶段	制造阶段	营销阶段	使用阶段	终止阶段
考虑的因素	顾客需求、产品功能	降低成本、提高效率	易制造、易装配	竞争力（低成本、标新立异）	可靠性、可维护性、操作简便	环境保护

2. 采用并行工程的目的

并行工程是一种强调各阶段领域专家共同参与的系统化产品设计方法，其目的在于将产品的设计和产品的可制造性、可维护性、质量控制等问题同时加以考虑，以减少产品早期设计阶段的盲目性，尽可能早地避免不合理因素的影响，缩短研制周期和产品上市的时间。如图 4－5 所示为并行工程产品开发要考虑的因素。并行工程强调设计要面向整个过程或产品对象，因此它特别强调设计人员在设计时不仅要考虑设计，还要考虑这种设计的工艺性、可制造性、可生产性、可维修性等，工艺部门的人也要同样考虑其他过程，设计某个部件时要考虑其与其他部件之间的配合。所以整个开发工作都要着眼于整个过程和产品目标。

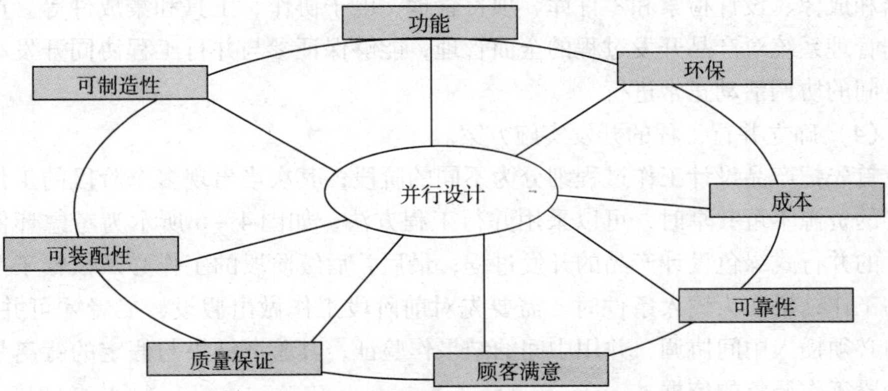

图 4-5　并行工程产品开发的考虑因素

3. 并行工程的实施

（1）建立并行工程的开发环境。

并行工程环境使参与产品开发的每个人都能瞬时地相互交换信息，以克服由于地域、组织的不同，产品的复杂化，缺乏互换性的工具等因素造成的各种问题。在开发过程中应以具有柔性和弹性的方法，针对不同的产品开发对象，采用不同的并行工程手法，逐步调整开发环境。并行工程的开发环境主要包括以下几个方面：

①统一的产品模型，保证产品信息的唯一性，并必须有统一的企业知识库，使小组人员能以同一种"语言"进行协同工作。

②一套高性能的计算机网络，小组人员能在各自的工作站或微机上进行仿真，或利用各自的系统。

③一个交互式、良好用户界面的系统集成，有统一的数据库和知识库，使小组人员能同时从不同的角度参与或解决各自的设计问题。

（2）成立并行工程的开发组织机构。

开发组织由三个层次构成，最高层由各功能部门负责人和项目经理组成，管理开发的经费、进程和计划；第二层由主要功能部门经理、功能小组代表构成，定期举行例会；第三层是作业层，由各功能小组构成。

（3）选择开发工具及信息交流方法。

选择一套合适的产品数据管理（PDM）系统，PDM 是集数据管理能力、网络通信能力与过程控制能力于一体的过程数据管理技术的集成，能够跟踪保存和管理产品设计过程。PDM 系统是实现并行工程的基础平台。它将所有与产品有关的信息和过程集成于一体，将有效地从概念设计、计算分析、详细设计、工艺流程设计、制造、销售、维修直至产品报废的整个生命周期相关的数据，予以定义、组织和管理，使产品数据在整个产品生命周期内保持最新、一致、共享及安全。PDM 系统应该具有电子仓库、过程和过程控制、配置管理、查看和圈阅、扫描和成像、设计检索和零件库、项目管理、电子协作、工具和集成件等。产品数据管理系统对产品开发过程的全面管理，能够保证参与并行工程协同开发小组人员间的协调活动正常进行。

（4）确立并行工程的开发实施方案。

首先把产品设计工作过程细分为不同的阶段；其次当出现多个阶段的工作所需要的资源不可共享时，可以采用并行工程方法，如图 4－6 所示为考虑环保条件下的并行式绿色设计产品的开发过程；最后，后续阶段的工作必须依赖于前阶段的工作结果作为输入条件时，需要先对前阶段工作做出假设，二者才可并行。其间必须插入中间协调，并用中间的结果作验证，其验证结果与假定的背离是后续阶段工作调整的依据。

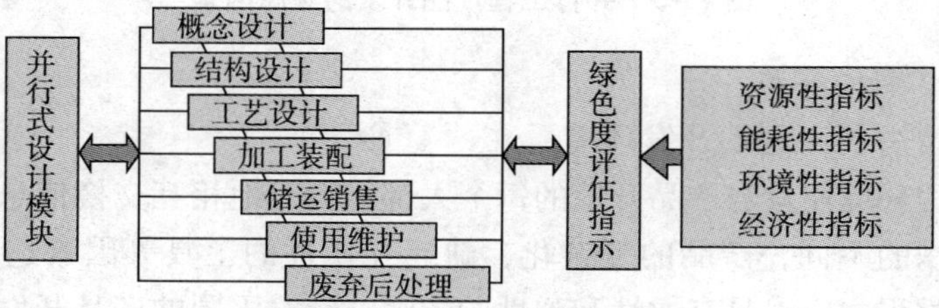

图 4－6　考虑环保条件下的并行式绿色设计的产品开发过程

4. 并行产品开发的流程特点

（1）产品设计的各阶段是一个递阶渐进的连续过程，概念设计、初步设计、详细设计等设计阶段的划分只标志着产品和设计的粒度和清晰度。

（2）产品设计过程和产品信息模型经历着从定性到定量、从模糊到清晰渐进演化的过程的。

（3）产品设计过程和工艺设计过程不是顺序进行，而是并行展开，同时进行的。

5. 并行工程的支撑技术

（1）计算机辅助设计与工艺（CAD/CAPP）。

（2）产品数据管理（PDM）。

PDM 是对工程数据管理（EDM）、文档管理（DM）、产品信息管理（PIM）、技术信息管理（TIM）、图像管理（IM）的一种概括。它统一管理开发过程的数据与信息。

（3）分布式会议及工作分配的网络系统。

六、服务设计

服务是一方能够向另一方提供的基本上无形的任何活动或利益，并且不会导致任何所有权的产生。它的生产可能与某种有形产品联系在一起，也可能毫无关联。

服务供应可分为：

（1）纯粹有形商品。此类供应主要是有形物品，诸如肥皂、牙膏或盐等。产品中没有伴随服务。

（2）伴随服务的有形商品。此类供应附带旨在提高对顾客的吸引力的一种或多种服务的有形商品。例如，汽车生产商出售的汽车一般包含保单、维修和保养说明等。

（3）有形商品与服务的混合。此类供应包括相当的有形商品与服务。例如，餐馆既提供食品又提供服务。

（4）主要服务伴随小物和小服务。此类供应由一项主要服务和某些附加的服务和（或）辅助物品一起组成。例如，航空公司的乘客购买的是运输服务，他们到达目的地的开支并没有表现为任何有形的物品。

七、服务设计与产品设计的区别

服务设计与产品设计的区别表现为以下几个方面。

（1）服务设计比产品设计更注重不可触摸因素，如思维的清晰程度、气氛等。

（2）服务的创造与传递是同时的，所以，员工培训、流程设计及与顾客的关系特别重要。

（3）服务不能储存，这限制了其柔性，并使服务能力设计很重要。

（4）服务的流程设计中，特别强调与顾客的接触，这给服务设计增加了难度。

（5）对于较容易进入和退出的服务业，其服务设计必须考虑创新和成本效果。

（6）便利性是服务设计的一个主要因素，因此选址非常重要。

（7）服务设计更强调销售机会。

总之，与顾客的接触程度越高，服务设计与产品设计的差异就越大。

八、服务设计流程

服务设计流程主要分为六个步骤，如下：

（1）服务发掘定位，要体现以客户为中心。

（2）服务方案形成。

（3）服务整合说明。
（4）服务产生。
（5）服务体验评估。
（6）服务传递。

【技能实践】

为宿舍制作一种生活实用产品，依据产品开发的步骤，组织产品开发项目小组，讨论产品开发的项目，选择产品设计的方法，并进行新产品使用效果分析。最后进行比较，选出最好、最实用的产品，并投入到宿舍使用中。

任务2　准时生产和精益生产

【知识目标】

1. 了解准时生产的意义；
2. 熟悉准时生产的基本思想；
3. 掌握精益生产的主要内容。

【技能目标】

具备为企业设计准时生产和精益生产等不同企业管理模式的能力。

【素质目标】

要求学生能够通过对企业现实情况的分析比较，帮助企业建立实施准时生产所需具备的条件，同时要求学生具有较强的语言表达能力、逻辑思维能力。

【案例导读】

新管理模式的影响

一家专业生产汽车刹车盘（鼓）的美资公司，在中国设有两家工厂，其产品几乎覆盖了美国、欧洲、日本和韩国的所有车型。同时其水泵的可提供型号达到了500种，主要满足上面这几个国家主流车型的需求。同时，借助市场调研和与一些客户的紧密合作，该公司的产品型号数一直在稳定地伴随市场的需求而增加。

1. 成品库存

目视化管理已经被公司有意识地加以应用，问题在于目前存货量水平较高，约占年销售收入的近15%，这增加了制造成本（储存、运输及管理）及呆滞库存的风险，尤为重要的是，库存在制造过程中的种种浪费（如等待、延误等）。

2. 生产线及半成品管理

部分数控机床一人三机操作，减少了人员等待和搬运距离，说明公司具备了一定的精益思想。但许多工序人员、机器、材料都存在不同的等待，同时加工生产和周转批量较大，造成较长的生产周期，尤其是存在瓶颈工序，该种工序在制品（WIP）存量较多，导致生产流程不够顺畅，制约了生产效率。

3. 现场管理

装配线、毛坯铸造、热处理车间现场管理和目视控制的改善空间较大，突出表现在：

（1）装配线产品追溯性标示过程复杂，造成冗杂处理的浪费；手工打标记等不仅劳动强度大，而且容易造成疲劳错误。

（2）装配工位的作业方法、时间分析以及人机工程（材料传送和取放过程）等方面有待进一步完善。

（3）铸造车间的产品种类和生产区域无标示，将导致分检的时间损失及混淆。

（4）铸造现场、热处理车间的5S尚有较大改进空间，尤其是整顿、清洁和进一步的标准化工作。

4. 其他影响

同时，制造方式的变革也暴露出在原来的成批生产方式中隐藏至深的大量问题，如设备故障多发、维修速度慢以及缺乏保养；设备换模具时间长；刀具整备时间长；作业员技能单一等。

经过三个月的维持与改善，同时辅以培训，一些主要问题得到明显的改善：

（1）在不影响现有产出的情况下，较大幅度地降低成品库存总量。总库存量减少了40%。

（2）按照用户的需求节拍，进行小批量多频次的生产和物料周转（目标：单件流），缩短了生产周期。生产提前期从15天缩短到5天。

（3）应用快速换模的项目方法（四步法）和技术手段，缩短了生产线的换型时间。

（4）运用IE工程和看板管理，辅以必要的柔性生产布局设计及多技能员工培训，改善了现有的工艺及流程，消除了瓶颈限制，在制品减少了66%，实现了流畅化制造。

（5）全面生产性维护（TPM）：对设备效能作了详细测定，并根据以往开机时间的历史纪录，分析总体生产效率（OEE），改进设备维护计划，提高运行效率，在没有增加设备的前提下，月产量提高了30%，不良率由8%降到了4%，

OEE 从原来的60%提高到85%。

（6）对现场的物流及5S进行改善，减少了搬运、寻找、等待等浪费活动。

【相关知识】

一、准时生产

准时生产（JIT）是源于日本丰田汽车公司的一种生产管理方法。它的基本思想可用现在已广为流传的一句话来概括，即“只在需要的时候，按需要的量生产所需的产品”，这也就是 Just in Time 一词所要表达的本来含义。

（一）JIT 的核心思想

准时生产方式就是在精确测定生产各工艺环节作业效率的前提下，按订单准确计划，以消除一切无效作业与浪费为目标的一种管理模式。准时生产方式的基本思想可概括为“在需要的时候，按需要的量生产所需的产品”。准时生产方式的核心是追求一种无库存的生产系统，或使库存达到最小的生产系统。为此而开发了包括“看板”在内的一系列具体方法，并逐渐形成了一套独具特色的生产经营体系。

准时生产方式以准时生产为出发点，首先暴露出生产过量和其他方面的浪费，然后对设备、人员等进行淘汰、调整，以达到降低成本、简化计划和提高控制的目的。

这里所说的浪费，比通常所说的浪费的概念要广泛得多、深刻得多。按照丰田汽车公司的说法，凡是超过生产产品所绝对必要的最少量的设备、材料、零件和工作时间的部分，都是浪费。这个定义有含糊之处，什么是“绝对必要的”？没有一定的标准。美国一位管理专家对这个定义作了修正。他提出，凡是超出增加产品价值所必需的绝对最少的物料、机器和人力资源的部分，都是浪费。这里有两层意思：一是，不增加价值的活动是浪费；二是，尽管是增加价值的活动，所用的资源超过了“绝对最少”的界限也是浪费。

在生产现场控制技术方面，准时制的基本原则是在正确的时间，生产正确数量的零件或产品。它将传统生产过程中前道工序向后道工序进货，改为后道工序根据“看扳”向前道工序取货，看板系统是准时制生产现场控制技术的核心，但准时制不仅仅是看板管理。准时生产制是一种理想的生产方式，这其中有两个原因：一是因为它设置了一个最高标准，一种极限，就是零库存。实际生产可以无限地接近这个极限，但却永远不可能达到零库存。二是因为它提供了一个不断改进的途径，即降低库存—暴露问题—解决问题—降低库存……这是一个无限循环的过程。

（二）JIT生产方式的基本手段

JIT生产方式的基本手段可以概括为下述三方面：生产流程化、生产均衡化、资源配置合理化。

1. 生产流程化

生产流程化，即按生产汽车所需的工序从最后一个工序开始往前推，确定前面一个工序的类别，并依次地恰当安排生产流程，根据流程与每个环节所需库存数量和时间先后来安排库存和组织物流。尽量减少物资在生产现场的停滞与搬运，让物资在生产流程上毫无阻碍地流动。“在需要的时候，按需要的量生产所需的产品”。对于企业来说，各种产品的产量必须能够灵活地适应市场需求量的变动。众所周知，生产过剩会引起人员、设备、库存费用等一系列的浪费。避免这些浪费的手段就是实施适时适量生产，只在市场需要的时候生产市场需要的产品。

为了实现适时适量生产，首先需要致力于生产的同步化。即工序间不设置仓库，前一工序加工结束后，立即转到下一工序去，装配线与机械加工几乎平行进行。铸造、锻造、冲压等必须成批生产的工序，则通过尽量缩短作业更换时间来尽量缩小生产批量。生产的同步化通过“后工序领取”方法来实现。“后工序只在需要的时间到前工序领取所需的加工品；前工序中按照被领取的数量和品种进行生产。”这样，制造工序的最后一道即总装配线成为生产的出发点，生产计划只下达给总装配线，以装配为起点，在需要的时候，向前工序领取必要的加工品，而前工序提供该加工品后，为了补充生产被领走的量，必向再前道工序领取物料，这样把各个工序都连接起来，实现同步化生产。

这样的同步化生产还需通过采取相应的设备配置方法以及人员配置方法来实现。即不能采取通常的按照车、铣、刨等工业专业化的组织形式，而要按照产品加工顺序来布置设备。这样也带来了人员配置上的不同作法：弹性配置作业人数。降低劳动费用是降低成本的一个重要方面，达到这一目的的方法是“少人化”。所谓少人化，是指根据生产量的变动，弹性地增减各生产线的作业人数，以及尽量用较少的人力完成较多的生产。这里的关键在于能否将生产量减少了的生产线上的作业人员数减下来。具体方法是实施独特的设备布置，以便能够在需求减少时，将作业所减少的工时集中起来，以整顿削减人员。但这从作业人员的角度来看，意味着标准作业中的作业内容、范围、作业组合以及作业顺序等的一系列变更。因此为了适应这种变更，作业人员必须是具有多种技能的“多面手”。

2. 生产均衡化

生产均衡化是实现适时适量生产的前提条件。所谓生产的均衡化，是指总装配线在向前工序领取零部件时应均衡地使用各种零部件生产各种产品。为此在制订生产计划时就必须加以考虑，然后将其体现于产品生产顺序计划之中。在制造阶段，均衡化通过专用设备通用化和制定标准作业来实现。所谓专用设备通用化，是指通过在专用设备上增加一些工夹具的方法使之能够加工多种不同的产品。标准作业是指将作业节拍内一个作业人员所应担当的一系列作业内容标准化。

生产中将一周或一日的生产量按分秒时间进行平均，所有生产流程都按此来组织生产，这样流水线上每个作业环节上单位时间必须完成多少何种作业就有了标准定额，所有环节都按标准定额组织生产，因此要按此生产定额均衡地组织物质的供应、安排物品的流动。因为JIT生产方式的生产是按周或按日平均，所以与传统的大生产、按批量生产的方式不同，JIT的均衡化生产中无批次生产的概念。

标准化作业是实现均衡化生产和单件生产单件传送的又一重要前提。丰田公司的标准化作业主要是指每一位多技能作业员所操作的多种不同机床的作业程序，是指在标准周期时间内，把每一位多技能作业员所承担的一系列的多种作业标准化。丰田公司的标准化作业主要包括三个内容：标准周期时间、标准作业顺序、标准在制品存量，它们均用“标准作业组合表”来表示。

3. 资源配置合理化

资源配置的合理化是实现降低成本目标的最终途径，具体指在生产线内外，所有的设备、人员和零部件都得到最合理的调配和分派，在最需要的时候以最及时的方式到位。

就设备而言，应包括相关模具以实现快速装换调整，例如，丰田公司发明并采用的设备快速装换调整的方法是SMED法。丰田公司所有大中型设备的装换调整操作均能够在10分钟之内完成，这为“多品种、小批量”的均衡化生产奠定了基础。

就生产车间而言，需要将设备和原材料合理放置。物料的合理位置为满足后工序频繁领取零部件制品的生产要求和“多品种、小批量”的均衡化生产提供了重要的基础。但是，这种频繁领取制品的方式必然增加运输作业量和运输成本，特别是如果运输不便，将会影响准时化生产的顺利进行。合理布置设备，特别是U型单元连结而成的“组合U型生产线”，可以大大简化运输作业，使得单位时间内零件制品运输次数增加，但运输费用并不增加或增加很少，为小批量频繁运输和单件生产单件传送提供了基础。

就人员而言，多技能作业员（或称“多面手”）是指那些能够操作多种机床的生产作业工人。多技能作业员与设备的单元式布置是紧密联系的。在U型生产单元内，由于多种机床紧凑地组合在一起，这就要求生产作业工人能够进行多种机床的操作，同时负责多道工序的作业，如一个工人要同时会操作车床、铣床和磨床等。

二、精益生产

精益生产起源于日本丰田的生产方式，美国学者对这种生产方式在理论上加以概括与总结，命名为 Lean Production，中文翻译为精益生产。以丰田为代表的日本汽车业在与美国汽车业的市场竞争中不断攻城略地，在这种情况下，美国麻省理工学院的一批学者从 1979 年开始，对比研究了世界各大汽车企业，力图破解日本汽车业快速成长的秘密。研究小组发现，丰田公司已经找到了在小批量多品种的市场环境下赚钱的生产方式，丰田公司能够取得成功的重要原因之一就是这种新的生产方式。

（一）精益生产的实质

精益生产方式既是一种以最大限度地减少企业生产所占用的资源和降低企业管理和运营成本为主要目标的生产方式，又是一种理念、一种文化。实施精益生产方式就是决心追求完美、追求卓越，就是精益求精、尽善尽美，为实现七个零的终极目标而不断努力。它是支撑个人与企业生命的一种精神力量，也是在永无止境的学习过程中获得自我满足的一种境界。

精益生产方式的实质是管理过程，包括人事组织管理的优化，大力精简中间管理层，进行组织扁平化改革，减少非直接生产人员；推行生产均衡化同步化，实现零库存与柔性生产；推行全生产过程（包括整个供应链）的质量保证体系，实现零不良；减少和降低任何环节上的浪费，实现零浪费；最终实现拉动式准时化生产方式。

精益生产方式生产出来的产品品种能尽量满足顾客的要求，而且通过其对各个环节中采用的杜绝一切浪费（人力、物力、时间、空间）的方法与手段满足顾客对价格的要求。精益生产方式要求消除一切浪费，追求精益求精和不断改善，去掉生产环节中一切无用的东西，每个工人及其岗位的安排原则是必须增值，撤除一切不增值的岗位；精简产品开发设计、生产、管理中一切不产生附加值的工作。其目的是以最优品质、最低成本和最高效率对市场需求做出最迅速的响应。精益生产指以顾客需求为拉动，以消灭浪费和快速反应为核心，使企业以最少的投入获取最佳的运作效益和提高对市场的反应速度。其核心就是精简，通过减少和消除产品开发设计、生产、管理和服务中一切不产生价值的活动（即浪费），缩短对客户的反应周期，快速实现客户价值增值和企业内部增值，增加企业资金回报率和企业利润率。

（二）精益生产的实施步骤

1. 选择要改进的关键流程

精益生产方式不是一蹴而就的，它强调持续的改进。首先应该选择关键的流程，力争把它建立成一条样板线。

2. 画出价值流程图

价值流程图是一种用来描述物流和信息流的方法。在绘制完目前状态的价值流程图后，可以描绘出一个精益远景图（Future Lean Vision）。在这个过程中，更多的图标用来表示连续的流程，各种类型的拉动系统，均衡生产以及缩短工装更换时间，生产周期被细分为增值时间和非增值时间。

3. 开展持续改进研讨会

精益远景图必须付诸实施，否则规划得再巧妙的图表也只是废纸一张。实施计划中包括是什么（What），什么时候（When）和谁来负责（Who），并且在实施过程中设立评审节点。这样，全体员工都参与到生产性维护系统中。在价值流程图、精益远景图的指导下，流程上的各个独立的改善项目被赋予了新的意义，使员工十分明确实施该项目的意义。持续改进生产流程的方法主要有以下几种：消除质量检测环节和返工现象；消除零件不必要的移动；消灭库存；合理安排生产计划；减少生产准备时间；消除停机时间；提高劳动利用率。

4. 营造企业文化

虽然在车间现场发生的显著改进能引发随后一系列企业文化变革，但是如果想当然地认为由于车间平面布置和生产操作方式上的改进，就能自动建立和推进积极的文化改变，这显然是不现实的。文化的变革要比生产现场的改进难度更大，两者都是必须完成并且是相辅相成的。许多项目的实施经验证明，项目成功的关键是公司领导要身体力行地把生产方式的改善和企业文化的演变结合起来。

传统企业向精益化生产方向转变，不是单纯地采用相应的“看板”工具及先进的生产管理技术就可以完成的，而必须使全体员工的理念发生改变。精益化生产之所以产生于日本，而不是诞生在美国，其原因也正是因为两国的企业文化有相当大的不同。

5. 推广到整个企业

精益生产利用各种工业工程技术来消除浪费，着眼于整个生产流程，而不只是个别或几个工序。所以，样板线的成功要推广到整个企业，使操作工序缩短，让推动式生产系统被以顾客为导向的拉动式生产系统所替代。

总而言之，精益生产是一个永无止境的精益求精的过程，它致力于改进生产流程和流程中的每一道工序，尽最大可能消除价值链中一切不能增加价值的活动，提高劳动利用率，消灭浪费，按照顾客订单生产的同时也最大限度地降低库存。由传统企业向精益企业的转变不可能一蹴而就，需要付出一定的代价，并且有时候还可能出现意想不到的问题。但是，企业只要坚定不移地走精益之路，大多数在6个月内，有的甚至还不到3个月，就可以收回全部改造成本，并且享受精益生产带来的好处。

【拓展知识】

三种新型不同企业管理模式的比较

面对环境的变化，现代企业运营中的那种追求规模经济，以大批量、少品种为生产的主导方式已经不能适应现代社会的发展，新型的企业管理模式主张以范围经济及集约经济为主的主导方式进行生产。这种方式的转变，适应了订货化生产的那种生产与供应的客观环境。在新的生产模式中，比较引人注目的三种模式是准时生产、精益生产以及敏捷制造，这些新的生产模式的采用提出了流程改造的问题，以及基于流程的管理活动变革问题。

在这三种生产模式中，每一种都有自己的优点，运用在不同的企业不同的部门能够使部门的工作效率和利益实现最大化。

一、各有所长

1. 准时生产

准时生产方式通过看板管理，成功制止了过量生产产品，从而消除了制作过量以及由此产生的各种浪费。由于严格控制了生产的产量，不仅减少了库存，降低了成本，适应了需求市场的变化，而且使产生次品的原因和产品质量之中的许多问题暴露了出来，这样通过改进就提高了产品的质量。

2. 精益生产

从原理上来看，精益生产是对准时生产的进一步提炼和发展，其内容增加了很多，包括市场预测、产品研发、生产制造等一些全过程的管理。它不仅适应了适时适量生产的需要，而且适应了生产经营一体化、制造管理一体化的发展趋势，有利于促使企业按照资源组织的内涵发展。

3. 敏捷制造

敏捷制造以先进的制造技术和灵活的动态组织的方式为基础，依靠素质良好的员工和企业的动态联盟网络。它的根本目的是将柔性的生产技术、高素质的生产劳动者和灵活的高效管理集成起来，通过整体化的敏捷作业活动等方式，使得企业在竞争中盈利，在竞争中发展。其中的技术、作业和管理的有效结合，形成了主导企业活动的三大主流力量。

总结：不同的经营模式有不同的优势，但是只有适应企业本身的管理经营模式才能够更好地为企业服务，发展自己，所以对于每种模式来讲，每种的长处都是自己相对于其他两种的一种优势力量，都能够使得企业本身在竞争激烈的市场中生存下去。

二、决定力量

1. 准时生产

准时生产在组织中以小批量和同步化生产为基础，其生产产量与产品完全由适时订货决定。据此才进行弹性化的人员配置、整体化的设备和技术保障、标准化的原材料等其他一些很重要的工作，所有这些工作都需要公司的所有人分工合作，同时调整劳动组合，改进管理流程。总的来讲，准时生产就是一种基于需求和环境的柔性化组织生产模式。

2. 精益生产

在企业精益生产的管理中，研究开发源于客户需求，同时取决于企业的研发实力与生产水平；生产中的原材料、设备供应来自开放化的市场供应系统，在供给上可以与优秀的供应商建立合作关系，避免受控于生产企业；产品开发与生产的人员配备，既具有稳定性，又具有适应外部环境的灵活性。在资源有效配置的情况下形成一个有机结合的系统，在流程中发挥其主体作用。

3. 敏捷制造

敏捷制造技术是一种高度集成化的技术，它由产品设计技术、产品开发技术、生产制造技术、质量控制技术、流通技术和信息支持技术等方面集合而成。这种集成以产品的适时开发和敏捷制造为导向，按产品研究、开发、生产、销售服务的技术环节有序组合。敏捷制造在准时生产和精益生产的基础上，实施和发展集合制造资源计划。它实质上是适时生产、市场导向、技术领先和资源综合的结果。

三、工作特点

1. 准时生产的工作特点

准时生产的动态化看板管理有以下工作特点：

(1) 适时适量生产的实现。

(2) 在流程组织上实现看板管理。

(3) 生产的小批量与同步化。

(4) 资源的全方位和标准化供应。

(5) 作业人员的弹性配备。

(6) 全面质量工作管理得以实现。

2. 精益生产的特点

精益生产也有以下一些特点：

(1) 在生产方式上，改变大批量生产。

(2) 在零部件供应上，采用有别于大量生产的大规模采购方式。

(3) 在产品研究与开发上，与客户合作，以提高双方的技术实力。

(4) 在产品流通上，强调营销与服务的结合。

(5) 在人力资源管理上，确立精益生产的新机制。

3. 敏捷制造的工作特点

(1) 以市场为导向，组织企业生产。

(2) 以技术领先为背景组织产品的开发。

(3) 实现制造、经营的集约化。

(4) 以制造、经营需求为基础。

(5) 进行人力资源的发掘，使之适应新的生产、经营环境。

总结：在新的市场环境下，新的管理模式的产生是经济环境造成的，只有适应了经济的发展，才能够使企业在市场经济的竞争中获得优势，最终得到发展。以上三种新型的管理模式，各有各的特点，各有各的优势，不同的企业要根据自身不同的情况选择不同的管理模式，以使自己获得更大的发展。

【技能实践】

依据调研目的对企业引入准时生产方式的变革，依据企业引入准时生产方式的变革的调研资料，深入讨论如何顺利实现准时生产，并对企业如何改进准时生产提出建议。

任务3　大量定制

【知识目标】

1. 理解大量定制的相关理念；
2. 掌握实施大量定制的条件，掌握模块化、延迟策略的应用；
3. 了解顾客化定制的思想。

【技能目标】

具备分析实施大量定制和顾客化定制的区别，同时能为企业进行设计的能力。

【素质目标】

要求学生能够根据企业现实情况分析实施大量定制和顾客化定制的时机和条件，同时要求学生具有较强的语言表达能力、逻辑思维能力。

【案例导读】

美国福特汽车的成功

美国福特汽车公司创立于1903年，当时年产量1 700多辆。从1908年开始，福特着手在T型汽车上实行单一品种大量生产，到1915年建成了第一条生产流水线，实现了一分钟生产一辆汽车的愿望，到1916年，T型汽车的累计产量达到58万辆。随着产量的增加，汽车的成本也大幅下降，从1909年的950美元，降到了1916年的360美元，11年后，也就是1927年，T型车的累计产量突破了150万辆，市场占有率达到50%，实现了很多美国家庭的汽车梦想。

福特建立了汽车业的第一条生产线，大大降低了生产的成本，离自己要实现一分钟生产一辆汽车，并且让造车的人也买得起汽车，让汽车成为大众的代步工具的梦想更接近了一步。之后，福特开始琢磨在任何一个细节当中节省成本，这使得汽车的成本一天天下降。大量的汽车被卖出去，同时产量的增加也让生产的成本继续下降。老福特的发展思路是大量降成本，大规模生产，大规模采购，用规模和低成本来竞争。他选择这样的发展思路的原因也很简单，市场刚刚起步，基本的需求还没有得到满足，很多家庭还没有汽车；目前汽车处于短缺的年代，还是属于少数有钱人所有；消费者的收入水平也使得低价格成为一个很好的卖点；顾客都是基本需求，相同倾向很大。

思考：福特的T型汽车虽然款式单一，颜色也比较少，却占据了很大的市场份额，取得了极大的成功，原因何在。

【相关知识】

一、大量定制的概念

大量定制（Mass Customization，MC）以近似大批量生产的效率生产商品和提供服务以满足客户的个性化需求。大量定制是一种集企业、客户、供应商、员工和环境于一体，在系统思想指导下，用整体优化的观点，充分利用企业已有的各种资源，在标准技术、现代设计方法、信息技术和先进制造技术的支持下，根据客户的个性化需求，以大批量生产的低成本、高质量和高效率提供定制产品和服务的生产方式。MC的基本思路是基于产品族零部件和产品结构的相似性、通用性，利用标准化、模块化等方法降低产品的内部多样性，增加顾客可感知的外部多样性，通过产品和过程重组将产品定制生产转化或部分转化为零部件的批量生产，从而迅速向顾客提供低成本、高质量的定制产品。

大量定制生产方式包括了诸如时间的竞争、精益生产和微观销售等管理思想的精华，其方法模式得到了现代生产、管理、组织、信息、营销等技术平台的支持，因而就有超过以往生产模式的优势，更能适应网络经济和经济技术国际一体化的竞争局面。

二、大量定制的基本思想

个性化需求和成本两个维度可能有4种组合，这4种组合与4种不同的生产模式对应。从汽车工业发展的历史看，最先出现的是定制生产，接着是大量生产，然后是多样化生产，最后是大量定制。定制生产满足了少数顾客个性化的需求，但成本高；大量生产满足了公众对低价格的需求，但不能满足顾客个性化需求；多样化生产不仅成本高，还不能满足顾客个性化需求，是最不可取的生产模式；大量定制不仅能满足顾客个性化需求，成本也低。4种生产模式在满足个性化需求和成本上的特点如图4－7所示。

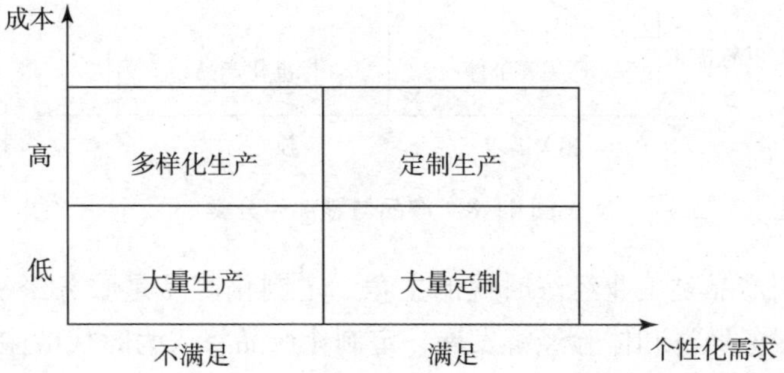

图4－7　4种生产模式在满足个性化需求和成本上的特点

三、大量定制能够实现个性化与低成本

大量定制生产之所以能够实现个性化是因为它是订单驱动式生产。订单驱动式生产的最大好处是顾客的需求是事先知道的，避免了生产活动的盲目性，从而消除了预测驱动式生产带来的风险。但是，订单驱动式生产的最大问题是对顾客需求的响应性较差，订单交付时间长。对于不愿意等待的顾客，按订单生产没有吸引力。

按订单生产覆盖了较宽的范围，从标准化产品到个性化产品，都可以采用按订单生产模式。同样是购买一台小轿车，顾客可以从现有产品系列中选择一种企业正在生产的型号、规格和颜色的产品，也可以提出特定的要求，这些要求可能涉及设计和工艺的修改。

大量定制生产之所以能够实现低成本，归根结底是因为它能够将多样化的产品生产变成通用化的零部件和模块的生产。由于零部件和模块的通用性，它们可以提前制造出来，增强对顾客需求的响应性；由于通用零部件和模块的生产批量大，可以获得规模经济效益。

按照性质的不同，需求可以划分为独立需求和相关需求、共性需求和个性需求。如图4－8所示为产品与零部件的分类。产品是提供给顾客的，同于独立需求；零部件是由产品决定的，属于相关需求。产品有共性产品与个性产品之分，标准产品属于共性产品，定制产品属于个性产品。例如，普通电机和标准紧网件属于共性产品，锅炉和大型船舶属于个性产品。零部件也有通用零部件和专用零部件之分，通用零部件可用在不同的产品上，具有可重用性；专用零部件只能用在某种产品上，不具有可重用性。

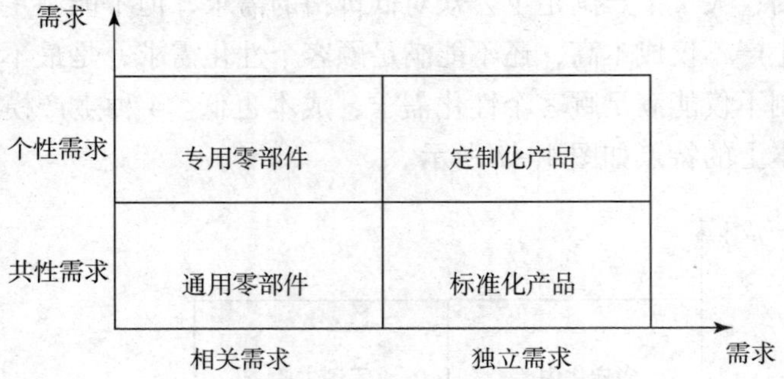

图4－8　产品与零部件分类

标准通用产品是工业经济时代的主角，定制化产品是服务经济时代的产物。随着社会向服务经济和体验经济发展，定制化产品将成为时代的主角。标准通用产品由通用零部件组成，由于产量大，可以做到标准化和通用化。定制化产品可以由专用零部件构成（如手工作坊生产王公贵族的汽车），也可以由专用零部件和通用零部件共同组成。为了减少定制产品制造过程的复杂性，生产过程的努力方向应该是尽量减少专用零部件，增加通用零部件，以形成规模经济，降低定制产品的成本。

过去，在日本生产组装的打印机设备有两种电源和保险丝装置，一种是面向北美市场的110伏电压的，另一种是面向欧洲市场的220伏电压的。由于很难预测在北美洲和欧洲的需求量，这就可能导致适用于一个洲的产品大量积压，而适用于另一个洲的产品又出现脱销。如果使用通用的电源和保险丝装置，那么产品在送达最终客户之前就不需要进行差异化设计。以通用零部件为主的产品容易实行大量定制，以专用零部件为主的产品应该重新审查其设计的合理性，尽可能增加共用零部件，减少专用零部件。

四、大量定制生产模式的特点

大量定制生产模式的特点可以这样来概括：产品设计模块化、产品制造专业化、生产组织和管理网络化、企业间的合作关系伙伴化。

1. 产品设计模块化

21 世纪的制造业必将以产品创新和技术创新占领市场，企业能否根据用户的当前需求和潜在需求快速抢先提供产品，成为企业成败的关键。产品结构和功能的模块化、通用化和标准化，是企业推陈出新、快速更新产品的基础。模块化产品便于按不同要求快速重组，任何产品的更新换代都不是将原有的产品全部推翻重新设计和制造的。更新一个模块或在主要功能模块中融入新技术，都能使产品登上一个新台阶，甚至成为换代产品，而多数模块是不需要重新设计和制造的。因此，在敏捷制造中，模块化产品的发展已成为制造企业所普遍重视的课题。此外，模块化产品便于分散制造和寻找合作伙伴，开发新产品的主干（核心）企业主要是做好产品的创新研究、设计和市场开拓工作，产品的制造可以分散给专业化制造企业协作生产，主干企业将从传统的“大而全、小而全”的橄榄型模式中解脱出来，转换成只抓产品设计研究和市场开拓的哑铃型企业。模块式产品另一个突出的优点在于企业只需更新个别模块即能满足用户新的要求，不需要重新设计一种新产品。这既节省了用户的开支，又能节约原材料并减少废弃物，这在自然资源越来越紧张和环境污染愈来愈严重的今天，无疑是非常重要的。

2. 产品制造专业化

在一般机械类产品中，有 70% 的功能部件存在着结构和功能的相似性，如果打破行业界线，按成组技术原理（GT 原理）将功能相似的部件和零件分类并集中起来，完全有可能形成足以组织大批量生产的专业化企业的生产批量，这些专业化制造企业承接主干企业开发的产品中各种相似部件、零件的制造任务，并能在成组技术的基础上采用大批量生产模式进行生产。当然，在现代制造技术的支持下，这种大批量生产模式已克服了传统的刚性自动线的缺点，在一定范围内具有柔性（可调性或可重构性），能完成较大批量的相似件制造，协助主干企业用大批量生产方式快速提供个性化商品。

3. 生产组织和管理网络化

因特网的普及和应用给 21 世纪的制造业提供了快速组成虚拟公司进行敏捷制造新产品的条件。负责开发新产品的主干企业可以利用因特网发布自己产品的结构及寻找合作伙伴的各项条件，而各专业化制造企业可以在网上发布自己所具备的条件及合作意图。主干企业将据此寻找合伙者，本着共担风险和达到双赢的战略目标进行企业大联合来合作开发和生产新产品。这样的联合是动态的，组成的虚拟公司是“有限生命公司”，它只为某种产品而结盟，其生命周期将随产品生命周期的结束而结束，或在另一种产品的基础上调整成新的联合。通过因特网系统构建虚拟企业，可实现产品开发、设计、制造、装配、销售和服务的全过程，通过社会供应链管理系统将合作企业连接起来，按大规模定制生产模式实行有效的控制与管理。随着全球制造业的发展，供应链理论已发展成为全球供应链管理理论。通过供应链实现大规模定制生产过程的网络化组织和管理，产品从开发到销售的全过程将得到优化，生产效率的提高和生产成本的降低是不言而喻的。

4. 企业间的合作关系伙伴化

在传统的供求关系管理模式下，制造商与供应商之间只保持一般的合同关系，供应链只是制造企业中的一个内部过程，利用通过合同采购的原材料和零部件进行生产，转换成产品并销售给用户，整个过程均局限于企业内部操作。制造商为了减少对供应商的依赖，彼此间经常讨价还价，这种管理模式的特征是信任度和协作度低、合作期短。但大规模定制生产是以新产品开发，企业与专业化制造企业间的有效合作、互相依存为前提的，构成的网络化虚拟公司的盟主企业与盟员企业间应该能达成双赢的合作关系。

五、大量定制策略

要确定大量定制策略，首先要弄清楚顾客的个性化需求究竟是什么。个性化需求是个人对产品性能、附加功能、可靠性、耐久性、维护性、美学性以及感知性的偏好。个性化需求不是指每个人对产品的所有属性的要求都不同，而是在某些属性上的偏好不一样。

1. 减少零部件多样化

减少零部件多样化，首先要对现有产品系列进行分析。保留销售量和销售利润高的产品，对销售量和销售利润额低的产品作具体分析，如果是新产品，经过一段时间之后，可能变成销售量高的产品。对于以通用零件为主的产品可作为大量定制产品来生产，然后，需要减少零部件种类。通过取消低用量的零部件，将高用量零部件标准化，并将类似的零部件用通用零部件代替，可以减少零部件种类。

零部件通用化有助于工具通用化、加工特性通用化、原材料通用化，能够促进工艺标准化，提高加工制造效率，提高产品质量。加工工具、加工工艺、生产计划和产品设计都存在通用性，这种通用性取决于零部件的通用性。正确地利用这种通用性，将有助于减少制造系统的复杂性。

2. 生产模块化

功能模块是产品的核心组成部分。功能模块既可以是产品，也可以是零件、装配件或软件；既可以是外购件，也可以是外协件或自制件。每个功能模块按照一定的条件和相关的功能模块建立联系，从而满足某个用户或特定设计方案的需要。

当模块化用于大量定制生产时，产品的区别是不同的标准化元件进行不同数量变换的结果，或者是在事先确定元件的基础上进行不同修改的结果。产品模块化与纯粹顾客化的区别在于模块化产生了一些标准的元件，这样就使得大量定制生产产品可以取得与重复生产接近的质量和成本，从而使大量定制生产可行。

3. 延迟差异化

延迟实质是将产品的差异化延迟。在产品成型的过程中，投入越来越多，风险逐步增大，“木已成舟”时风险最大。同时，延迟差异化也是为了提高效率、缩短交货期。延迟差异化意味着产品的共性部分或者通用部分是可以而且需要提前制造的，如果等待顾客的最终需要确定之后再从零开始进行生产，那么对顾客的响应时间就会很长。延迟是为减小风险、适应需求个性化而采用的一种生产组织技术，它的核心内容是：在整个生产流程中，将不同产品需求中相同的零部件和制造过程尽可能最大化，而对体现个性化需求的定制的差异化制造过程尽可能推迟。延迟策略的基本思想就是：表面上的延迟实质上是为了更快速地对急剧变化的市场需求做出反应，实现供应链的低生产成本、快反应速度和高顾客价值。

4. 采用混合模式

从根本上讲，生产方式的变革是由顾客需求变化引起的，大量定制的出现是顾客个性化需求的结果。大量事实表明，当前市场需求呈现个性化的趋势，但是，顾客个性化需求是否会最终取代通用性需求？这是一个难以得到肯定回答的问题，然而有一点是明确的，不管个性化需求最终是否会取代通用性需求，在当前情况下，两种需求共存是不争的事实。于是，需要实行一种混合模式来适应当前的需要。戴尔公司实行大量定制模式，取得了巨大成功，造就了一个世界著名的跨国公司。但是，是否应该用戴尔模式来取代其他模式？答案是否定的。对于具有通用性需求的产品，顾客对可获性的要求高，尽管采用模块化和延迟策略，大量定制仍难以及时满足顾客的需求。对于标准化产品，采用大量生产方式是最好的。只有站在企业战略高度看待企业客户化问题及运营效率问题，才能完整把握大量定制的核心思想。企业运作实践中，按照单个客户细分未必是最合理的，因此企业应根据客户的实际需求，结合自身战略考虑成本、财务要求，选择适当的“定制”程度。从这个意义上说，大量定制的任务之一就是寻找合理的方法解决客户需求差异化问题。

大量定制缺乏和顾客沟通的机制，使企业很难准确获取顾客的偏好信息。只有将顾客自身融入需求满足过程中，才能确保满足顾客的个性化需求。通过顾客参与，并赋予顾客一定的控制权，使企业真正理解顾客的需求，并保证顾客的要求得以实现，这样才能形成竞争力。

六、顾客化定制

顾客化定制较早就有相关研究，但是并没有把顾客化定制作为一种生产模式来研究。温德（Wind）和任伽斯瓦密（Rangaswamy）首次将顾客化定制作为一种生产模式来研究，认为顾客化定制是一种以顾客为中心，生产由顾客引发并由顾客控制的生产模式。在顾客化定制生产模式下，顾客处于主动地位，顾客化定制专注于帮助顾客更好地明确和定义顾客的需求。顾客化定制是大量定制生产和定制化营销（Customized Marketing）的结合体。同时他们还认为顾客化定制是一种方法，一种在数字化市场环境下企业更好地适应个性化和一对一营销的方法，是一种顾客和企业相互交流的方法。

表4－2对顾客化定制和大量定制进行了比较。大量定制是订单驱动的，由于顾客的需求往往不是通过一次订单就能够完全确定的，从订货到交货的全过程，顾客参与是必要的。对于顾客化定制，顾客在产品的设计、制造和交付过程中，可以不断提出新的想法；企业拥有设计和制造工艺方面的专业知识，会引导顾客更好地实现他们真正需要的产品和服务。通过顾客参与，使企业及时理解顾客的要求，顾客也能够及时理解企业的设想，从而保证顾客最终得到的是他们真正所需要的产品和服务。在这个过程中，不仅可以使顾客的需求得以满足，而且由于参与，顾客也得到了相应的知识和体验，增加了满足感。因此，顾客化定制除了可以创造出顾客个性化的定制产品和服务之外，还能提供顾客参与的体验，整个过程都是为了满足顾客个性化的需求。顾客有较大的控制权，除了提出订单，在整个过程的每个环节都可以参与。由于参与环节多，企业制造过程中的盲目性大大减少，备用的零部件也就减少了。

表4－2　顾客化定制和大量定制的比较

内容	顾客化定制	大量定制
给顾客提供的东西	产品、服务、体验	产品、服务
核心过程的控制	以顾客为主	以企业为主
顾客参与的环节	多	少
企业与顾客的互动	多	少
运作与营销职能的结合	非常紧密	一般
零部件库存	低	较高

从大量定制到顾客化定制是市场进一步发展的要求。顾客化定制比大量定制包括更多的活动和职能，它是一种以买方为中心的战略，是顾客驱动、顾客控制下的生产方式，它的焦点是帮助顾客识别和认定他们自己想要的是什么，顾客化定制是在网络经济环境下，企业适应个性化需求和一对一营销模式的途径。

但是，一般顾客化定制不能即时满足顾客对产品和服务的需求。由于顾客化定制生产不具有重复性，难以通过实物库存来提高响应速度。为了克服顾客化定制订货提前期长的缺点，即时顾客化定制的设想提出了。大量定制强调的是成本，即时顾客化定制强调的是时间，从大量定制到即时顾客化定制，是一次新的飞跃。为此，有必要研究即时顾客化定制。

七、即时顾客化定制

“即时顾客化定制”这个术语首先是由叶（Yeh）和佩尔森（Pearison）提出的。他们认为，即时顾客化定制是指一旦顾客提出要求，制造商就能立即将知识和其他资源转换成客户所要求的产品和服务。但是，他们对即时顾客化定制的概念并未展开讨论，没有研究具备什么条件才能实现即时顾客化定制，也没有提出实行即时顾客化定制涉及的新技术和新方法。2002 年，叶等人结合在联邦快递、戴尔、思科等著名企业的实践，从零价值差异、零学习差异、零管理差异、零过程差异与零包容差异 5 个方面描述了零时间组织的管理模式，为实现零时间组织指明了方向，认为即时顾客化定制是零时组织的目标，5 个零时原则是实现即时顾客化定制的战略性原则。

【技能实践】

1990 年美国戴尔公司股票正式上市，不到 10 年，其股票增值 3 万倍，而戴尔本人也成为全球《财富》500 强中最年轻的总裁。是什么让戴尔公司股票如此暴涨？在强手如林的电脑市场竞争中，戴尔没有 IBM、康柏等公司历史悠久、财大气粗，但却能挤进去，并且成为世界最大的 PC 供应商，它靠的什么？

这些与戴尔独特的定制化生产方式密切相关。哪家公司都想定制化，但高成本却让诸多企业望而却步，是 IT 和网络技术让戴尔有能力做到定制化。戴尔的营销创新在于他把新型零售方式融入高科技产品——电脑中来。如果用专业的话来说，戴尔将电脑产品“大规模定制化”。

戴尔公司每年生产 400 多万台个人计算机，每台都是根据客户的具体要求组装的。戴尔公司是企业家、网络技术专家和企业软件汇集在一起的完美例子。以戴尔为其大客户福特汽车提供服务为例，戴尔公司为福特不同部门的员工设计了各种不同的配置。当通过福特公司内联网接到订货时，戴尔公司马上就知道订货的是哪个工种的员工，他需要哪种计算机。戴尔公司便组装合适的硬件，甚至安装了适当的软件，其中有一些包括福特汽车公司储存在戴尔公司的专有密码。戴尔公司的后勤服务软件非常全面和先进，因此，它能够以较低的成本开展大规模定制服务。

福特公司为这种专门服务额外支付一定的费用。付这笔钱值得吗？如果福特汽车从当地经销商那里购买个人计算机，经销商运来一些箱子，需要懂得信息技术的工人取出机器进行配置。这一过程需要一个专业人员花 4 ~6 个小时的时间，并且常常出现配置错误。

所以，戴尔的定制服务物有所值。定做李维斯（Levis）牛仔裤要付额外费用，玩具公司马特尔公司（Mattel）也为需要个性化产品的小姑娘提供定制产品，但收取高价钱。戴尔的直销与定制模式使其在高科技产业独树一帜。

每台微机都按订货单生产，从打 800 免费订购电话到装上车却只需要 36 小时。订货单源源不断地转到戴尔公司的三家生产厂。但是，在这些工厂是见不到库存的。戴尔要求所有供应商必须把配件在 1 小时之内送到。芯片、集成线路板和驱动器装在卡车上，直接开到距离组装线仅 50 英尺的卸车台。在那儿也没有制成品的库存。

搜索相关资料，分析戴尔电脑能够成功的因素是什么，其他行业是否可模仿戴尔一样实现定制，举例说明。

项目五

生产运作系统优化

生产运作系统在运行过程中，需要优化企业物流过程，更需要为生产运作提供资源供给。否则，生产运作系统就不能运行，也谈不上提供高效、灵活、准时、清洁的生产产品和服务。

本项目主要包括典型企业的物流过程、设备的选择和评价、设备的维护保养、“5S”的运用、推行定制管理、目视管理与看板管理、建立质量管理体系以及推行全面质量管理等七个部分的内容。

任务1 典型企业的物流过程

【知识目标】

1. 熟悉企业的物流活动；
2. 了解典型企业的物流过程；
3. 熟悉物流企业的流程设计。

【技能目标】

具备分析模拟企业的物流过程并将其绘制成图的能力。

【素质目标】

要求学生能够利用课余时间自主学习物流管理的相关知识，同时要求学生具有较强的语言表达能力、逻辑思维能力。

【开篇案例】

家乐福的存货管理

家乐福于1995年进入中国后，采用国际先进的超市管理模式，致力于为社会各界提供物美价廉的商品和优质的服务。通过多年的经营，家乐福在商品采购、营销管理、资产管理以及人力资源开发等方面实现了现代化和本地化，为中国的商业界提供了大型超市经营管理方面的先进技能和经验。

1. 家乐福的库存计划模式

在库存商品的管理模式上，家乐福实行品类管理（Category Management），以优化商品结构。一个商品进入之后，会由POS机将库存、销售等数据进行统一的汇总和分析，根据汇总分析的结果对库存的商品进行分类。然后根据不同的商品分类拟订相应适合的库存计划模式。对于各类型的不同商品，根据分类制定不同的订货公式的参数。根据安全库存量的方法，当仓库存储水平下降到确定的安全库存量或以下时，该系统就会启动自动订货程序。

2. 家乐福的购料订货模式

在家乐福有一个特有的部门——OP(Order Pool)，也就是订货部门，是整个家乐福物流系统的核心，控制了整个企业的物流运转。在家乐福，采购与订货是分开的。由专门的采购部门选择供应商，议定合约和订购价格。OP则负责对仓库库存量的控制，生成正常订单与临时订单，保证所有的订单都发送给供应商，同时进行库存异动的分析。作为一个核心控制部门，它的控制动作将联系到其他部门。对于仓储部门，它控制实际的和系统中所显示的库存量，并控制存货的异动情况；对于财务部门，它提供相关的入账资料和信息；对于各个营业部门，它提供存量信息给其他部门，提醒各部门根据销售情况及时更改订货参数，或增加临时订量。

3. 家乐福的仓储作业

家乐福的做法是将仓库、财务、OP、营业部门的功能和供应商的数据整合在一起，从统一的视角来考虑订货、收货、销售过程中的各种影响因素。因此，要了解家乐福仓储作业的管理就必须联系它的OP、财务、营业部门来看，这是一个严密的有机体。仓库除每日的收货、发货之外，会将每日存货异动的资料数据传输给OP，OP根据累计和新传输的资料生成各类分析报表。同时，家乐福已逐步将周期盘点（Cycle Count）代替传统一年两次的实地盘点。在实行了周期盘点后，家乐福发现，此项举措最大的功效是节省了一定的人力、物力、财力，没有必要在两次实地盘点的时候大规模地兴师动众了，同时盘点的效率也得到了提高。

【相关知识】

一、企业物流流程设计

美国物流管理协会（Council of Logistics M）对物流的定义为：“物流是供应链运作中，以满足客户要求为目的，对货物、服务和相关信息在产出地和销售地之间实现高效率、低成本的正向与反向的流动和储存所进行的计划、执行及控制的过程。”

从物流的定义看，物流过程一方面综合了运输、存货、管理、仓储、物料搬运系统及包装和其他相关活动，包含了整个供应链流动的成本与服务水平的权衡取舍；另一方面，物流还包含了效率和效益两方面，这是现代物流的定义。

现代物流与传统物流的区别如表 5 -1 所示。

表 5 -1　现代物流与传统物流的区别

区别项目	现代物流	传统物流
范围与边界	强调供应、生产、销售、消费等全过程的“大物流”	重视销售物流与生产物流
系统概念	强调物流系统与其他经营系统的“大系统”保持最佳	重视运输、储存、包装、装卸、流通加工、信息等构成要素的系统保持最佳
性质与地位	企业或组织体的“先锋”“外部事物”；价值创造事业	企业或组织体的“后勤”、“内部事务”；成本支出项目
目标与理念	效率、成本、服务与效益的均衡	效率与成本的均衡
服务对象	企业或组织体外部顾客	企业或组织内部
功能定位	扩大销售、增加利润的“战略”	节约成本的“手段”与“策略”

（一）企业物流的分类

从企业角度研究物流活动，这是具体的、微观的物流活动的典型领域。企业物流又可以分为以下几种具体的物流活动。

1. 企业生产物流

它是指企业在生产工艺中的物流活动。这种物流活动是与整个生产工艺过程伴生的，实际上已构成了生产工艺过程的一部分。企业生产过程的物流大体为：原料、零部件、燃料等辅助材料从企业仓库或企业“门口”开始，进入到生产线的开始端，再进一步随生产加工过程的各环节流动，在这一过程中其本身被加工，同时产生一些废料、余料，直到生产加工终结，再回到产成品仓库，终结了企业生产物流过程。

2. 企业供应物流

它是指企业为保证自身生产的节奏，不断组织原材料、零部件、燃料等辅助材料供应的物流活动。这种物流活动对企业生产的正常、高效进行起着重大作用。企业供应物流不仅是为了保证供应，而且还要以最低成本、最少消耗、最大的保证来组织供应物流活动，因此它有很大的难度。而企业竞争的关键之一就在于如何降低这一物流过程的成本。为此，企业供应物流就必须实现有效的供应网络、供应方式和零库存等。

3. 企业销售物流

它是指企业为保证本身的经营效益，伴随销售活动，不断将产品所有权转给用户的物流活动。在现代社会中，市场是一个完全的买方市场，因此销售物流活动便带有极强的服务性，以满足买方的需求来最终实现销售。在这一市场前提下，销售送达用户并经过售后服务才算终止，因此销售物流的空间范围很大，这也是销售物流的难点所在。企业销售物流的特点是通过包装、送货、配送等一系列物流实现销售，这就需要研究送货方式、包装水平、运输路线等内容，并采取诸如少批量、多批次、定时、定量配送等特殊的物流方式才能达到目的。

4. 企业回收物流

企业在生产、供应、销售的活动中总会产生各种余料和废料，这些东西的回收是伴随物流活动的。在一个企业中，回收物品处理不当往往会影响整个生产环境，甚至影响产品质量，并且也会占用很多的资金和造成空间浪费。

5. 企业废弃物物流

企业废弃物物流是指对企业排放的无用物进行运输、装卸、处理等的物流活动。

（二）企业物流流程设计方法

不同的公司、行业设计企业物流的流程不一样。一般而言，有订单履行、新产品引入、新产品研发、产品回收、备件供给和信息管理等几个流程。

基本的方法是：首先要确定关键的物流品种，然后列出影响每个流程的主要因素。之后可对每个流程进行详细的分析，明确做出改进的机会与关键点，最后成立特别监督小组保证找出各种可行的实施方案和各种变化的实施措施。

物流流程的设计有很多方法，常用的几种方法是：Pareto 分析、市场或客户细分、客户服务研究、关系图分析、流程图分析和价值（时间）分析等。

二、几种典型企业的物流过程

（一）制造企业的物流过程

制造企业的物流过程包括：原材料供应物流、产品生产物流、产成品销售物流。另外，不合格材料的退货、残次品的回收复用、废弃物的处理等，形成了生产物流过程中的去向和回向分支性物流。

（二）零售企业的物流过程

1. 商品采购环节的物流

商品采购环节的物流过程实际上是以运输为主体，包括包装、装卸、搬运等物流功能的组合。

2. 商品的储存及配送

配送中心或仓库储存的商品向门店或柜组的移动物流，称之为配送。另外，门店或柜组间的商品的相互调剂所产生的物流也属于配送范围。

3. 销售环节的物流

在采购、进货过程中发现的不合格商品，往往需要退回货主。对配送中心、仓库或货架上直接销售的残、次、过期商品，往往需要回收、返销生产企业或废弃。这一过程也会产生运输、包装、装卸、搬运等物流作业。

4. 配送中心的物流过程

配送中心或批发企业侧重的服务功能不同，配送的物流流程也不同，主要有以下几种形式：

（1）存储型配送中心的物流流程。

这种业务流程可以说是配送中心的典型业务流程，主要特点是有较大的存储场所，分货、拣货、配货场所及装备也较大。

（2）不带储存库的配送中心的物流流程。

有的配送中心专以配送为职能，而将储存场所尤其是大型储存场所转移到配送中心之外的其他地点，配送中心只有为一时配送备货的暂时储存，而无大量的货物储存。

（3）加工型物流配送中心的物流流程。

加工型物流配送中心也不止一个模式，因加工方式不同，配送中心的物流流程也有区别。

（4）批量转换型配送中心的物流流程。

批量转换型配送中心一般是将批量大、品种较单一的产品进货转换成小批量发货的配送中心。对于这类配送中心，产品换装、分包是主要环节。如不经加工的煤炭配送和不经加工的水泥、油料配送的配送中心大多属于这种类型。

【技能实践】

模拟企业物流过程。请同学们依据所组建的模拟公司，查阅相关资料，完成下列内容：

1. 小组讨论，分析本企业的物流流程，并绘制成图。
2. 根据企业物流流程的设计方法，进行优化设计。

任务2 设备的选择和评价

【知识目标】

1. 了解设备维修管理的发展历程；
2. 掌握设备管理的主要内容；
3. 掌握设备如何选择；
4. 掌握设备的技术评价。

【技能目标】

具备对设备进行技术评价和经济评价的能力。

【素质目标】

要求学生通过本任务的学习，能够养成日常维护设备，注重细节管理的习惯，并将此融于自我日常生活学习中。

【案例导入】

某企业设备保养维护管理办法（部分）

第一条 目的

为使本公司生产设备的预防保齐、日常维护、故障请修、备品零件管理、维修绩效作业有章可循，以维持生产设备正常运转，降低故障率、提高生产率，特订立本办法。

第二条 范围（略）

第三条 组织名称与机能（略）

第四条 经办单位权限划分和职责（略）

第五条 设备基本资料的建立（略）

第六条 检查保养润滑计划

一、年度检查保养润滑计划

维修单位主管应于每年12月份，依“检查润滑基准”及设备运转状况，配合产销目标的设定，拟定下年度“年定期检修计划表”一式四份，呈总经理核准后，一份自存，一份送生产部办公室，一份送使用单位，一份送总经理室备查。

二、月份检查保养润滑计划

维修单位主管于每月25日前，依据“年定期检修计划表”并参照当月份设备实际维修状况、产销目标、备品零件情况拟定下月份的“月份检查保养计划表”及“月份润滑计划表”各一式四份，呈总经理核准后，一份自存，一份送生产部办公室，一份送使用单位，一份送总经理室备查。

第七条　检查保养润滑作业实施

一、日常检查保养润滑

维修单位和设备使用单位应依据“检修基准”“润滑基准”的规定内容执行日常保养、润滑作业。

1. 日常检查保养润滑人员指派

(1) 设备操作人员为日常检查保养润滑人员。

(2) 设备使用单位主管可依工作情况指派有关人员协助。

(3) 工务单位的日常检查保养人员由工务单位主管指派专人执行。

2. 日常检查保养润滑的执行

(1) 每班检修润滑，应纳入各级设备自主检查项目中，逐项检查。

(2) 每日检修润滑，由当日早班负责人员于上班时逐项检查。

(3) 每周检修润滑，由使用单位主管指派专人于每日检修工作完成后逐项检查。

(4) 前述检查人员应填报并汇总整理“设备保养检查表”一式两份，由单位主管审核、呈生产部经理指示后，一份自存，一份送生产部办公室存档管理。

(5) 定期停机检修。维修单位除拟“月份检查保养计划表”及“月份润滑计划表”外，还要参考“请修单”，于定期停机检修，召集设备使用部门主管讨论停机检修的做法及人员配合。

第八条　故障请修

一、异常反应

设备发生污损、异声、漏油（电）造成作业不良时设备操作人员应立即处理，并反映给单位主管。倘无法处理者，应会同设备使用单位主管，做有关修护准备，设备使用单位应开立“请修单”作为工务单位的修理凭证。

二、厂内维修

(1) 维修单位主管应于每日上班时，依据昨日以前请修未修项目、定期保养计划及每日检核作业的工作负荷，分派下属人员当天的检修工作和安排维修工作。

(2) 工务单位主管接获“请修单”时，应视故障的严重性和人员工作状况，尽快派人员进行抢修以争取时效。

(3)“请修单”一式三联，维修单位完工后记录修护经过，判定故障原因，由请修单位主管验收，经生产部经理核实后，一联归入该机械档案中，一联维修单位自存，一联转送请修单位。

三、委托外部修护

(1) 设备的修护，因厂内技术能力、时效或修护机具不足，需委托外部修护时，由维修单位主管负责修理安排及费用预估，并寻适当厂商询议价格，拟定委托厂商名称及地点后，填报“请修单”“出厂证明单”，呈生产部经理核准后，委托采购部办理委托外部修护。

（2）委托外部修护进行时，维修单位应掌握执行情况，并负责提供资料、修护验收等事项。

（3）委托外部修护完成后，维修单位应于“请修单”上注明修护厂商及承办经费，呈生产部经理核实后结案（流程同第八条第二款第3项）。

【相关知识】

设备是供企业在生产经营过程中长期使用，并在反复使用过程中能基本保持原有实物形态和功能的劳动资料和物质资料的总称。设备是企业的有形资产，具有一定的经济价值。

设备管理是指依据企业生产经营目标，通过一系列的技术、经济和组织措施，对设备寿命周期内的所有物质运动形态和价值运动形态进行计划、组织、协调、控制等工作。

一、设备的分类

企业生产中所用的设备种类繁多，从设备在生产中的用途来看，可以把企业所用的设备分为以下几类。

（一）生产工艺设备

生产工艺设备即用于改变劳动对象形状或性能，发生直接生产行为的设备，如金属切削机床，铸造、锻压、焊接设备等。生产工艺设备是企业设备中的主要组成部分。

（二）辅助生产设备

辅助生产设备是指为生产服务的各种设备，如机械制造企业中的动力设备、运输设备等。

（三）试验研究设备

试验研究设备如计量、测试和实验用的设备。

（四）办公管理设备

此类设备主要是企业管理机构用于生产经营管理的各种计算机、复印机、传真机和各种其他装置。

（五）公用福利设备

此类设备主要是指企业内部医疗卫生、通信、炊事、照明、健身器械等设备。

也可按照其他标准（行业）对设备进行分类，例如，我国机械制造企业通常按工艺性质将设备分为两大类十大项。两大类为机械设备和动力设备。机械设备又分为金属切削机床、锻压设备、起重运输设备、铸造设备、专业生产用设备及其他机械设备六大项；动力设备分为动能发生设备、电器设备、工业炉窑及其他动力设备四大项。每个大项还可以细分。对于物流行业，有运输、保管、包装、搬运、流通加工等专业设备。

对设备进行合理的分类，将有助于编制相关的设备台账，以利于开展设备管理工作。

【小知识】

设备管理的主要内容

1. 根据企业经营目标和生产需要制定生产运作系统规划。
2. 根据系统需要，选择和购置所需设备，必要时组织设计和自行制造。
3. 组织安装和调试即将投入运行的设备。
4. 对投入运行的设备正确、合理地使用。
5. 对设备进行精心维护和保养，及时检修设备，保证设备正常运行。
6. 适时改造和更新设备。

二、设备的选择

设备的选择和购置是设备管理的一个重要环节。无论是新建企业，还是老企业的更新、改造，都要进行设备的选择与购置。

一般来说，企业所要购置的设备可以从多个厂家提供的不同规格、不同性能、不同质量、不同价格的设备产品中进行选择。因此，设备采购部门必须根据厂家生产经营的要求，与设备制造厂家沟通，要充分论证，选择技术上先进、经济上合理、生产上可行的设备。具体来说，在选购设备时应综合考虑以下因素。

（一）设备的生产性

设备的生产性是指设备的生产率，一般以设备在单位时间内能生产的实物数量来表示，也有以功率、行程、节拍等一系列技术指标来表示的。在设备选购时，可根据企业生产的目标和计划，对此指标提出一定的要求。

（二）设备的可靠性

设备的可靠性是指在规定的时间内，在规定的使用条件下无故障地运行，以保证生产正常进行的概率。从广义上说，设备的可靠性包括机器设备的精度、准确度的保持性，机器零件的耐用性，功能的可靠度，作业的安全性等。特别是随着设备机械化、自动化程度的提高，虽然生产效率提高了，但一旦设备发生故障，造成的破坏性会很大，因此，在选择设备时，一定要注重设备的可靠性指标。

（三）设备的安全性

设备的安全性是指在设备的使用过程中，对人身及财产安全的保证程度。在设备选择时，应考虑设备是否有安全保护装置，如自动停车装置等。

（四）设备的节能性

设备的节能性是指设备对能源的节约程度。这对于企业降低产品成本，增强竞争力，提高经济效益都具有十分重要的意义。因此，在设备选购时，应优先考虑能耗低的设备。

（五）设备的耐用性

设备的耐用性是指设备自然寿命的长短。一般来说，设备的自然寿命越长越好，但在总体选择时，还应考虑科学技术的发展对设备寿命的影响，要考虑设备使用的经济性。

（六）设备的维修性

设备的维修性是指设备维修的难易程度。这一性能指标直接影响到设备修理的工作量和修理费用。因此，在选购设备时应选择维修性能好的设备。

（七）设备的环保性

设备的环保性是指设备使用后对环境的污染程度，包括设备运行发出的噪声和产出的有毒物质等。对环境污染大的设备，应严格不用，如果由于生产的需要而不得不用，也必须配备处理污染的装置，以满足环保性能的要求，如冶炼厂的尾气处理设备。

（八）设备的成套性

设备的成套性是指在设备选购时，所选择的设备本身及各种配件都应配套。

（九）设备的经济性

设备的经济性是指设备的投资效益问题。这里不仅要考虑设备最初的购置费，还要考虑设备的使用维修费用、投资回收期等。

三、设备的评价

企业创建、扩建或对原有设备进行更新均需添置新的设备。对大部分企业来说，单纯依靠自行研制的并不是很多，添置新的设备时，一般是从市场购置。为了能购置到符合要求、性能良好、质量可靠，同时又经济合理的设备，就要对所需购置的设备从技术性和经济性等方面进行选择和评价。

（一）设备的技术性评价

选择和评价设备的第一步往往是进行一次使用或技术上的仔细考察，以确定设备在技术上是否可行。在评价一台设备的技术规格时，应该认真考察下列因素。

1. 生产能力

在选择一台设备时，其生产能力应能满足现行生产对它的要求，并在可预见的将来也能胜任。设备生产能力的过度使用或不充分利用，均是不可取的。购置一台很快就会超负荷使用的设备无疑是不明智的；同样，购置一台拥有始终不需要的功能的设备，尤其当设备的价格较为昂贵时，更是一种不应有的损失。因此，在选择设备时，应从具体的生产任务及生产的发展要求出发，客观地评价其性能、生产效率及生产能力等因素，使所购设备的性能和生产能力得到充分合理的使用。

2. 可靠性

所谓可靠性是指设备在规定的条件下和规定的时间内，完成规定功能并正常运行的能力。谁也不希望购置一台老出故障的设备，因为这不仅会影响产品质量，还会耽误交货期，尤其是在要求生产的连续性越来越强、市场竞争越来越激烈的今天，它会给企业带来严重的损失。因此，购置一台可靠性好的设备是一项重要的选择。

3. 可维修性

所谓可维修性是指设备易于维修的特性。尽管现在已出现了无须维修的设备，但对绝大多数的设备来说，出现故障总是难以完全避免的。因此，在选择设备时，可维修性就应作为一个重要的评价因素，在其他因素基本一致的情况下，无疑应选择结构合理，易于检查、维护和修理的设备。

4. 互换性

在可能的情况下，新购置的设备在备件供应、维护、操作等方面应与企业现有设备尽可能相同或相似，以节约人员培训、更换备件等方面的费用。

5. 安全性

设备运行的安全性对企业的生产和人员的安全意义重大，因此，在购置设备时应慎重选择和评价。

6. 配套性

对于许多复杂、精密的设备，只有在配以完备的辅助设备的条件下，才能充分发挥其作用。因此在选择主机时，往往要把辅助设备的配套情况及其利用率作为重要因素来考虑，尤其是对于应用日益广泛的数控设备，如果缺乏配套的软件，这些设备的作用是很难发挥的。

7. 操作性

设备的日趋复杂、精密并不意味着操作也变得相应复杂。过分复杂的操作往往造成操作人员的疲劳和失误，以及人员培训费用的增加，所以应选择操作简便的设备。

8. 易于安装

这一点往往容易被忽略。在选购设备前，应对设备的安装地点进行考察，对于一些大型设备，还需考察运输路线，以选择适合运输的、易于安装的设备。

9. 节能性

设备的节能包括两方面的含义：一是指对原材料消耗的节省，二是指对能源消耗的节省。节能不仅是降低产品成本的需要，也是贯彻可持续发展和绿色制造的基本要求。

10. 对现行组织的影响

选购设备，尤其是选购先进、精密、复杂的设备时，应充分考虑其对现行生产组织的影响。例如当购置了数控机床或加工中心时，无疑会给现行的工艺准备、生产计划、现场监控人员的组织等方面带来影响，这些均应在设备购进之前予以充分评价。

11. 交货

需要考虑供货厂家的信誉及交货期，优先购置信誉好、交货期有保障的厂家的设备。

12. 备件的供应

当设备由于磨损或发生故障而需要维修和更换零部件时，备件是否齐备就会成为其能否尽快恢复生产的重要因素。因此，在选购设备时，应充分考虑备件的供应情况，尤其对于进口设备更需如此。

13. 售后服务

选择设备供应厂家时，应考察他们提供安装、调试、人员培训及维修服务的条件，协议好的售后服务，这样设备运行时就有可靠的保证。

14. 法律及环境保护

选购设备时应遵守国家和地方政府的有关法令和政策，同时要注意对环境保护的要求，不购置那种被政策和环境保护所不容的设备。

（二）设备的经济性评价

一台设备在技术上先进，并不意味着就一定值得购买，尚需考察它在经济上是否合理。企业需要的是技术先进又经济合理的设备。

1. 设备的费用与收益

在评价设备的经济性时，总是要考察设备的费用与其所带来或可能带来的收益。

首先讨论设备的费用。一般来说，设备的费用指的是设备在其整个寿命周期内为购置和维持运行所花费的全部费用，即设备的寿命周期费用，它主要由两部分构成。

（1）固定费用。即已被安装好、准备使用而尚未启用的设备所发生的费用，包括购置费、运输费、安装调试费、人员培训费等。

（2）运行费用。运行费用是为了维持设备正常运转所发生的费用。它包括直接或间接劳动费用、服务及保养费用、维修费用、消耗品费用等。

在进行设备的费用比较时，需要同时考虑这两部分的费用支出，这也是设备综合管理的一个基本要求。有些设备制造商根据产品的价值链分析，在降低设备本身价格的同时提高消耗品价格，使得顾客初期投入较少，但是全寿命周期费用很大，从而使自己的总收入最大。设备购买者应根据自己的经济情况进行正确选择。在实际中，许多企业往往只注意了设备的固定费用，说得更确切些，只注意了设备的购入价格，而忽略了设备的运行费用，这样是不全面的。

其次讨论设备的收益。考察设备的收益往往要比考察设备的费用困难得多，因为设备所带来的许多收益是无法定量计算或很难与其他收益区别开的，这也是在进行设备选择的经济性评价时，往往更多地采用费用比较法的原因。在实际中如确有必要考察设备的收益时，可从它所生产产品的产量及质量、它所带来的成本的节约等方面予以综合评估。

2. 经济性评价的方法

用于设备经济性评价的方法很多，这些具体方法在《技术经济学》等书中会有介绍，请读者参考相关书目。这里只粗略介绍几种常用的方法。

（1）投资回收期法。

这种方法可用于单方案评价或多方案比较。投资回收期可根据实际，采用静态或动态方法计算。当考察单设备时，如果投资回收期小于设备寿命周期，则该设备在经济上可行；当进行多设备比较时，无疑应选择投资回收期最短的设备。

投资回收期是指用设备的盈利收入来补偿设备投资支出所需要的时间。其计

算公式为:

$$设备投资回收期(年)=\frac{设备投资额(元)}{设备运行带来的年净收益或节约额(元/年)}$$

计算出的投资回收期越短，说明设备投资效果越好。由于没有考虑资金的时间价值，分析较为粗略，因此该方法需要和其他方法结合起来使用。

例1 某企业购买新设备有三个投资方案，有关数据如表5-2所示，根据计算确定最佳方案。

表5-2 设备投资回收表

方案	设备投资费用/万元	采用该设备后年净节约额/万元	设备投资回收期/年	决策
A	9	1.5	9/1.5=6	×
B	8	2	8/2=4	√
C	5	1	5/1=5	×

由上表可知，方案B的设备投资回收期最短，因此，企业可选择方案B提出的设备购置方案。

(2) 费用比较法。

该方法根据设备最初一次投资费用和设备每年支付的维持费，按设备的寿命周期和利率，换算为设备每年的总费用或设备周期总费用，然后对不同方案进行比较、分析，做出优选。该方法一般用于多方案比较。根据设备费用换算方法的不同，费用比较法分为年费法和现值法。

①年费法。

该方法首先把购置设备一次支出的设备费（投资费）依据设备的寿命周期，按复利计算，换算成相当于每年的费用支出，然后再加上每年的使用费，得出不同设备的总费用，进行比较、分析，最后从中选出总费用最小的方案为最优方案。

设备的年费用计算公式为:

$$C_1=I\cdot\frac{i(1+i)^n}{(1+i)^n-1}+C_0$$

其中，C_1——年费用；

I——设备最初投资率；

C_0——设备年使用费；

i——年利率；

n——设备寿命周期

例2 设年利率为6%，A、B两台设备的相关参数如表5-3所示，请对其进行经济评价。

表 5-3　设备费用表

设备	初始投资/万	年使用费/万元	寿命周期/年
A	25	2	10
B	16	3	10

解　由公式得：

$$C_{IA}=25\times\frac{6\%\times(1+6\%)^{10}}{(1+6\%)^{10}-1}+2=5.40\ (\text{万元})$$

$$C_{IB}=16\times\frac{6\%\times(1+6\%)^{10}}{(1+6\%)^{10}-1}+3=5.17\ (\text{万元})$$

因为 C_{IA} 大于 C_{IB}，所以选择设备 B 较为经济，每年可比 A 设备节约近 2 300元。

②现值法。

该方法将设备寿命周期内每年的使用费用按复利换算成相当于最初一次性投资的总额，再加上设备的最初购置投资额，得到设备的寿命周期总费用，从而选择较小费用的设备。设备寿命周期费用计算公式为：

$$C=I+C_0\cdot\frac{(1+i)^n-1}{i(1+i)^n}$$

其中 C 为设备寿命周期总费用。仍以上例为例，按现值法计算：

$$C_A=25+2\times\frac{(1+6\%)^{10}-1}{6\%\times(1+6\%)^{10}}=39.72\ (\text{万元})$$

$$C_B=16+3\times\frac{(1+6\%)^{10}-1}{6\%\times(1+6\%)^{10}}=38.08\ (\text{万元})$$

计算结果 C_A 大于 C_B，同样选择 B 设备优于 A 设备，因为 B 设备在 10 年内全部支出的现值比 A 设备少 1.64 万元。

用年费法或现值法评价设备投资方案时，首先应比较各设备的寿命周期。如果各方案寿命周期相同，则两种评价方法均可采用；如果设备的寿命周期不同，宜用年费法评价。另外，年费法和现值法的计算公式都是建立在设备是一次性最初投资，每年使用费用相同的假定上，如果上述假设不能成立，即设备投资费是分期支出，或各年使用费不同，或两个假定均不满足，则需要用投资决策的其他方法来选择。

（3）费用效率比较法。

这种方法是将综合效率与设备寿命周期费用结合在一起，以最佳效率费用作为选择准则。其计算公式如下：

$$\text{费用效率}=\frac{\text{综合效率}}{\text{寿命周期费用}}$$

上式中，综合效率包括六个方面：

P（产量）：要完成产品产量的任务，设备的效率要高。

Q（质量）：保证生产高质量的产品。

C（成本）：成本要低、维修费用要低。

D（交货期）：保证合同规定的交货期。

S（安全）：保证安全生产。

M：有两方面的意义，一是环境，要求减少污染，保证环境卫生，文明生产；二是使工人保持旺盛的干劲和积极的劳动情绪。

寿命周期费用指设备寿命周期总费用，包括设备的购置费和维修费。

该方法一般用于多方案比较。

【技能实践】

现有 A、B、C 三台可供选择的设备，其有关数据如表 5－4 所示，要求根据费用效率法选择设备。

表 5－4　设备费用效率计算表

可供选择设备	寿命周期费用/万元	生产效率/件·天$^{-1}$	费用效率/件·（天·万元）$^{-1}$	决策
A	40	600		
B	50	800		
C	60	840		

任务 3　设备的维护保养

【知识目标】

1. 了解设备维修的发展历程；
2. 了解设备的常见磨损；
3. 掌握设备的合理利用及设备维修制度。

【技能目标】

具备对不同类型的设备进行不同维修方案设计的能力。

【素质目标】

要求学生通过本任务的学习，能够养成日常维护设备，注重细节管理并将此融于自我日常生活学习中的职业素质。

【案例导读】

设备维修管理的发展历程

设备维修，是修复由于正常的或不正常的原因而引起的设备的损坏，其实质是对物质磨损（包括腐蚀、老化）的补偿。修理的基本手段是修复和更换。通过修复和更换，使设备的效能得到恢复。设备维修管理大致经历了以下几个发展时期。

1. 设备事后修理时期

20 世纪 50 年代以前，企业的设备维修管理基本上属于设备事后修理时期。这一时期设备管理的显著特点是设备发生故障之后，再进行修理，即以事后修理为主的管理模式。在这种设备管理模式下，往往因事先不知道故障何时发生，缺乏修理前的准备而使修理停歇时间较长，并且常常因修理无计划而使生产（服务）计划和交货期受到影响，给企业造成损失。针对这种情况，苏联和美国分别提出了计划预修和预防维修等以预防设备故障和事故，使之被消灭在发生之前的思想为核心的预防维修的理念。

2. 设备预防维修时期

20 世纪 50 年代初至 60 年代末，企业的设备管理基本上属于设备预防维修时期。这一时期，为了减少设备修理对生产（服务）计划和交货期的影响，减少停机修理时间和由此引起的损失，一些工业发达国家的设备开始由事后修理向定期预防维修转变。定期预防维修模式强调设备管理以预防为主，采用适当的方法和组织措施，注重设备使用过程中的维护、保养、检查，并依据设备磨损规律和检查结果，在设备发生故障之前进行有计划的修理，保证设备正常运行，提高了设备的利用率。预防维修时期的主要代表是苏联的计划预修制和美国的生产维修制。

计划预修制是以保障设备正常运转，减少和避免设备因不正常磨损、老化和腐蚀而造成的损坏，防止设备的意外事故，延长设备使用寿命，充分发挥设备潜力为目的；以设备磨损规律为基本理论；以计划为基本手段；对设备进行定期检查、调整，并按一定的修理周期和修理周期结构对设备进行预防性的保养和修理的一种设备管理模式。计划预修制可以把设备故障隐患消灭在萌芽状态，避免大量严重事故或故障的发生，也减少了因事后修理而造成的停机损失。但计划预修制强调一切以计划为准，易出现维修过剩的现象，对设备维修的经济性考虑较少。

预防维修制以改变事后维修，实现防患于未然，减少故障和事故，减少停机损失，提高生产效益为目的，以设备实际状况为依据来安排维修计划，是比较注意维修经济性的一种设备管理模式。但由于当时的检查手段和诊断仪器比较落后，有些故障尤其是深层次的故障，难以被及时发现，因而很难避免故障停机和事后维修。随后在预防维修制的基础上，进一步提出了生产维修制。在生产维修制中，不仅提出了应以生产为中心，视设备在生产中的重要程度而采取不同的维护保养和维修方法，注重设备管理的经济性的设备管理思想，更重要的是提出了维修预防的思想，即提倡在设计制造阶段就考虑设备的可靠性和维修性，从设计制造上提高设备素质，从根本上防止故障和事故的发生，从而减少和避免维修。维修预防思想的提出是设备管理在观念上的突破，为以后出现的设备综合管理奠定了一定的思想基础。

3. 设备全面维修制时期

在预防维修思想的基础上，吸收了系统论、控制论、信息论的基本原理和行为科学等现代管理理论，形成了设备综合管理理论——设备综合工程学。设备综合工程学由英国首创，日本在对其引进和学习的过程中，结合生产维修的实践经验，提出了设备全面维修。

【相关知识】

一、设备维修的类型

按照维修的目的和规模，通常将设备维修分为大修、中修、小修三种类型。

（一）大修

大修是对机器设备进行全面修理。大修具有设备局部再生产的性质，它需将设备全部拆卸分解，对基准件进行磨削、刮研等修理，更换或修复所有磨损、腐蚀、老化等已丧失工作性能的主要部件或零件，恢复设备原有的精度、性能和生产效率。设备的大修一般不改变设备的结构、性能和用途，不扩大设备的生产能力。大修的特点是：修理次数较少，修理间隔期较长，工作量大，修理时间较长，修理费用较多，大修费用由专项的大修基金支付。

（二）中修

中修是对设备进行部分解体，修理或更换部分主要零件与基准件，或修理使用期限等于或小于修理间隔期的零件，检查整个机械系统，紧固所有机件，消除扩大的间隙，校正设备的基准，以保证机器设备能恢复和达到应有的标准和技术要求。中修的特点是：发生次数较多，修理间隔期较短，工作量不是很大，每次修理时间较短，支付费用较少，且由生产费用支付。

（三）小修

小修是对设备进行局部的修理。通常只需修复、更换部分磨损较快和使用期等于或小于修理间隔期的零件，调整设备的局部机构，以保证设备能正常运转到下一次计划修理时间。小修的特点是：修理次数多，工作量小，一般在生产现场，由车间专职维修工执行，修理费用计入生产费用。

二、设备维修制度

设备维修制度是指在设备维修过程中，为贯彻预防为主的方针而采取的一系列技术组织措施的总称。各企业的设备维修制度可能各不相同。我国目前实行的设备维修制度主要有计划预修制、计划保修制、预防维修制。

（一）计划预修制

计划预防修理制度，简称计划预修制，是我国在20世纪50年代开始推行的设备维修制度。它是根据设备的磨损规律，有计划地对设备进行维护、检查和修理，以保证设备经常处于良好状态的一种组织措施。

1. 计划预修制的修理方法

（1）根据确定维修日期的方法，可分为标准修理法、定期修理法、检查后修理法。

标准修理法也叫强制修理法。这种修理法是根据设备的磨损规律和零件的使用寿命，预先规定检修的日期、类别和内容，到了规定的时间，就按照原计划进行强制修理，而不管设备当时的技术状况如何。

定期修理法是根据设备的实际使用情况和检修定额资料制订修理计划，大致地计算出修理的工作量，再根据修理前检查的结果确定修理类别、日期和内容。

检查后修理法是预先规定设备的检查期限，再根据实际检查的结果和掌握的有关资料，确定修理类别、日期和内容。

（2）按设备维修的技术组织方法，可分为部件修理法、分步修理法、同步修理法、运用计划评审法（PERT）组织修理。

部件修理法是将需要修理的部件拆卸下来，换上事先准备好的同样部件。这种方法可节省时间，适用于同类设备数量较多的企业和某些关键设备。

分步修理法是将设备的各个部件不在同一时间内修理，而是按照顺序分别修理，每次只修理一个部分。这样就可以利用节假日或非生产时间进行修理，增加了设备的生产时间，提高了设备的利用率。这种方法适用于各部件之间具有相对独立性的设备。

同步修理法是将那些在工艺上相互紧密联系的若干台设备，安排在同一时间内修理，实现修理工作的同步化，以减少分散修理的停机时间。这种方法适用于流水生产线的设备和联动设备中的主机、辅机及配套设备等。

运用计划评审法（PERT）组织修理是运用网络计划技术，把修理过程中的各个环节紧密地衔接起来，以节省修理时间。

2. 计划预修制的优缺点

采用计划预修制，设备在使用过程中每天进行日常维护，定期清洗换油，当使用达到规定时间或工作量时进行预防性定期检查及各类计划管理。为了有计划地进行修理，需通过实验、统计和技术经济分析，为各种类型的设备制定修理周期、修理周期结构和修理间隔期，作为编制检修计划的依据。计划预修制是一种比较科学的预防性维修制度，但它也存在一些致命的缺点，如设备不分主次一律实行计划预修，维修费用高；设备在不同使用阶段都使用同一修理结构，没有根据不同故障阶段的故障率和故障性质组织设备检修；该制度只对设备进行恢复性修理，缺少对经常重复发生故障的设备进行完善性维修。

（二）计划保修制

计划保修制是我国于20世纪60年代在总结计划预修制经验和教训的基础上建立的一种专群结合、以防为主、防修结合的设备维修制度。它是由一定类别的维护保养和一定类别的修理所组成的设备维修制度。

计划保修制是一种有计划地进行设备的三级保养和大修理的体制和方法，在搞好三级保养的同时有计划地进行大修。大修时全部拆卸设备，修理基准零件，更换与修复磨损零件及部件，恢复机器设备应有的精度、性能和生产效率，同时设备的大修还应与技术改造尽可能结合起来。大修后，由设备部门、设备所在车间的设备员、机修车间设备检查员按照国家规定的（完好）质量标准逐项进行验收。

实行计划保修制，对计划预修制中的修理周期结构，包括大修、中修和小修的界限和规定进行了重大的突破，使小修的全部内容和中修的部分内容归入三级保养中，一部分中修内容并入大修，突破了大修和技术改造的界限，强调“修中有改”“修中有创”，特别是对老设备，可以把重点转移到改造上来。因此，计划保修制是比较适合我国国情的一种设备维修制度。

计划保修制中设备的保养修理结构包括大修理、二级保养（接近于中修）、一级保养等。设备二级保养、大修理是计划检修工作的两大类别，它们是企业根据确定的设备修理周期结构和修理间隔期定期进行的计划修理工作。如要求设备大修理前3个月左右、二级保养前1个月左右必须进行一次预检。通过预检查明计划修理时需要修复的缺陷，确定修理的内容，为修理做好准备。计划保修制的修理方法与计划预修制的修理方法相同。

（三）预防维修制

预防维修制是以设备故障理论和规律为基础，将预防维修和生产维修相结合的综合维修制度。预防维修是对设备的异常进行早期发现和早期诊断，从而提高设备生产效能的维修方法。预防维修制可减少故障次数，缩短修理时间。预防维修制采用的设备维修方式主要有以下 7 种。

1. 日常维修

日常维修，即设备的检查、清扫、调整、润滑、更换、整理等活动。

2. 事后维修

事后维修包含对非重点设备进行的故障发生后的维修和对事先无法预测的突发故障的修理。事后修理属非计划维修。

3. 预防维修

预防维修一般是指对重点设备及一般设备中的重点部位进行的预防性维修活动。

4. 生产维修

生产维修指的是事后与预防维修相结合的维修方式，即对重点设备进行预防维修，对一般设备实行事后维修，目的是在节约维修费用的前提下，保证生产需要。

5. 改善维修

改善维修就是在设备修理的同时进行设备的改装、改造，目的是提高设备性能、效率、精度等。

6. 预知维修

预知维修就是在进行新设备设计、制造时，就考虑到设备的维修方式。

7. 维修预防

维修预防指的是在进行新老设备设计、制造时，就考虑到提高设备的可靠性、维修性和经济性。

上述几种基本维修方式，标志着设备维修技术发展的整个过程。维修方式的发展趋向是事后维修经过预防维修和预知维修向维修预防（无维修或少维修）方向发展。但是，并不是说，采用了一种维修方式，其余的方式就不需要了，可以预料，在今后的一个相当长的时期内，这几种基本维修方式是会同时并存的。

（四）全员生产维修

全员生产维修（Total Productive Maintenance，TPM）被认为是日本版的综合工程学，其基本概念、研究方法和所追求的目标与综合工程学大致相同，也是现代设备管理发展中的一个典型代表。

1. 全员生产维修的发展过程

日本的设备管理，在 20 世纪 50 年代以前处于事后维修阶段。之后，从美国先后引进了预防维修、生产维修等管理体制，进入了预防维修阶段。60 年代，引进了美国的维修预防、可靠性工程、维修性工程和工程经济学，形成了在设计阶段考虑设备的可靠性、维修性、经济性的生产维修阶段。70 年代，引进美国的行为科学、系统工程、后勤学和英国的设备综合工程学，形成了具有日本特色的全员生产维修体系。80 年代，日本重视开发和利用设备状态监测与诊断技术，进入了以状态监测为基础的生产维修阶段。

战后日本的设备管理大体经历了以下四个阶段：事后修理阶段、预防维修阶段、生产维修阶段和全员生产维修阶段。

（1）事后修理阶段（1950 年以前）

日本在战前、战后的企业以事后维修为主。战后一段时期，日本经济陷入瘫痪，设备破旧，故障多，停产多，维修费用高，使生产的恢复十分缓慢。

（2）预防维修阶段（1950—1960 年）

50 年代初，受美国的影响，日本企业引进了预防维修制度。对设备加强检查，设备故障早期发现，早期排除，使故障停机大大减少，降低了成本，提高了效率。在石油、化工、钢铁等流程工业系统，效果尤其明显。

（3）生产维修阶段（1960—1970 年）

日本的生产一直受美国的影响，随着美国生产维修体制的发展，日本也逐渐引入了生产维修的做法。这种维修方式更贴近企业的实际，也更经济。生产维修对部分不重要的设备仍实行事后维修，避免了不必要的过剩维修。同时对重要设备通过检查和监测，实行预防维修。为了恢复和提高设备性能，在修理中对设备进行技术改造，随时引进新工艺、新技术，这也就是改善维修。

到了 20 世纪 60 年代，日本开始重视设备的可靠性、可维修性设计，从设计阶段就考虑到如何提高设备寿命，降低故障率，使设备少维修、易于维修，这也就是维修预防策略。维修预防的目的是使设备在设计时，就赋予其高可靠性和高维修性，最大可能地减少使用中的维修，其最高目标可达到无维修设计。日本在 60 年代到 70 年代是经济大发展的 10 年，家用设备生产发展很快。为了使自己的产品在竞争中立于不败之地，他们的很多产品已实现无维修设计。

（4）全员生产维修阶段（1970 年至今）

TPM 又称全员生产维修体制，是日本前设备管理协会（中岛清一等人）在美国的生产维修体制之后，在日本的 Nippondenso 电器公司试点的基础上，于 1970 年正式提出的。

在前三个阶段，日本基本上是学习美国的设备管理经验。随着日本经济的增长，在设备管理上一方面继续学习其他国家的好经验，另一方面又进行了适合日本国情的创造，这就产生了全员生产维修体制。这一全员生产维修体制，既有对美国生产维修体制的继承，又有英国综合工程学的思想，还吸收了中国鞍钢宪法中工人参加、群众路线、合理化建议及劳动竞赛的做法。最重要的一点，日本人身体力行地把全员生产维修体制贯彻到底，并产生了突出的效果。

2. 全员生产维修的定义和特点

1971 年，日本维修工程师协会（JIPE）对 TPM 下的定义是：

（1）以达到设备综合效率最高为目标；

（2）确立以设备一生为对象的全系统的预防维修；

（3）涉及设备的计划部门、使用部门、维修部门等所有部门；

（4）从领导者到第一线职工全体参加；

（5）通过小组自主活动推进预防维修。

从以上定义来看，TPM 具有以下特点：

（1）全效率：追求设备的经济性。TPM 的目标是使设备处于良好的技术状态，能够最有效地开动，消除因突发故障引起的停机损失，或者因设备运行速度降低、精度下降而产生的废品，从而获得最高的设备输出，同时使设备支出的寿命周期费用最少。也就是说，要把设备当作经济运营的单元实体进行管理，用较少的费用（输入）获得较大的效果（产出），从而达到费用与效果比值的优化。

（2）全系统：包括设备设计制造阶段的维修预防，设备投入使用后的预防维修、改善维修，也就是对设备的一生进行全过程管理。

（3）全员参加：设备管理不仅涉及设备管理和维修部门，也涉及计划、使用等所有部门。设备管理不仅与维修人员有关，从企业领导到一线职工全体都要参加，尤其是操作者的自主维修更为重要。

3. 全员生产维修的基本思路与综合效率

（1）全员生产维修的基本思路。TPM 的基本思路在于通过改善人和设备的素质来改善企业的素质，从而最大限度地提高设备的综合效率，实现企业的最佳经济效益。

（2）提高设备效率的含义。提高设备效率是指从时间和质量两个方面来掌握设备的状态，增加能够创造价值的时间和提高产品的质量。

提高设备效率的主要途径有：

①从时间方面看，增加设备的开动时间；

②从质量方面看，增加单位时间内的产量以及通过减少废品来增加合格品的数量。

提高设备效率的最终目的，就是要充分发挥和保持设备的固有能力，也就是维持人和机器的最佳状态——极限状态。这里所说的极限状态是指达到最大限度的状态。追求设备的“零缺陷、零故障、零事故”和“使废次品为零”的目标，就是要及时发现和消除设备事故隐患，充分发挥设备效能，使设备资源实现最佳经济效益。

（3）影响设备效率的六大损失。

①故障损失，是指由于突发性故障或慢性故障所造成的损失，它既有时间损

失（产量减少），也有产品数量的损失（出现废次品）。

②作业调整损失，是指由于工装、模具更换调整而带来的损失。

③小故障停机损失，是指由于短时间的小毛病所造成的设备停机或空转状态带来的损失。

④速度降低损失，是指设备的设计速度和实际运行速度之差所造成的损失。

⑤工序能力不良的损失，是指由于加工过程中的缺陷发生废次品及其返修所造成的损失。

⑥调试产生的损失，是指从开始生产到产品稳定生产这一段时间所发生的损失。

为了提高设备效率，TPM 通过坚持开展操作者自主维修来彻底消除六大损失。

（4）综合效率的计算。日本的 TPM 综合效率规定为时间开动率、性能开动率与合格品率三者的乘积。即：

设备综合效率 = 时间开动率 × 性能开动率 × 合格品率

TPM 考核综合效率不仅重视设备的实际开动时间，同时也重视产品的加工质量。这样处理更为切合企业生产经营的实际需要，要求也更加严格。在日本的 TPM 活动中，希望企业的设备开动率大于 95%，性能开动率大于 90%，合格率大于 90%，这时，设备综合效率才能达到 85%。

4. 全员生产维修的主要做法

（1）自主维修（PM 小组活动）。日本学者中岛清一把操作者的自主维修（小组活动）看作是 TPM 最大的特点。TPM 从上到下向全体人员灌输自己的设备由自己管的思想，使每个操作人员掌握能够自主维修的技能，并且采取了开展 PM 小组活动这种组织形式。

PM 小组活动的主要内容有：

①根据上级的 PM 方针，制定小组的工作目标。

②开展 5S 活动。开展 5S 活动是日本 TPM 自主维修中的一项重要内容。5S 是指整理、整顿、清洁、清扫和素养。由于这五个词的日文读音罗马拼音字母的第一个都是 S，所以称为 5S 活动。前 4 个 S 要靠第 5 个 S 来保证和提高。如果企业上下人人都能执行决定了的事一定要遵守这一准则，设备的操作规程、安全规程、产品质量标准、交货期等都能认真履行，企业就必定能够实现优质、高产、低耗和安全。

③填写点检记录，根据所得数据分析设备的实际技术状况。开展点检是 TPM 自主维修中的另一项重要内容。所谓点检，是指按照一定的标准，对设备的规定部位进行检测，使设备的异常状态和劣化能够及早发现。设备点检一般分为日常点检和定期点检等。日常点检检查周期多为一天、一周，一般都在一

个月以内。主要由操作人员负责，以人体五官感觉为主，实施点检的主要依据是点检卡片。定期点检的检查周期一般在一周或一个月以上，主要由专业或维修人员负责，依靠人体五官和专门仪器检查，定期点检卡一般由设备技术人员编制。

④为提高设备生产效率，减少六大损失，分析故障原因，研究改进对策。

⑤组织教育培训，提高成员技能。

⑥检查小组目标完成情况，进行成果评价。

由上述分析可知，日本 TPM 重视预防维修，并强调操作人员的积极参与。根据日本的经验，60% ~80% 的故障可以通过点检早期发现。日本还把设备的预防维修与人体的预防医疗加以对比，认为设备管理相当于“设备健康”的管理。人体的预防医疗有日常预防、健康检查、早期治疗等环节，设备的预防维修也有日常维护、定期检查和预防修理等措施。人的健康首先应该由自己来关心，设备的健康也必须由使用设备的人员来关心。通过操作工人的清扫、加油、调整与日常检查以及专职维修人员（设备医生）的定期检查（健康检查）、预防修理（早期治疗），就可以延缓劣化、减少故障，提高设备效率，延长设备的使用寿命。

5. 局部改善

设备故障的类型很多，既有规律性故障，也有无规律的突发故障。因此，单靠实行预防修理还不能完全消灭故障，故 TPM 十分重视对设备进行局部改善。所谓局部改善，是指对现有设备局部地改进设计和改造零部件，以改善设备的技术状态，更好地满足生产需要。

局部改善有两种类型：一是群众性的局部改善活动，它与操作工人的自主维修紧密结合，由操作工人组成的 PM 小组针对设备的一般缺陷列出课题、分析研究，提出合理化建议。然后，自己动手逐个解决诸如漏油、点检不便、不安全、工具与零件存放不便等缺陷。工厂把合理化建议实现的建树作为评估各单位 TPM 开展效果的重要指标。二是对于设计制造上较大的后遗症或重点设备上的问题，由设备管理部门、维修部门、生产现场人员组成设计小组，针对问题花大力气改进设计、消除缺陷，达到要求的技术状况。

日本设备维修协会（JIPM）还把提高设备效率的局部改善、建立自主维修体制、建立计划维修体制、提高操作人员和维修人员技能、建立设备使用初期管理体制列为开展 TPM 的五大支柱，且对后面三个环节相当重视。

1998 年欧洲维修联盟组织在克罗地亚召开的欧洲第 14 届国际维修会议上，把推广全员生产维修作为大会的主题内容。

6. 开展全员生产维修的步骤

开展 TPM 不是一件容易的事，需要各方的大力支持，特别是工厂领导层的支持。具体开展过程可分为三个阶段，其中十个具体步骤见表 5－5。

表5-5 TPM开展过程步骤的主要内容

阶段	步骤	主要内容
准备阶段	1	TPM引进宣传和人员培训，按不同层次进行不同的培训
	2	建立TPM推进机构，成立各级TPM推进委员会和专业组织
	3	制定TPM基本方针和目标，提出基准点和设定目标结果
	4	制订TPM推进总计划
引进实施阶段	5	制定提高设备综合效率的措施，选定设备，由专业指导小组协助改善
	6	建立自主维修程序
	7	做好维修计划
	8	提高操作和维修技能的培训
	9	建立设备初期的管理程序
巩固阶段	10	总结提高，全面推行TPM，总结评估，找差距，制定更高目标

（1）准备阶段。

此阶段主要是为制订TPM计划，创造一个适宜的环境和氛围。可进行如下四个步骤的工作。

①TPM引进宣传和人员培训主要是向企业员工宣传TPM的好处，可以创造的效益，教育员工要树立团结概念，打破“操作工只管操作，维修工只管维修”的思维习惯。

②建立组织机构推动TPM成立推进委员会，范围可从公司级到工段级、层层指定负责人，赋予权利、责任，企业、部门的推进委员会最好是专职的脱产机构，同时还可成立各种专业的项目组，对TPM的推行进行指导、培训，解决现场推进困难的问题。

③建立基本的TPM策略和目标。TPM的目标主要表现在三个方面：目的是什么（what）；量达到多少（How much）；时间表（when）。也就是，什么时间在哪些指标上达到什么水平，考虑问题的顺序可按照如下方式进行：外部要求→内部问题→基本策略→目标范围→总目标。

④建立TPM推进总计划。制订一个全局的计划，提出口号，使TPM能有效地推行下去。逐步向四个零的总目标迈进。

计划的主要内容体现在以下五个方面：改进设备综合效率；建立操作工人的自主维修程序；质量保证；维修部门的工作计划表；教育及培训、提高认识和技能。

（2）引进实施阶段。

此阶段主要是制定目标，落实各项措施，步步深入开展工作。可进行如下五方面的工作。

①制定提高设备综合效率的措施。

成立各专业项目小组，小组成员包括设备工程师、操作员及维修人员等。项目小组有计划地选择不同种类的关键设备，抓住典型，总结经验，起到以点带面的作用。

项目小组要帮助基层操作小组确定设备点检和清理润滑部位，解决维修难点，提高操作工人的自主维修信心。

②建立自主维修程序。

首先要克服传统的“我操作，你维修”的分工概念，要帮助操作工人树立起“操作工人能自主维修，每个人对设备负责”的信心和思想。推行5S活动，并在5S的基础上推行自主维修七步法。

【学习参考】

自主维修“七步法”

1. 初始清洁清理灰尘。搞好润滑，紧固螺丝。

2. 制定对策防止灰尘、油泥污染。改进难以清理部位的状况，减少清洁困难。

3. 建立清洁润滑标准。逐台设备、逐点建立合理的清洁润滑标准。

4. 检查。按照检查手册检查设备状况，由小组长引导小组成员进行各检查项目。

5. 自检。建立自检标准，按照自检表进行检查，并参考维修部门的检查表改进小组的自检标准。树立新目标和确定与维修部的不同检查范畴的界限，避免重叠和责任不明。

6. 整理和整顿。制定各个工作场所的标准，如清洁润滑标准，现场清洁标准，数据记录标准，工具、部件保养标准等。

7. 自动、自主维修。工人可以自觉、熟练地进行自主维修，自信心强，有成就感。

③做好维修计划。

维修计划指的是维修部门的日常维修计划，这要和小组的自主维修活动结合进行，并根据小组的开展情况对维修计划进行研究及调整，最好是生产部经理与设备科长召开每日例会，随时解决生产中出现的问题，随时安排及调整维修计划。

④提高操作和维修技能的培训。

培训是一种多倍回报的投资，不但要对操作人员的维修技能进行培训，而且也要对他们进行操作技能的培训。培训要对症下药，因材施教，有层次地进行。技能培训的内容如表5-6所示。

表5-4 技能培训内容

培训对象	培训内容
工段长	管理技能，基本的设计修改技术
有经验的工人	维修应用技术
高级操作工	基本维修技能，故障诊断与修理
初级新工人	基本操作技能

⑤建立设备初期的管理程序。

设备负荷运行中出现的不少问题往往在设备设计、研造、制造、安装、试运行阶段就已隐藏了。因此，设备前期管理要考虑维修预防和无维修设计，在设备选型（或设计研制）、安装、调试及试运行阶段，根据试验结果和出现的问题改进设备，具体目标是：在设备投资规划的限度内争取达到最高水平；减少从设计到稳定运行的周期；工作负荷小；保证设计在可靠性、维修性、经济运行和安全性方面都达到最高水平。

（3）巩固阶段。

此阶段主要是检查评估TPM的结果，改进不足，并制定下一步更高的目标。为企业创造更大的效益。

【案例分析】

设备优选

某年的一个上午，春光明媚，万里无云，按常理，这是一个令人心情舒畅的好日子。然而，莱钢股份有限公司的彭厂长却在办公楼前的花园漫步沉思。突然，他拿起电话通知秘书："小李，你通知一下，今天下午开厂务会议，并请有关技术人员也参加。"

首先，让我们来认识一下莱钢。建立于20世纪60年代的山东莱芜钢铁厂，有着辉煌的历史：其钢产量曾排名全国第一；毛泽东、周恩来等党和国家领导人曾先后来厂视察。而现在它已发展成为一个拥有账面资产83亿元、职工近5万、25个子公司和一家上市控股公司的全国大型钢铁联合企业。其制气工程是利用外资改扩建制氧工程的辅助配套工程，其中涉及设备的选购问题。现在摆在莱钢人面前的有两条路：一是选择国产制氧机，需耗资4 000万元；二是选择进口制氧机，需耗资7 000多万元。到底选择哪种设备还得看会议的结果。

到场的各位领导与技术人员早就预料到此次会议的内容。会议一开始，彭厂长就开门见山："今天请大家来，主要是讨论我们在改扩建工程中如何做到多快好省，取得最优经济效益的问题。目前，我们急需解决的问题是设备的选取问题。如果大家有什么好的建议，尽管提出来。"

“我主张选择国产设备。首先，国产设备投资少，进口设备价格将近国产设备的两倍；其次，国产制氧机便于维修和更换；还有，选择国产制氧机风险小，国外厂商喜欢钻空子，一不小心，说不定会损失巨额资金。”劳模老张开始说话了。

“国产设备确实风险小。但我们可以采取谨慎的态度，甚至可以聘请一些专家做顾问，况且现代西方企业大部分都是为了长期利益。所以只要我们小心，一样可以把进口设备的风险降到最低。”年轻的销售科长果然初生牛犊不怕虎，与老张针锋相对。

“对呀！不妨让我跟大家打个小算盘。国产制氧机耗电为 0.81 kwh，而进口设备只需 0.61 kwh。假设每度电的价格为 0.5 元，按我厂的生产能力计算，一年下来就可节约 1 000 多万元，静态投资回收期只需 3 年左右。况且，进口制氧机还具有无氢制氩功能，工艺先进，自动化程度高。这难道不是一项值得追加的投资吗？”财务部长也不甘示弱。

“好，大家考虑问题的时候不仅想到初始成本，还计算到使用时的耗费。根据大家的分析，我同意采取进口设备。”彭厂长脸上露出了笑容，他终于感到了春天的气息。

（摘自杨立君等编的《中国企业管理科学案例库：生产运作管理》）

问题：

1. 莱钢的选择合理吗？在设备选取过程中，应考虑哪些问题？
2. 从莱钢的设备选取过程中，可以看出什么问题？
3. 针对以上两个问题谈谈你的建议。

【技能实践】

ATM 设备在日常生活中越来越多地被使用，一方面给人们的生活带来了便利，另一方面也对一些人造成了困扰，请结合你的生活实际，谈谈如何提高 ATM 设备的服务效率。

任务 4 “5S”的运用

【知识目标】

1. 了解生产现场和现场管理的含义；
2. 掌握“5S”的基本理念和实施要点；
3. 掌握“5S”管理活动的内容；

4. 掌握有效推行“5S”的方法；

5. 掌握“5S”活动的推行技巧。

【技能目标】

具备运用“5S”的基本理念进行管理活动的能力。

【素质目标】

要求学生通过本任务的学习，利用所学习的现场管理知识来指导自我的生活，如开展宿舍及班级“5S”管理评比活动，实现提高学生素养的目标。

【案例导读】

海尔的OEC管理模式

海尔从1989年开始搞“日清日高”管理，主要针对当时企业管理上普遍存在的一个问题，即管理对过程控制不细。通过ISO 9001认证后，这一管理思想和方法得到完善，形成了现在的日清管理法（Overall Every Control and Clear，OEC）。

一、OEC管理的基本框架

OEC管理的基本框架由目标系统、日清控制系统和有效激励机制组成，是海尔生存的基础，并成为海尔集团对外扩张、推行统一管理的基本模式。

1. 目标系统

目标的实施首先是将总目标运用目标管理，分解为各部门的子目标，再由子目标分解为每个员工的具体目标值，从而使全公司总目标落实到具体的责任人身上。这样一个目标系统就保证了企业内所有工作、任何一件事情、任何一样物品，都处于有序的管理控制状态。企业内的所有人员，上至总经理下到普通工作人员，都十分清楚自己每天应该干什么、干多少、按什么标准干、要获得什么样的结果，从而保证了企业各项工作的目的性和有效性，减少了浪费与损失。

2. 日清控制系统

日清控制系统是目标系统得以实现的支持系统。海尔在实践中建立起一个每人、每天对自己所从事的每件事进行清理、检查的日清控制系统。它包括两个方面：一是日事日毕，即对当天发生的各种问题（异常现象），在当天弄清原因，分清责任，即时采取措施进行处理，防止问题积累，保证目标得以实现。如工人使用的3E卡，就是用来记录每个人每天对每件事的日清过程和结果的。二是日清日高，即对工作中的薄弱环节不断改善、不断提高。要求职工坚持每天提高1%，70天工作水平就可以提高一倍。

日清体系的最关键环节是复审。没有复审，工作只布置不检查，便不可能形成闭环，也不可能达到预期效果。所以，在日清中应该重点抓管理层的一级级复审。复审中发现问题，随时纠正。在现场设立日清栏，要求管理人员每两小时巡检一次，将发现的问题及处理措施填在日清栏上。如果一直发现不了问题，说明目标过低，必须提高目标值。

3. 有效激励机制

有效激励机制是日清控制系统正常运转的保证条件。海尔在激励政策上坚持做到：一是公开、公平、公正。通过3E卡，每天公布职工每个人的收入，不搞模糊工资，使员工心理上感到相对公平。二是工资要有合理的计算依据，如海尔实行的计点工资，从12个方面对每个岗位进行半年多的测评，并且根据工艺等条件的变化不断调整。

在激励的方法上，海尔更多地采用及时激励的方式。如在质量管理上利用质量责任价值券，员工们人手一本质量责任价值券手册，手册中整理汇编了企业以往生产过程中出现的所有问题，并针对每一个缺陷，明确规定了自检、互检、专检三个环节应负的责任价值及每个缺陷应扣多少钱，质检员检查发现缺陷后，当场撕价值券，由责任人签收；操作工互检发现的缺陷经质检员确认后，当场予以奖励，同时对漏检的操作工和质检员进行罚款。质量责任价值券分红、黄两种，红券用于奖励，黄券用于处罚。

二、OEC的运行程序

OEC的运行分三段九步。

1. 第一段

第一段包含三个步骤：

(1) 开班前会，明确当天的目标及要求。

(2) 按目标和标准工作。生产系统按7项日清要求进行生产；职能系统针对7项日清标准，按“5W3H1S”的要求，从事瞬间控制。

(3) 填写日清栏。由车间主管、职能巡检员每2小时公布一次巡视中发现的问题及处理意见。

2. 第二段

第二段，即班后清理，分五步，按组织体系进行纵向清理。

(1) 自清。所有岗位的员工对当天的工作按日清的要求逐项清理，生产岗位填写3E卡交班组长，管理岗位填写日清工作记录交科（处）长。

(2) 考核。由班组长根据一天对每人各方面情况的掌握进行考核确认，然后报给车间主任。

(3) 审核。由车间主任根据当天对各班组情况的掌握，复核各班组的3E卡，确认后返回班组。车间主任填写“日清工作记录”报给分厂厂长。

(4) 分厂厂长审核各车间的“日清工作记录”，登记分厂日清台账，并将每天分厂的情况汇总报给公司经理助理。同时，各职能部门负责人审核所属人员负责的“日清工作记录”，并将当天职能分管工作出现的问题、解决的措施、遗留的问题、拟采取的办法汇总报给公司副总经理。

(5) 公司副总经理复审后签署意见和建议，反馈各管理者，并汇总报给总经理。

3. 第三段

第三段，为整改建制，即由各职能部门对有关部门、岗位根据“日清”中反映出的问题进行分类分析，在提出解决措施的基础上，制定和完善相应的管理制度，提高薄弱环节的目标水平，并作为下一循环的依据。

生产现场管理的任务主要是合理组织各种要素，包括人（操作者、管理者）、机（机器设备、工艺设备）、料（原材料、辅助材料、在制品、零部件）、能（水、电、煤、油、汽、气）、法（操作方法、检测方法、计算方法、工艺制度、规章制度）、环（环境、公共设施）、信（信息），使之有效地实现最优化的组合，并经常保持良好的运行状态。

从上面的案例来看，海尔的生产现场管理使企业生产经营过程中的人、事、物处于理想的结合状态，通过实施OEC，海尔提高了生产现场的管理水平，增强了企业活力，增加了企业的经济效益。

【相关知识】

现场就是从事产品生产、制造或提供生产服务的场所。它既包括生产一线各基本生产车间的作业场所，又包括辅助生产部门的作业场所，如库房、试验室和锅炉房等。生产现场管理是生产第一线的综合性管理，是企业管理水平的直观反映，其基本内容主要包括三个方面，即工序管理、物流管理和环境管理。

良好的生产现场主要通过“5S”活动、定置管理和目视管理等管理方法来实现。

一、“5S”管理活动的内容

“5S”是指整理（Seiri）、整顿（Seiton）、清扫（Seiso）、清洁（Seiketsu）、素养（Shitsuke）等五个项目，因日语的罗马拼音均为S开头，所以简称为“5S”。开展以整理、整顿、清扫、清洁和素养为内容的活动，称为“5S”活动。

【学习参考】

“5S”的沿革与发展

“5S”起源于日本，是指在生产现场对人员、机器、材料、方法等生产要素进行有效的管理，这是日本企业独特的一种管理办法。

1955年，日本“5S”的宣传口号为“安全始于整理，终于整顿”。当时只推行了前两个“S”，其目的仅为了确保作业空间和安全。后因生产和品质控制的需要又逐步提出了“3S”，也就是清扫、清洁、素养，从而使其应用空间及适用范围得到了进一步拓展。到了1986年，日本关于“5S”的著作逐渐问世，从而对整个现场管理模式起到了冲击的作用，并由此掀起了“5S”的热潮。

日本的企业将“5S”运动作为管理工作的基础，推行各种品质的管理手法。第二次世界大战后，日本的产品品质得以迅速地提升，奠定了其经济大国的地位，而在丰田公司的倡导推行下，“5S”对于塑造企业的形象、降低成本、准时交货、安全生产、高度的标准化、创造令人心旷神怡的工作场所、现场改善等方面发挥了巨大作用，逐渐被各国的管理界所认识。随着世界经济的发展，“5S”已经成为工厂管理的一股新潮流。

“5S”的延伸

根据企业进一步发展的需要，有的企业在“5S”的基础上增加了安全(Safety)，形成了“6S”；有的企业再增加节约（Save)，形成了“7S”；还有的企业加上了习惯化（拉丁发音为Shiukanka)、服务（Service）和坚持（拉丁发音为Shitukoku)，形成了“10S”；有的企业甚至推行“12S”，但是万变不离其宗，都是从“5S”衍生出来的，例如在整理中要求清除无用的东西或物品，这在某些意义上来说，就涉及节约和安全，具体一点如横在安全通道中无用的垃圾，这就是安全应该关注的内容。

二、如何有效推行“5S”

(一)“5S”活动的推行要领

1.“整理”推行要领

(1) 现场检查。对所在的工作场所进行全面检查，包括看得见的地方和看不见的死角，如：

①地面上的推车、物料、纸箱、工装夹具、纸屑等；

②工作台上的破布、螺丝刀、样品、边角料等；

③办公区域里的抽屉、办公用品、风扇、空调等；

④墙上的标示牌、意见箱、配线、配管、蜘蛛网等；

⑤室外放置的废弃工装夹具、生锈材料、轮胎、杂草等。

(2) 明确什么是必需品与非必需品。所谓必需品是指经常使用的物品，如果没有它，就必须购入替代品，否则会影响正常工作。

非必需品则可分为两种：一种是使用周期较长的物品，例如1个月、3个月甚至半年才使用一次的物品；另一种是对目前的生产或工作无任何作用的，需要报废的物品，例如已不再生产产品的样品、图纸、零配件、设备等。

必需品和非必需品的区分与处理方法如表 5－7 所示。

表 5－7　必需品和非必需品的区分与处理方法

类别	使用频率		处理方法	备注
必需品	每小时		放在工作台上或随身携带	
	每天		必需品现场存放（工作台附近）	
	每周		现场存放	
非必需品	每月		仓库存储	
	三个月		仓库存储	定期检查
	半年		仓库存储	定期检查
	一年		仓库存储（封存）	定期检查
	二年		仓库存储（封存）	定期检查
	未定	有用	仓库存储	定期检查
		不需要	变卖或废弃	定期清理
	不能用		废弃或变卖	立刻废弃

（3）清除非必需品。清除非必需品时，把握的原则是判断物品现在有没有使用价值，而不是原来的购买价值。

（4）非必需品的处理。对非必需品的处理，一般有以下几种方法，如图 5－1 所示（供参考）。

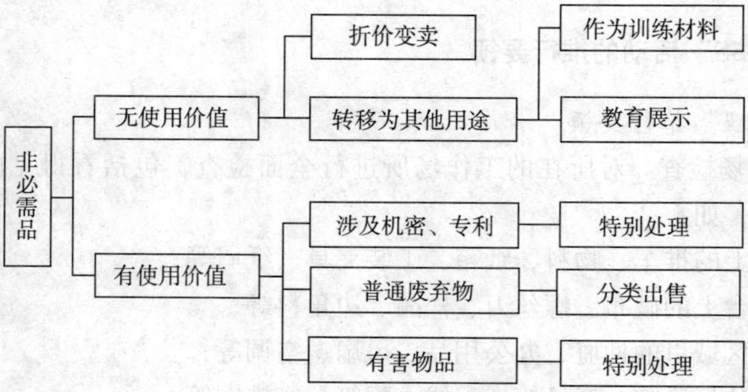

图 5－1　非必需品的处理

（5）每天自我检查，循环整理。现场每时每刻都在发生变化，昨天的必需品对于今天来说可能就是非必需品，因此，必须做好每天的整理工作。整理是一个永无止境的过程，如果只是偶尔突击一下，那就失去了整理的意义，“5S”活动也只会夭折，不会成功。

2. “整顿”推行要领

（1）彻底进行整理工作。

①彻底进行整理工作，只留下必需品；

②在工作岗位只能摆放最低限度的必需物品。

（2）布置流程，确定放置场所。

①物品放置场所要100%设定；

②流程布置必须遵循最短距离原则、立体原则、流程一体化原则、安全原则以及弹性原则；

③特殊物品、危险物品应设置专门场所进行保管。

（3）规定放置方法。

在规定物品、设备等放置方法时，必须遵循三定原则。

①定点——确定物品的摆放位置，如：采用架式、箱子、工具柜、悬吊式等在规定区域放置。

②定类——按产品、物品的机能、性质、形状、大小或种类区分放置；便于取放和先进先出。

③定量——确定放置的数量；确定物品摆放的高度；做好防潮、防尘、防锈、防撞等措施。

（4）进行标识。

用同色的油漆、胶带、地板砖或栅栏划分区域。

①宽度（供参考）。纯粹人行道：80 cm以上；单向车通道：最大车宽90 cm以上；班车通道：最大车宽100 cm以上

②颜色区分。绿色：料区/成品区/良品；白色：作业区；黄色：临时/一般通道；红色：不良品/安全管制警告；物品与标签一一对应；标签内容要一目了然。

3. “清扫”推行要领

（1）领导以身作则。“5S”成功与否的关键在于领导，如果领导能以身作则，大家都会很认真地做。很多公司“5S”推行不好或不成功，都是因为“5S”仅靠行政命令去维持，缺少领导的以身作则。

（2）人人参与，责任到人。公司所有部门、所有人员都应一起来执行这项工作，自己动手，不依赖清洁工。最好能明确每个人负责清扫的区域，分配区域时必须绝对清楚地划清界限，不能留有死角。

（3）清扫就是点检。一边清扫，一边改善设备状况。把设备的清扫与点检、保养等结合起来。

（4）防治污染源。寻找并杜绝污染源，如油管漏油、摩擦噪声、灰尘的产生源等。

（5）制定相关的清扫基准。制定相关清扫基准，明确清扫对象、方法、重点、程度、周期、使用工具、负责人等项目，保证清扫质量，推进清扫工作的标准化。

4. “清洁”推行要领

“5S”活动一旦开始，就不可在中途变得含糊不清。如果不能贯彻到底，又会形成另外一个污点，而这个污点也会造成公司内保守而僵化的气氛。要打破这种保守、僵化的现象，唯有花费更长的时间来改正。

（1）落实前“3S”工作。彻底落实前面的各项工作，充分利用各种宣传手法，维持“5S”活动气氛。“整理、整顿、清扫”是动作，“清洁”是结果，即在工作中进行整理、整顿、清扫过后呈现的状态。

（2）制定奖惩制度，加强执行。制定有关“5S”竞赛、执行、管理等的评分、奖惩制度等；奖惩只是一种形式，而团体的荣誉与不断的进步才是最重要的。

（3）高阶层领导经常带头巡查。

（4）制度化。环境维护制度化；设备管理制度化；作业方法制度化；现场巡视制度化；考核评比制度化；区域清扫制度化。

5. “素养”推行要领

“素养”推行要领包含以下七个方面的内容。

①制定服装、臂章、工作帽等识别标准；

②制定共同遵守的有关规则、规定；

③制定礼仪守则（如《员工手册》）；

④教育培训（新员工加强）；

⑤推行各种精神提升活动（如班前会、礼貌运动等）；

⑥对各项实施成果标准化；

⑦实施“三级”晨会制度。

（二）“5S”活动的推行步骤

虽然“5S”管理活动的作用会慢慢打动、深入企业管理者的思维，但是回顾当今实施过“5S”管理的企业，成功率却是很低的，它们常常会出现一种共通的现象：“5S”活动初期搞得轰轰烈烈，短时间内效果非常显著，但是好景不长，不能持之以恒、成为习惯并不断优化，因此出现了“一紧、二松、三不动、四放弃”的现象。那么，如何有效地推行“5S”管理活动呢？

1. 获得公司最高领导人的承诺、支持与参与

利用公司大会或企业大型活动的形式，由最高领导人向全体员工表达推行“5S”活动的决心，同时，将“5S”活动作为公司年度的重要经营活动。公司最高领导（董事长或总经理），要将实施的目的、必要性明确地向员工讲明，

将公司内全体员工的想法、企业价值观、企业文化与“5S”活动有机地结合起来。

2. 消除推行“5S”管理的心理、行动障碍

（1）对中高层管理人员进行管理培训。培训内容包括：

①推行“5S”管理的作用；

②“5S”推行的主要障碍（不彻底的原因分析）；

③推行到的步骤与所需资源（人力、财力等的支援）；

④对同行或兄弟公司（“5S”实施好的）进行观摩学习。

（2）对基层管理者进行管理培训。培训内容包括：

①推行“5S”管理给现场管理带来的具体好处（效率、管理、交货期等）；

②在实行“5S”过程中，应该注意的问题时间节点（开始阶段、实施阶段、巩固维持阶段）；

③“5S”管理的具体实施方法等。

3. 成立“5S”推进委员会，选定活动场所

（1）建立“5S”推行小组，负责对内、对外联络工作，小组形式要与公司管理体系相结合。“5S”推进委员会组织架构示意图如图5－2所示。

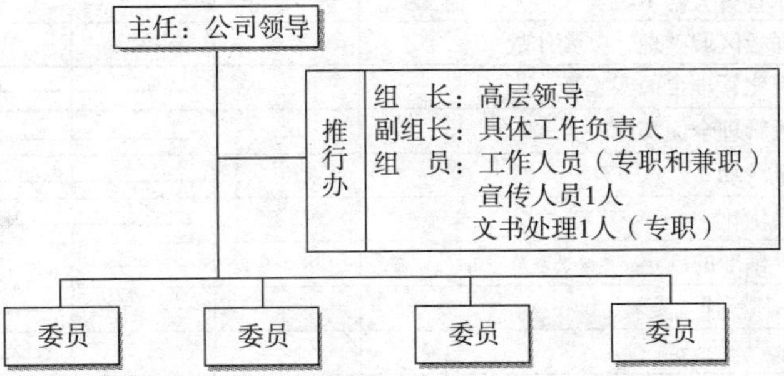

图5－2　“5S”推进委员会组织架构示意图

组织架构中，各职能部门的职责说明：

主任：决定推进“5S”的方针，给出整体性方向，以及审议由推行办提交的企划案等。

推行办：担任“5S”的教育计划立案，具体活动的准备，会议的主持、推进、监察、宣传、对内外联络工作等。

委员：具体落实、跟踪、改进各责任区域的“5S”活动内容等。

（2）选定一个固定场所作为“5S”推进活动的“司令部”，切不可任其成为“游击队”，让每位员工明白其重要地位。

4. “5S”推进策略

（1）筹划“5S”推行事宜，制定激励机制，推行计划先推行小组拟定草案，并评估成效，再交给相关人员检核后确定，有关工作项目、时间、负责人皆应明

确说明，以便追踪。

（2）找专家或咨询机构，为“5S”推进活动提供专业的咨询指导。

（3）策划“5S”活动。根据企业实际情况，策划相应具体活动，起到鼓舞士气、增强效果的作用。

5. 制订“5S”推行计划

“5S”推行计划如表5－8所示。

表5－8 “5S”推行计划

阶段	实施内容	日程计划			
		1月	2月	3月	4月
样板区实施	1.“5S”推行组织建立	→			
	2.“5S”活动计划策划制订	→			
	3. 前期工作准备	→			
	4.“5S”活动宣传、培训	→			
	5. 现场诊断、样板区选定	→			
	6. 样板区整理、整顿作战	→			
	7. 目视化指导	→			
	8. 看板管理指导	→			
全面展开	1. 破冰宣誓大会	→			
	2. 非样板区域整理、整顿作战		→		
	3. 目视化管理全面实施		→	→	→
	4. 看板管理全面实施		→	→	→
	5. 寻宝活动		→	→	→
	6. 布局优化		→	→	
	7. 评价标准的制定		→		
	8.“5S”评比与竞赛			→	
	9. 区域责任制定			→	
	10. 三级晨会制度实施	→	→	→	→
	11. 设备点检指导			→	
改善提升	1. 合理化制度导入与实施				→
	2.“5S”总结、评比				→
	3.维持改善（现场进一步提升）				→
	4.后续发展建议				→

6. 宣传造势

（1）领导以身作则，带动员工进行一些公司的“洗澡”活动。

（2）活用各种宣传方式与工具，如：利用公司内部刊物宣传介绍“5S”；举办“5S”征文比赛及海报、标语设计比赛；领导定期或不定期巡视现场，让员工感受到自己被重视；利用定点摄影方式，将“5S”较差或死角进行曝光；召开动员大会，由各部门主管表达推行“5S”活动的决心；外购或制作“5S”海报及标语在现场张贴等。

（3）推行“5S 日”活动。确定某一日为“5S 日”，选择一个主题在“5S 日”里推行，效果会更好。

7. 局部推进

（1）现场诊断。推进“5S”之前，必须根据“5S”的基本要求对公司现场进行诊断评价。通过现场诊断，我们可以比较客观地掌握公司的整体水平。

（2）选定样板区。进行全面的现场诊断后，结合整个“5S”推进计划，选定一个样板区，集中力量进行改善。实施样板区改善会有二个好处：

①集中所有的精锐力量，可以保证改善有一个较高水准的发挥，还可以避免顾此失彼。

②事实最具说服力，可以减少大家对改善的抗拒阻力，消除大家的疑虑，使全员上下一心，积极参与改善。

样板区选定时要考虑以下因素：具备一定的代表性；实施难度；推进时是否需多个部门协同作战的项目；其改善效果是否直观，容易看到实施进程和成绩。

（3）实施改善。实施改善时，我们要注意保留以下有用数据情报：改善前状况的图片；基本数据（空间、面积、金额、数量、人员等）；基本流程；重点问题；整个改善推进思路及过程；最终改善结果及后续问题。

（4）效果确认、总结、经验交流。总结经验，克服缺点，让其他部门进行参观并推广。

8. 全面推进“5S”

区域责任制，将工作内容规范化，成为员工的岗位责任；制定评价标准；评估监督（通过巡视、检查、自检、互检方式进行）；举行“5S”评比；评比结果最好与薪资、考核相结合，如此员工才会主动关心；坚持可视化和激励化的“5S”推进。

9. “5S”效果的维持管理——“5S”巡回诊断与评估

在“5S”推进期间，全员一般都能同心协力去自觉遵守和改善，不敢松懈，取得一定成效后，往往会觉得可以歇息喘气了，而正是这种想法，容易让“5S”效果滑坡，慢慢又回到改善前的样子，因此“5S”活动贵在坚持。

我们可以通过以下方式来维持“5S”效果：

“5S”推进时定期或不定期地巡视现场，了解各部门是否有计划、有组织地开展活动；对推进过程中遇到的质疑进行及时解答；了解各部门现场“5S”的实施状况，并针对问题点开具《现场“5S”整改通知单》，责令限期整改；对活动优秀部门和员工加以表扬、奖励，对最差部门给予曝光和惩罚。

10. 挑战新目标

“没有最好，只有更好！”社会每天在进步，“5S”的目标也应随着公司整体水平的提高而逐步提高。

【学习参考】

“5S”活动的推行技法

1. 破冰行动

在推行“5S”时，虽然领导的决心和毅力都很大，但是，干部的想法有很多，担心没有实效，担心触动自身的利益，担心枪打出头鸟，担心只是口头说说而已等，有了各种各样的想法，就容易形成一种观望的态度。

所以，企业领导应认识到这种观望情绪的危害性。“5S”活动一开始，首先要进行干部意识上的“破冰行动”——首先表明自己的态度和立场，并要求所有领导干部当众立下军令状，“5S”只许成功，不许失败。

“破冰行动”的方式有很多，可以根据企业的不同状况采取相应的方式：全员的宣誓大会；员工动员大会；启动茶话会；“5S”演讲比赛、答辩会等。

2. 寻宝活动

在整理的后期阶段，处于以防万一或可惜的心态，很多不要物得不到应有的处理，或者因为天长日久，一些区域及物品已经很难确定责任部门和责任人，形成死角。不要物的大量存在，最终会导致“5S”活动的失败。寻宝活动是为了在整理后期阶段找出公司的不要物，进行彻底整理的一种趣味性手段。

寻宝活动开始时，必须先制定游戏规则，打破大家的疑虑：只寻找不要物，不追究责任；找到越多不要物，员工奖励越多；交叉互换区域寻宝，防止弄虚作假；有争议的物品，提交“5S”推行办裁决。

在开展“寻宝活动”时，应注意以下问题点：

确定不要物的摆放区域和标识方法；确定申报方法和表格填写形式；确定处理流程；确定处理负责人和责任权限；明确期限；重申安全注意事项。

3. 定点摄影

定点摄影是在现场发现问题点后，以某个角度将现状摄影备案，改善完成之后，在同样地点、同样角度进行摄影，用于跟进和解决问题的一种方法。定点摄影运用范围很广，在“5S”推行的每个时期都可以运用，也可以用于其他管理领域。定点摄影可以直观、明显看出改善前后的变化，同时，也可以鼓舞员工、提高士气及增强员工的成就感。

4. 红牌作战

红牌作战是指在现场寻找问题点并在对象物上悬挂红牌，使大家明白问题所在并积极去改善，从而达到整理、整顿、清扫的目的。

(1) 红牌作战的作用包括：必需品和非必需品一目了然，提高每个员工的自觉性和改善意识；红牌上有对策方法和改善期限，要求一目了然；引起责任部门注意，及时得到改善。

(2) 实施红牌作战时应注意的事项有：向全员说明被挂红牌是为了把工作做得更好，要以正确的态度对待，不可置之不理或认为是奇耻大辱；制定挂红牌的标准，让每个人都可以正确判断什么样是好的，什么样是不好的；挂红牌时理由要充分，事实要确凿；频率不宜太多，一般一个月一次，最多一周一次；不要让现场的人自己挂，而是由专人进行挂红牌；红牌要挂在引人注目的地方。

(3) 红牌的参考样式。

红牌的参考样式如图 5－3 所示。

"5S" 活动问题票

发票人:		NO.	
场　所:		责　任　人:	
发现日:		要求完成日:	
问题描述:			
对策说明:			
完成日:		确认签名:	

图 5－3　红牌的参考样式

5. "洗澡" 活动

在清扫阶段，主要有两方面的工作：一是贯彻 "清扫就是点检" 的原则，对设备进行全方位的维护保养；另一方面就是对岗位和周边环境进行大扫除，对一些年久失修的地面、墙壁、门窗、天花板、柜架、机器设备表面进行维修和翻新。对现场的这种清扫活动就像人洗澡一样，因此称之为 "洗澡活动"，目的是使现场焕然一新。

洗澡活动通常有三个步骤：一是扫除垃圾；二是修缮缝补，进行污染源防治；三是油漆翻新。

6. 晨会制

晨会制度是指利用上班前 5～10 分钟时间，全体员工集中在一起，互相问候、交流信息和安排工作的一种管理方式。

晨会制度有以下六点好处：有利于团队精神的建设；能产生良好的精神面貌；培养全员的文明礼貌习惯；提高干部自身水平（表达能力、沟通能力等）；

提高员工或干部的工作安排效率；养成遵守规章制度的习惯。

晨会的主要内容：人员确认，总结昨天的工作，传达今天的工作计划、注意事项，传达公司或领导的指示等。

7. 挑战“奥林匹克”活动

一个运动员只要在奥林匹克运动会上突破记录就可以载入史册，成为众人挑战的目标。公司内部也可以通过挑战“奥林匹克”活动来鼓舞、激励员工，只不过公司内的记录是与员工工作、生活相关的有意义的项目。

比如：小时产量最高纪录；安全生产持续天数最高纪录；成本损耗最低纪录；个人“5S”创意最高纪录；改善提案件最多纪录；一次合格率最高纪录，等等。

8. 消除只做表面工作和消极对待“5S”管理的方法

有些人不仅是对“5S”，对一般性的事务也是很消极的。既然他们对“5S”采取消极的态度，那么就必须指导他们，让他们积极向前地去参与活动。

特别是只在表面上做做的这种情况，有可能会带来很大的问题。如果把这样的员工放着不管，会使认真地去努力参与活动的员工都觉得没意思，从而给整体带来不好的影响。

如何消除以上两种不良现象呢？

（1）让他们看到并切身体会“5S”差别这个事实。

对于消极参与“5S”的员工，要让他们拿自己的“5S”责任区域和积极实施“5S”的地方进行比较。不管是表面上装得有多好，认真在做的地方和偷工减料的地方，差别是显而易见的。以下列出的是一般会被指责因消极而造成差异的地方：设备的角落、作业台的夹层处；在表面看不到的地方存放东西；标识没有统一性；放置方法没有统一性；重叠放置或摆放高度限额不统一；物品不及时放回原有的地方；地板的角落等。这些都是容易产生差别的典型代表。

（2）让他们思考为什么会产生差异。

让不积极的人巡视现场，思考到底差在哪里、差多少？这是很重要的。虽然期望他们不用考虑就能有所觉悟，但是让他们自己说出差异的方面显得更加重要。

然后，让他们思考哪些地方需要改善，让他们提出改善方案，并指导他们实施，其后也需要好好地跟踪实施结果。

（3）让“5S”积极的人和消极的人成对活动。

“5S”需要意识和感觉，这不是可以作为知识来传授或掌握的东西，而是需要通过实践来进行指导。最有效的方法是让不积极的人和意识强、对“5S”有感触的人组成一组，在实践中吸收经验。可是，如果当事人没有想要掌握关于“5S”的思考方式和实践方法的态度就没有任何意义。这一点是管理者的工作，要让他们充分理解为什么要成组实施“5S”。

【案例分析】

人集团的现场管理案例

一、项目背景

某著名家电集团（以下简称人集团），为了进一步夯实内部管理基础、提升人员素养、塑造卓越企业形象，希望借助专业顾问公司全面提升现场管理水平。集团领导审时度势，认识到要让企业走向卓越，必须先从简单的人开始，从“5S”这种基础管理抓起。

二、现场诊断

通过现场诊断发现，人集团经过多年的现场管理提升，管理基础扎实，某些项目（如质量方面）处于国内领先地位。现场问题主要体现为三点：

(1) 工艺技术方面较为薄弱。现场是传统的流水线大批量生产，工序间存在严重的不平衡，现场堆积了大量半成品，生产效率与国际一流企业相比，存在较大差距。

(2) 细节的忽略。在现场随处可以见到物料、工具、车辆搁置，手套、零件在地面随处可见，员工熟视无睹。

(3) 团队精神和跨部门协作的缺失。部门之间的工作存在大量的互相推诿、扯皮现象，工作更是缺乏主动性，而是被动的等、靠、要。

三、解决方案

现场“5S”与管理提升方案书提出了以下整改思路：

(1) 将“5S”与现场效率改善结合，推行消除浪费活动和建立自动供料系统，彻底解决生产现场拥挤混乱和效率低的问题。

(2) 推行全员的“5S”培训，结合现场指导和督察考核，从根本上杜绝随手、随心、随意的不良习惯。

(3) 成立跨部门的专案小组，对现存的跨部门问题进行组织协调和专项解决；在解决的过程中梳理矛盾关系，确定新的流程，防止问题重复发生。

根据这三大思路，从人员常识着手，在全集团内大范围开展培训，结合各种宣传活动，营造了良好的“5S”氛围；然后从每一扇门、每一扇窗、每一个工具柜、每一个抽屉开始指导，逐步由里到外、由上到下、由难到易，经过一年多的全员努力，“5S”终于在人集团每个员工心里生根、发芽，结出了丰硕的成果。

四、项目收益

经过一年多的全员努力，现场脏乱差现象得到了彻底的改观，营造了一个明朗温馨、活力有序的生产环境，增强了全体员工的向心力和归属感。员工从不理解到理解，从要我做到我要做，逐步养成了事事讲究、事事做到最好的良好习惯。

在一年多的推进工作中，从员工到管理人员都得到了严格的考验和锻炼，造就了一批能独立思考，能从全局着眼、具体着手的改善型人才，从而满足了企业进步发展的要求。配合人集团的企业愿景，夯实了基础，提高了现场管理水平，塑造了公司的良好社会形象，最终达到提升人员品质的目的。

请思考：

1. “5S”活动与企业实施 ISO、TPM、TQM 等其他生产管理活动的关系是什么？
2. “5S”活动实施的程序（步骤）是什么？
3. 实施“5S”活动能给企业带来哪些短期和长期利益？

【技能实践】

请仔细观察所在学校的宿舍楼、教学楼、图书馆、食堂等场所，哪些地方实施了“5S”活动，并深入分析有哪些值得改进的地方，改进措施是什么？用文字、图片、powerpoint 展示给同学们。

任务 5　推行定置管理、目视管理与看板管理

【知识目标】

1. 了解定置管理、目视管理与看板管理的含义；
2. 掌握定置管理、目视管理与看板管理的内容；
3. 掌握定置管理、目视管理的方法和形式；
4. 掌握推行定置管理、目视管理的要点；
5. 掌握看板的种类及应用。

【技能目标】

具备运用定置管理、目视管理与看板管理进行管理活动的能力。

【素质目标】

要求学生通过本任务的学习，能够利用形象而又色彩适宜的各种视觉感知信息（如红牌、看板、信号灯或者异常信号灯、操作流程图、提醒板、区域线、警示线、告示板等）展示来推行定置管理、目视管理与看板管理。

【相关知识】

定置管理起源于日本，由日本青木能率（工业工程）研究所的文明生产创导者青木龟男先生率先提出。后来，又由日本企业管理专家清水千里先生在应用的基础上，发展完善提炼成为一种科学的管理方法，并于 1982 年出版了《定置管理入门》一书。

定置管理是以生产现场为研究对象，通过整理、整顿，把与生产现场无关的物品清除干净，把需要的物品放在规定的位置，以物在场所中的科学定置为前提，以定置的信息系统为媒介，使各生产要素有机结合，达到生产现场管理的科学化、规范化和标准化，在保障操作人员安全和身心健康的条件下，充分提高作业效率和生产效率。

一、定置管理的基本原理

在生产现场活动中，构成生产工序的要素有材料、半成品、机械设备、工夹模具、操作人员、工艺方法、生产环境等，归纳起来就是人、物、场所、信息等因素。定置管理的目的是使人、物、场所处于最佳的结合状态，实现人、物、场所在时间和空间上的优化组合。因此，定置管理着重于处理好人与物、物与场所以及信息媒介与定置的关系。

（一）人与物的关系

在生产过程中，构成生产活动的要素有人、物、场所、信息等因素，其中最基本的是人与物，只有人与物的有效结合，才能使生产活动有效地进行。人与物的结合可归纳为三种基本状态。

1. A 状态

A 状态，即人与物处于能够立即结合并发挥效能的状态。例如，操作工人使用的各种工具，由于摆放地点合理而且固定，当操作者需要时，能立即拿到或者做到得心应手。这是生产中的理想状态。

2. B 状态

B 状态，即人与物处于寻找状态或尚不能很好发挥效能的状态。例如，生产现场物品乱丢乱放，造成需要用时找不到，结果因寻找而浪费时间。再如，一些半成品堆放不合理，当加工时每次都需要弯腰一个个捡起来，这样既会影响到工时消耗，又会增加工人的疲劳强度。B 状态在企业内是经常见到的。

3. C 状态

C 状态，即人与物失去联系的状态。这种物品与生产已无关系，不需要人去同该物结合。例如，生产现场中存在已经损坏的设备、工具、模具，生产中产生的垃圾、废品、切屑，以及同生产现场无关的工人生活用品等。这些物品放在生产现场，势必占用作业现场和空间，而且影响工人的工作效率及安全。

可见，当人与物处于A状态时，人与物能马上结合，使物的价值立即发挥出来；而当人与物处于B状态时，人与物不能马上结合，物的作用发挥不出，价值就不能实现，需要人花费一定的时间来寻找物，花费的时间越多，人与物的结合成本就越大。因此，在处理人与物的结合状态时，应采取一切措施和方法，坚决取消C状态，积极分析B状态，使之转化为A状态，让生产现场人与物都处于A状态，这是定置管理所追求的目标。

（二）物与场所的关系

物与场所的有效结合是实现人与物合理结合的基础。研究物与场所的有效结合，就是对生产现场、人、物进行作业分析和动作研究，使对象物品按生产需要、工艺要求科学地固定在某场所的特定位置上，达到物与场所的有效结合，缩短人取物的时间，消除人的重复动作，以促进人与物的最佳结合。

1. 场所状态

实现物与场所的合理结合，首先要使场所本身处于良好的状态。场所本身的布置可以有三种状态：

（1）A状态。良好状态，即良好的工作环境。场所中的作业面积、通风设置、恒温设备、光照、噪声、粉尘等符合人的生理、工厂生产、安全要求的状态。

（2）B状态。需要改善的状态，即工作环境需要不断改善。在这种状态下的作业场所，布局不尽合理，或只满足人的生理要求，或只满足生产要求，或两者都不能满足。

（3）C状态。需要彻底改造的状态，即需要消除或彻底改造的工作环境。这种场所对人的生理要求及工厂生产、安全要求都不能满足。定置管理的任务，就是要把B、C状态改为A状态。

2. 定置方法

实现物与场所的结合，要根据物流运动的规律性，科学地确定物品在场所内的位置，即定置。定置方法有两种基本形式。

（1）固定位置。即场所固定、物品存放位置固定、物品的信息媒介物固定。这种“三固定”的方法，适用于那些在物流系统中周期性地回归原地，在下一生产活动中重复使用的物品。主要是那些用作加工手段的物品，如工、检、量具，工艺装备，工位器具，运输机械，机床附件等物品。这些物品可以多次参加生产过程，周期性地往返运动。对这类物品适用“三固定”的方法，固定存放位置，使用后要回复到原来的固定地点。例如，模具平时存储在指定的场所地点，需用时取来安装在机床上，使用完毕后，从机床上拆卸下来，经过检测、验收后，仍搬回到原处存储，以备下次再使用。

(2) 自由位置。即相对地固定一个存放物品的区域，至于在这个区域内的具体放置位置，则根据当时的生产情况及一定的规则来决定。这种方式同上一种相比，在规定区域内有一定的自由，故称自由位置。这种方法适用于物流系统中那些不回归、不重复使用的物品。例如，原材料、毛坯、零部件、产成品，这些物品的特点是按照工艺流程不停地从上一工序向下一工序流动，一直到最后出厂。所以，对每一个物品（如零件）来说，在某一工序加工后，除非回原地返修，一般就不再回归到原来的作业场所。由于这类物品的种类、规格很多，每种的数量有时多，有时少，很难就每种物品规定具体位置，对这类物品就采用规定一个较大范围区域的办法来定置，如在制品停放区、零部件检验区等。在这个区域内存放的各个品种的零部件，则根据充分利用空间、便于收发、便于点数等规则来确定具体的存放位置。

（三）信息媒介与定量的关系

信息媒介就是在人与物、物与场所合理结合过程中起着指导、控制、确认等作用的信息载体。由于生产中使用的物品品种多、规格复杂，它们不可能都放置在操作者手边，如何找到，需要有一定的信息来指引；许多物品在流动中是不回归的，它们的流向和数量也需要有信息来指导和控制；为了便于寻找和避免混放，也需要有信息来确认。因此，在定置管理中，完善而准确的信息媒介是很重要的，它影响人、物、场所的有效结合程度。

在生产现场寻找某物时，就会有一系列问题随之出现："该物在何处""该处在哪里"，相应的回答是"该物在这儿""此物就是要寻找的该物"。这些问题可以用四种信息媒介来表示。

1. 位置台账

它告诉人们"该物在何处"。通过查看位置台账可以了解所需物品的存放场所。如有的企业位置台账是按四号定位（库，架，层，位）来编码的，从台账上可以明确地表示出所需要的物品所在地。

2. 定置图

它体现"该处在哪里"。在定置图上可以看到物品存放场所的具体位置。

3. 场所标志

它表明"这儿就是该处"。它是指物品存放场所的标志，通常用名称、图示、编号等表示。

4. 物品标示

它表明"此物即该物"。它是物品的自我标示，一般用各种标牌表示，标牌上有货物本身的名称及有关事项。

前两种媒介物表示的信息称为引导信息，后两种媒介物表示的信息称为确认信息。可见，在定置管理中各种信息媒介是很重要的。实行定置管理，必须重视和健全各种信息媒介物。良好的定置管理，要求信息媒介物达到五个方面的要求：场所标志清楚；场所设有定置图；位置台账齐全；存放物的序号、编号齐备；信息标准化。

二、定置管理的程序

（一）深入生产现场，调查研究

调查研究应以推行定置管理的主管人员为主（一般为车间主任），组织有经验的管理者和现场有关人员成立调查小组，对生产现场进行调查。调查内容一般包括：生产现场人机联系情况；物流情况；工人操作情况；生产作业面积和空间利用情况；原材料、在制品管理情况；半成品库和中间库的管理情况；工位器具的配备和使用情况；生产现场物品摆放情况；生产现场物品搬运情况；设备运转和利用情况；生产中的消耗情况等。调查应有侧重点，在调查的基础上，找出现场存在的主要问题，明确定置管理的方向。

（二）分析问题，提出现场改善方案

调查人员应主要分析以下几个问题：人物结合情况；现场物流状况及搬运状况；现场信息流状况；工艺路线和工艺方法状况；现场利用状况等。分析方法就是工业工程方法，具体讲就是生产作业分析、作业研究、动作分析及时间分析等。

（三）进行定置管理设计

1. 定置设计

定置设计的表现形式就是各类定置图，其实质是工厂布置的细化过程。所以定置设计必须符合工厂布置的基本要求，主要有：单一的流向和看得见的搬运路线；最大限度地利用空间；最大的操作方便；最短的运输距离和最少的装卸次数；切实的安全防护保障；最少的改进费用和统一标准；最大的灵活性及协调性。

2. 信息媒介物的标准设计

信息媒介物的标准设计主要包括：各种区域、通道、流动器具的位置信息符号的设计；各种料架、工具箱、生活柜、工位器具等物品的结构和编号的标准设计；位置台账、物品确认卡片的标准设计；结合各种物品的专业管理方法，制定出各种物品进出、收发的定置管理办法的设计等。

（四）定置管理方案的实施

定置实施是理论付诸实践的阶段，也是定置管理工作的重点，其包括以下三

个步骤。

1. 清除与生产无关之物

生产现场中凡与生产无关的物，都要清除干净。清除与生产无关的物品应本着“双增双节”精神，能转变利用便转变利用，不能转变利用时可以变卖，化为资金。

2. 按定置图实施定置

各车间、部门都应按照定置图的要求，将生产现场、器具等物品进行分类、搬、转、调整并给予定位。定置的物要与图相符，位置要正确，摆放要整齐，存储要有器具。可移动物，如推车、电动车等也要定置到适当位置。

3. 放置标准信息名牌

要做到牌、物、图相符，设专人管理，不得随意挪动。要以醒目和不妨碍生产操作为原则。

（五）定置检查与考核

定置管理的检查与考核一般分为两种情况：一是定置后的验收检查，检查不合格的不予通过，必须重新定置，直到合格为止。二是定期对定置管理进行检查与考核，这是要长期进行的工作，它比定置后的验收检查工作更为复杂，更为重要。

定置考核的基本指标是定置率，它表明生产现场中必须定置的物品已经实现定置的程度。其计算公式是：

$$\text{定置率}=\frac{\text{实际定置的物品个数（种数）}}{\text{定置图规定的定置物品个数}}\times 100\%$$

【学习参考】

定置管理的原则及应注意的问题

1. 定置管理的原则

（1）定置必有图。即在开展定置管理时，必须有定置图来辅助进行。

（2）有图必有物。要把生产现场存在的各种物品，都反映在定置图上。

（3）有物必有区。划区进行管理堆放，区域明确。

（4）有区必有牌。标牌发挥信息媒介的作用，让各区都有鲜明标志，并使信息标准化；标牌的颜色、规格、文字、数字的字体大小，全厂要统一规定。

（5）有牌必挂牌。将同一类别的物品放在各自一定的区域内，按类存放，不能乱放，做到各就各位，并且不能占用通道。

（6）账（图）物必一致。各类台账或定置图应与实物保持一致。

2. 推行定置管理需注意的问题

(1) 定置管理涉及面广，工作量大，必须得到领导重视，才能使这项工作发挥作用，如果把它视为是厂区卫生工作，当作是后勤部门的事，则定置管理工作是无法搞好的。

(2) 定置管理要从班组抓起，班组是管理的基本单位，没有班组的积极性，就没有过硬的现场管理。

(3) 推行定置管理，目的是使生产中的人、物、场所实现科学合理的结合，应从本企业的实际情况出发，不宜生搬硬套、使用统一模式。

(4) 实行定置管理需要一定的资金条件，推行定置管理要力求节俭，要量力而行。

(5) 推行定置管理贵在坚持，它在技术上和管理上的难度并不是很大，但要长期坚持使职工养成习惯、成为自觉行动就比较困难。抓好这项工作不可能是一劳永逸的，必须常抓不懈。

三、目视管理的含义

目视管理又称“看得见”管理，是利用形象而又色彩适宜的各种视觉感知信息（如红牌、看板、信号灯或者异常信号灯、操作流程图、提醒板、区域线、警示线、告示板等）来组织现场生产活动，及时反映生产现场动态，让每个生产工人和现场管理者做到一目了然，以便及时发现问题，采取纠正措施，保证生产顺利进行，提高劳动生产率的一种管理手段。如在生产现场用很显著的彩色线条标注某些最高点、最低点，让操作人员一看便明白；在通道拐弯处设置一个反光镜，以防止撞车；装一个绿灯表示通行，装红灯表示停止等。

在日常活动中，人们一般是通过视觉、嗅觉、听觉、触觉、味觉来感知事物的，而最常用的是视觉。据统计，人的行动的60%是从视觉的感知开始的。因此，在企业管理中，强调各种管理状态、管理方法清楚明了，达到“一目了然”，从而容易明白、易于遵守，让员工自主地完全理解、接受、执行各项工作，将会给管理带来极大的好处。

（一）目视管理的内容

目视管理作为问题暴露的道具，可用于对物品、作业、设备、质量、安全等多方面的管理，其内容如下。

1. 物品的目视管理

物品的目视管理是对工装夹具、计量仪器、设备的备用零件、能源消耗品、原材料、在制品、成品等各种物品进行管理。目视管理的目标就是知道“什么物品，在哪里，有多少”及“必要的时候，必要的物品，无论何时都能快速地放入或取出”。

为了达到上述目标，进行目视管理时首先要明确各物品的不同名称和用途，并用一定的分类标志加以标示，如用各种带颜色的标示物、标示牌；其次决定物品的放置场所，可采用红、绿、黄等区域线加以区分；再次考虑物品的放置方法，要方便放入和取出，符合先入先出的原则；最后还要标志出每一种物品的合理数量，尽量使生产现场既保存足够的数量又防止缺货。做出一系列标示后，就可以使生产现场物品的状况一目了然，一清二楚。

2. 作业的目视管理

通过作业的目视管理要能清楚地明白各作业的运行状态及是否有异常情况发生。作业的目视管理要注意：第一，了解作业计划进度，利用一些图表或管理模板来检查实际进度与计划是否一致；第二，检查作业是否按要求正确地实施；第三，让异常及时显示出来，安装异常警示灯等工具来帮助发现异常。

3. 设备的目视管理

设备的目视管理是以能够正确地、高效地实施清扫、加油、紧固等日常保养工作为目的，以求达到设备的零故障目标。设备的目视管理要做到：第一，清楚明了地标示出应该进行维护保养的机能部位（如管道、闸门）；第二，清楚明了地标示出设备是否正常运转、供给（如在排气扇上绑一根小飘带或小饰物）；第三，能迅速地发现发热异常；第四，使驱动装置始终处于看得见的状态之中；第五，标示出计量仪器类的正常范围和异常范围。

4. 质量的目视管理

质量的目视管理可有效地防止一些人为因素的影响，提高产品质量。可以将产品按合格品与不合格品分开摆放，用颜色加以区分，合格还是不合格一看颜色就知道了，如绿色区域表示合格品，红色区域表示不合格品。

5. 安全的目视管理

安全的目视管理是将不安全的事、物予以暴露，刺激人的视觉，提高人的安全意识，防止事故、灾难的发生。安全的目视管理要做到：用荧光色或油漆的方式来表现高低、凸起之处；车间或仓库间的交叉、转弯之处要用一定的字样或指示灯标注；一些设备、设施不能轻易触及的要加以标示；危险品（或危险处）要用法律（或专业）规定的醒目标志表示出来。

（二）目视管理的要求

1. 生产任务和完成情况要公开化、图表化

现场是协作劳动的场所。因此，凡是需要大家共同完成的任务都应公布。计划指标要定期层层分解，按车间、班组和个人落实，并列表张贴在墙上；实际完成情况也要相应地按期公布，并用图表法表示出来，使大家看出各项计划指标完成中的问题和发展趋势，以促使整个集体和个人都能按质按量按期完成各自的

任务。

2. 规章制度要公布于众，展示清楚

为了维护统一的组织和严格的纪律，保持大工业生产所要求的连续性、比例性和节奏性，提高劳动生产率，实现安全生产和文明生产，与现场工人密切相关的规章制度、标准、定额等，都需要公布于众；与岗位工人直接有关的部分，应分别展示在岗位上，如岗位责任制、操作程序图、工艺卡片等，并要始终保护完整、齐全、正确和洁净。

3. 与定置管理相结合，落实定置设计

在定置管理中，为了消除物品混放和误置，必须有完善而准确的信息显示，包括标志线、标志牌和标志色。因此，目视管理在这里便自然而然地与定置管理融为一体。它应按定置设计的要求，采用清晰的、标准化的信息显示符号，将各种区域、通道、各种物品的摆放位置鲜明地标示出来；机器设备和各种辅助器具（如料架、工具箱、工位器具、生活柜等）均应采用标准颜色，不得任意涂抹。

4. 生产作业控制手段要形象直观、使用方便

为了有效地进行生产作业控制，使每个生产环节、每道工序都能严格按照期量标准进行生产，杜绝过量生产、过量储备，要采用与现场工作状况相适应的、简便实用的信息传导方法，以便在后道工序发生故障或由于其他原因停止生产，不需要前道工序供应在制品时，操作人员看到信号，能及时停止投入。例如，“看板”就是一种能起到这种作用的信息传导手段。各生产环节和工种之间的联络，也要设立方便实用的信息传导信号，以尽量减少工时损失，提高生产的连续性。例如，在机器设备上安装红灯，在流水线上配置工位故障显示屏，一旦发生停机，即可发出信号，巡回检测工看到后就会及时前来修理。

生产作业控制除了期量控制外，还有质量和成本控制，这也需要贯彻目视管理的要求。例如质量控制，在各质量管理点要有质量控制图，以便清楚地显示质量波动状况，发现异常及时处理。车间要利用板报形式，将“不良品统计日报”公布于众，当天出现的废品要陈列在展示台上，由有关人员会诊分析，确定改进措施，防止再度发生。

5. 现场各种物品的码放和运送要标准化

物品码放和运送的标准化，有助于过目知数。例如，各种物品实行“五五摆放”，各类工位器具包括箱、盒、盘、小车等，均应按规定的标准数量盛装，这样，操作、搬运和检验人员清点数量，既方便又准确。

6. 统一规定现场人员的着装，实行挂牌制度

现场人员的着装不仅起到劳动保护的作用，在机器生产条件下，也是正规化、标准化的内容之一。它可以体现职工队伍的优良素养，显示企业内部不同单位、工种和职务之间的区别，同时还具有一定的心理作用，使人产生归属感、荣誉感、责任心等，对于组织指挥生产，也可创造一定的方便条件。

挂牌制度包括单位挂牌和个人佩戴标志。按照企业内部各种检查评比制度，将那些与实现企业战略任务和目标有重要关系的考评项目的结果，以形象化、直观化的方式给单位挂牌，能够激励先进单位更上一层楼，鞭策后进单位奋起直追。个人佩戴标志，如胸章、胸标、臂章等，其作用同着装类似。另外，还可同考评相结合，给人以压力和动力，达到催人进取、推动工作的目的。

7. 现场的各种色彩运用要实行标准化

色彩是现场管理常用的一种视觉信号，目视管理要求科学、合理、巧妙地运用色彩，并实行统一标准化管理，不允许随意涂抹。

【学习参考】

推行目视管理的要点

1. 目视管理的基本手段

目视管理以视觉信号显示为基本手段，以大家都能够看得见。

2. 目视管理的原则

目视管理以公开化、透明化为原则，尽可能将管理者的要求和意图让大家看得见，借以推动自主管理。

3. 目视管理重视交流

现场的作业人员可以通过目视的方式将自己的建议、感想、成果展示出来，与领导、同事进行交流。

4. 推行目视管理应注意对事不对人

当出现问题时要协助当事人来共同查找原因并进行改善，如果有人犯了错，要针对事情去解决问题，因为语言稍微不慎，就很有可能在企业内部造成不良影响。我们只是判定事情对或不对，而不是根据这个人来判定他做的事情对或错。

5. 推行目视管理的方法

（1）规定场所和去向。规定产品、零件、物件的放置场所、流转去向，使库存管理、工作程序、进展状况、搬运作业等发生异常时就能反映出来。如设置取货看板、生产看板、在制品储备定额看板、库存目视板、实物对照板、标准作业指导书、标准作业目视板、各种管理板等。

（2）装置指示信息。在生产线、装配线或关键设备上装置停工指示信息，以便及时了解生产线、装配线的运转和事故状况。

（3）悬挂目视板。目视板应悬挂在生产线或管理场所的醒目处，使人们了解正在进行的工作和需要做些什么。

推行目视管理的方法很多，不应拘泥于某几种特定形式，而应因地制宜地采用，只要能做到一目了然、迅速反映信息、指导生产作业就行。

目视管理可以通过“目视管理检查表（见表5-9）”的活用来有效地实现。

表 5-9 目视管理检查表 年 月 日

场所		检查者		
检查项目		检查方法	评价	备注
人员管理	是否维持了出勤率	调查出勤管理表		
	是否进行了必要的教育	调查教育记录		
	离开工作现场的人员的去向是否清楚	确认不在者		
整理、整顿	通路是否确保通畅	确认道路的标记		
	废品、不良品是否有区别	确认不良品放置场所		
	各现场有无标识	确认现场的标识		
	道路上有无纸屑等脏物	观察道路、现场		
	是否遵守“6S”的思维	查看日常例行工作计划表		
现场管理	现场的整理、整顿如何	调查作业现场		
	是否根据作业标准书进行作业	调查作业标准书		
	安全卫生状况如何	调查卫生状况及安全隐患		
货期管理	能否掌握与预定的货期延误了多少天	确认进度管理表		
	作业者是否知道预定的货期	向作业者做调查		
	安全卫生状况如何	查看清洁卫生执行表		
品质管理	品质保证系统是否确立	调查品质手册		
	有无 QC 工程表、作业标准书	调配标准资料		
	是否了解不良率的情况	调查不良率图表		
	计量器的制度管理如何	确认计量器		
	是否了解投诉发生的情况	调查投诉发生图表		
资料管理	材料、物品放置场所有无标识	确认放置场所的标识		
	能否知道资料的过剩与不足	调查资料管理表		
	有无老化的资料	查看老化管理对象		

评价标准：A——非常清楚，B——清楚，C——一般，D——不太清楚，E——不清楚

四、看板管理

（一）JIT 与看板管理

JIT（Just In Time），即准时生产制，又称为“零库存生产方式”“一个流水

线生产方式”或“超级市场生产方式”，由日本丰田汽车公司创立，其基本思想是“只在需要的时候，按需要的量生产所需的产品”。其核心是追求无库存或使库存达到最小。1990 年美国 MIT 的一个专门报告认为 JIT 生产方式与大量生产方式相比具有许多优越性：能节省约一半的人力资源；可压缩新产品开发周期 1/3 ~ 1/2；生产过程中的在制品库存可下降 10%；工厂占用空间可减少一半；成品库存可下降 75% 左右；产品质量可提高 3 倍。

看板管理可以说是 JIT 生产方式中最独特的部分，它以看板为工具，使原材料、半成品等均按照既定的期量标准在生产作业过程中流转。看板作为管理工具，犹如连接工序的神经而发挥着作用。看板管理可以说是 JIT 生产方式最显著的特点，因此也有人将 JIT 方式称为看板方式。但是严格来讲，这种概念是不正确的，因为 JIT 生产方式说到底是一种生产管理理念，而看板只不过是一种管理工具。看板只有在工序一体化、生产均衡化、生产同步化的前提下才有可能发挥作用。如果错误地认为 JIT 生产方式就是看板方式，不对现有的生产管理方式作任何变动只单纯地引进看板方式的话，是对企业发展起不到任何作用的。

（二）看板的机能

看板，又称为传票卡，是传递信号的工具，它可以是一种卡片，也可以是一种信号、告示牌等。看板最初是丰田汽车公司于 20 世纪 50 年代从美国超级市场的运行机制中得到启示，作为一种生产、运送指令的传递工具而被创造出来的。经过不断发展和完善，现在在很多方面都发挥着重要的机能。其主要机能可概括如下：

1. 传递生产以及运送工作指令

这是看板最基本的机能。看板中记载着生产量、时间、方法、顺序以及运送量、运送时间、运送目的地、放置场所、搬运工具等信息，从装配工序逐次向前工序追溯。在装配线将所使用的零部件上所带的看板取下，以此再去前工序领取；前工序则只生产被这些看板所领走的量，后工序领取零部件及适时适量生产就是通过这些看板来实现的。

2. 防止过量生产和过量运送

看板必须按照既定的规则来使用，其中规则之一就是“没有看板不能生产，也不能运送”。根据这一规则，各工序如果没有看板，就既不进行生产，也不进行运送；看板数量减少，则生产量也相应减少。由于看板所标示的只是必要的量，因此运用看板能够做到自动防止过量生产、过量运送。

3. 进行“目视管理”的工具

看板的另一条运用规则是“前序按照看板取下的顺序进行生产”。根据这一规则，作业现场的管理人员对生产的优先顺序能够一目了然，易于管理，并且只要一看看板所表示的信息，就可知道后工序的作业进展情况、本工序的生产能力利用情况、库存情况以及人员的配置情况等。

4. 改善生产的工具

这一机能主要通过减少看板的数量来实现。看板数量的减少意味着工序间在制品库存量的减少。在运用看板的情况下，如果某一工序设备出现故障，生产出不合格产品，根据看板的运用规则之一“不能把不合格品送往后工序”，后工序所需得不到满足，就会造成全线停工，由此可立即使问题暴露出来，从而必须立即采取改善措施来解决问题。如果在制品库存较高，即使设备出现故障、不良产品数目增加，也不会影响到后工序的生产，所以容易掩盖问题。JIT 生产方式的目标是要最终实现无库存生产系统，而看板则提供了一个朝着这个方向迈进的工具。

（三）看板的使用规则

看板的操作必须严格符合规范，否则就起不到应有的效果。具体来说，看板操作过程中应该注意以下六个使用规则：

（1）没有看板不能生产，也不能运送。

（2）看板只能来自后工序。

（3）前工序只能生产取走的部分。

（4）前工序按照看板取下的顺序进行生产。

（5）看板必须附在实物上存放。

（6）不能把不合格品送往后工序。

（四）看板的种类及应用

看板的形式有很多，如各种卡片、标识牌、各种颜色的小球、信号灯等。按照看板的功能差异和应用对象的不同可分为以下三类。

1. 工序看板

这是在各工序之间使用的看板。它包括：

（1）取货看板。操作者按看板上所列数目到前道工序领取零部件，没有看板不得领取。

（2）送货看板。由后道工序填写零部件取货需要量，当前道工序送货时，将收发清单。

（3）加工看板。指示某工序加工制造规定数量产品或零部件的看板，一般根据机械加工、装配、运输、发货、外部订货的需要情况分别编制。

（4）信号看板。在固定的生产线上作为生产指令的看板，一般是信号灯或不同颜色的小球等。

（5）材料看板。材料看板指进行生产时用于材料准备工作的看板。

（6）临时看板。生产中出现次品、临时任务或加班时用的看板，只用一次，用完后马上收回。

2. 外协件看板

工厂向外部订货时，用以表示外部应交零部件数量、时间等的一种领取看板，仅适用于固定的协作厂之间。

3. 生产管理看板

（1）指示管理看板。管理者并非以口头指示，而是借管理看板使作业者了解当天的作业内容和优先顺序。通过指示管理看板分配个人和设备的工作，对于当日的作业与顺序加以确认，并将其当作作业批示而确定公告，尽可能分配时间。

（2）进度管理看板。借此把握有关计划的生产进度，了解加班或交货期变更的必要性，通过进度管理看板，把握并调整生产的延误状况，用于决定交货期。

（3）交期管理看板。了解每种产品交货期，进行产品交货期的管理。通过交期管理看板，了解产品入库的预定日与实际日，制定防止误期的对策。

【技能实践】

请仔细观察所在学校的宿舍楼、教学楼、图书馆、食堂等场所，哪些地方实施了定置管理或目视管理，并深入分析有哪些值得改进的地方，改进措施是什么？用文字、图片、powerpoint 展示给同学们。

任务 6　建立质量管理体系

【知识目标】

1. 能协助建立、完善质量管理体系；
2. 了解 ISO 9000 族标准及 ISO 14000 系列标准；
3. 理解和运用质量管理八项原则；
4. 掌握质量管理体系的建立与运行的流程；
5. 掌握质量管理体系的认证工作。

【技能目标】

具备运用 ISO 9000 理念建立和运行企业质量管理体系的能力；具备编制质量管理体系文件的能力。

【素质目标】

要求学生建立质量管理思想，能够运用质量管理思想指导自我的生活与学习，做到追求高学习质量、高工作质量、高生活质量。

【案例导读】

某外国公司的困惑

某外国公司在业内一直以技术领先和质量稳定而闻名。几年前，该公司考虑到中国市场日益扩大和工资成本较低等因素，于内地设厂。虽然这几年来产销量一直比预期的好并且有很多产品返销国际市场，但一直困扰管理层的就是产品质量投诉一直居高不下。管理层认为：各项管理制度或作业规范与本土并无差异，是什么原因造成如此大的差异呢？经分析后认为，主要不同的方面有：一是中方工人的学历相对较高，而且年轻；二是中方人员的主动淘汰率较高，达本土工人的10倍以上；三是中方人员的工资水平是本土人员的1/5到1/10或更低。因为几年来产品质量一直未有显著的好转，管理层曾按有关人员包括顾问公司的建议进行了种种尝试，比如延长入职培训时间，制定更详尽和严厉的制度，大部分管理岗位换成本土人员等，效果均不太理想。请分析该公司质量无法稳定的主要原因是什么？你有何建议？

【相关知识】

质量（Quality）、成本（Cost）和交货期（Time）是衡量生产管理成败的三要素，也是决定市场竞争成败的关键因素，而质量更是企业参与市场竞争的必备条件。

提高生产率是社会生产的永恒主题，而产品质量达不到顾客的要求，就不能在市场上实现其价值，那生产活动就是一种无效的劳动，因此，只有高质量才有可能有高效率和高效益。

1. 质量

质量是一组固有特性满足要求的程度（GB/T 19000 3. 1. 1）。在质量的定义中涉及两个术语，即“特性”和“要求”，了解这两个术语能帮助我们更好地理解质量的概念。

（1）特性。

特性是指“可区分的特征”。特性可以有各种类别，如物理特性、感官特性、行为特性、时间特性和功能特性等。

特性可以是固有的或赋予的。固有的就是指某事或某物中本来就有的，尤其是那种永久的特性，如机床的转速等技术特性。有的产品固有特性少，而有的产品固有特性多。赋予特性不是固有特性，不是某事或某物中本来就有的，而是完成产品后因不同的要求而对产品增加的特性，如产品的价格、供货时间、运输要求、售后服务要求等特性。

不同产品的固有特性与赋予特性是不相同的，某些产品的赋予特性可能是另一些产品的固有特性，如供货时间对有形产品而言，属于赋予特性，但对于运输服务而言，就属于固有特性。

（2）要求。

要求是指明示的、通常隐含的或必须履行的需要或期望，可由不同的相关方对固有特性提出要求。

“明示的”一般是指规定的要求，如在文件中阐明的要求或顾客明确提出的要求。

“通常隐含的”是指组织、顾客和其他相关方的惯例或一般做法，所考虑的需求或期望是不言而喻的，如食品的安全性等。一般情况下，顾客或相关的文件中不会对这类要求给出明确的规定，供方应根据自身产品的用途和特性进行识别，并作出规定。

“必须履行的”是指法律法规的要求及强制性标准的要求。如我国对与人身、财产安全有关的产品发布了相应的法律法规，并制定了强制性标准，供方在产品的实现过程中必须严格执行。

不同相关方对固有特性的要求也是不同的，如对汽车而言，社会的要求是利用新能源、减少环境污染等；顾客的要求是速度、安全性、舒适性、耗油低等特性，而且不同顾客的需求还会有差异。因此，供方在确定产品要求时，应兼顾各相关方的要求。

2. 工作质量

以上所讲的主要是指产品质量，它是工作质量的综合反映，也是工作质量的结果。所谓工作质量，是指与质量有关的各项工作对产品质量的保证程度。工作质量涉及各个部门、各个岗位工作的有效性，同时决定着产品质量。工作质量能反映企业的组织工作、管理工作与技术工作的水平，它不像产品质量那样直观地表现在人们面前，而是体现在一切生产、技术、经营活动中，并通过企业的工作效率、工作成果、最终产品质量、经济效益表现出来。产品质量可以用产品质量特性值来表示，工作质量一般通过产品合格率、废品率和返修率等指标来表示。

工作质量取决于人的素质，包括工作人员的质量意识、责任心、业务能力、技术水平和身体与心理素质等。其中高层管理者（决策层）的工作质量起主导作用，一般管理层和执行层的工作质量起保证和落实的作用。

对于生产现场来说，工作质量通常表现为工序质量。所谓工序质量是指操作者（Man）、机器设备（Machine）、材料（Material）、工艺方法与检测方法（Method）和环境（Environment）等五个因素（简称为4M1E）综合起作用的加工过程的质量。在生产现场抓工作质量，就是控制这五个因素，保证工序质量，提高产品质量。

3. 质量管理

质量管理（Quality Management）是指在质量方面指挥和控制组织的协调的活动（GB/T 19000 3.2.8）。在质量方面的指挥和控制活动通常包括制定质量方针和质量目标、质量策划、质量控制、质量保证和质量改进。组织可通过建立质量管理体系来实施质量管理。

（1）质量方针是指由企业的最高管理者正式颁布的该企业总的质量宗旨和质量方向，是该企业总方针的一个组成部分。

（2）质量目标是指企业在一定时期内，在质量管理方面所要达到的预期成果，是企业在质量方针的框架内，制定总的质量目标、各部门的质量目标和每种产品（或项目、业务）的质量目标，最终在组织内形成自上而下的目标体系，得到层层保证的效果。

（3）质量策划致力于制定质量目标，并规定必要的运行过程和相关资源以实现质量目标。

（4）质量控制是指为满足质量要求所采取的作业技术和活动，致力于满足质量要求。

（5）质量保证是指为使人们确信某实体能满足质量要求，在质量体系内所开展的并按需要进行证实的有计划、有系统的全部活动，致力于提供的质量要求得到满足信任。

（6）质量改进致力于增强满足质量要求的能力。

质量管理体系（Quality Management System）是指在质量方面指挥和控制组织的管理体系（GB/T 19000 3.2.3）。对质量管理体系而言，首先要建立质量方针和质量目标，然后为实现这些质量目标确定相关的过程、活动和资源，以建立一个管理体系，并对该管理体系实行管理。质量管理体系主要在质量方面帮助组织提供持续满足要求的产品，增进顾客和相关方面的满意程度。质量管理体系的建立要注意与其他管理体系的整合，以方便组织的整体管理。

质量管理体系的建立与运行是贯彻 ISO 9000 族标准的基本环节，也是 ISO 9000 族标准的各项要求在一个组织中的具体落实与体现。

一、ISO 9000 族标准及 ISO 14000 系列标准

ISO 9000 族标准是国际标准化组织（ISO）在 1994 年提出的概念，是指由 ISO/TC176（国际标准化组织质量管理和质量保证技术委员会）制定的所有国际标准。该标准族可帮助组织实施并有效运行质量管理体系，是质量管理体系通用的要求或指南。2008 版 ISO 9000 族标准的理论依据是八项质量管理原则。

1. 以顾客为关注焦点

任何组织均应始终关注顾客，将理解和满足顾客的要求作为首要工作考虑，并以此安排所有的活动。运用此原则可采取以下措施。

（1）识别、理解顾客的需求。首先应该识别谁是组织的顾客，并判断顾客的要求是什么，深入了解并掌握顾客当前和未来的需求。

（2）确保组织的目标与顾客的需求相吻合。组织的全部活动应以满足顾客的要求为目标，不断提高顾客的满意度。

（3）测量顾客的满意程度，并根据结果采取相应的活动或措施。测量顾客满意程度的目的是为了评价预期目标能否达到，为进一步的改进提供依据。

2. 领导作用

领导者的作用体现在能否与组织的运作方向与组织宗旨统一，创造并保持使员工能充分参与实现组织目标的内部氛围和环境。运用此原则可采取以下措施。

（1）考虑所有相关方的需求和期望。

（2）组织未来描绘清晰的远景，确定富有挑战性的目标。

（3）通过管理文化在组织的所有层次上建立价值共享、公平公正和道德伦理观念，重视人才，尊重每一个人，创造良好的人际关系。

（4）为员工提供所需的资源和培训，并赋予其职责范围内的自主权，充分调动员工的积极性、主动性和创造性。

3. 全员参与

各级人员均是组织之本，只有他们的充分参与，才能使他们的才干为组织带来效益。运用此原则可采取以下措施。

（1）让每个员工了解其工作的目标、内容以及达到目标的要求、方法，理解其活动的结果对下一步以及整个目标的贡献和影响，以利于协调开展各项质量活动。在质量管理体系活动的要求中，职责和权限的规定可为这一活动提供条件。

（2）以主人翁的责任感去解决各种问题。

（3）使每个员工根据各自的目标评估其业绩状况。

（4）使员工积极地寻找机会增强他们自身的能力、知识和经验。

4. 过程方法

为使组织有效运行，必须识别和管理众多相互关联的过程。系统地识别和管理有用的过程，特别是这些过程之间的相互作用，可称之为过程方法。过程方法基于每个过程考虑其具体的要求，所以资源的投入、管理的方式和要求、测量方式和改进活动都能互相有机地结合并做出恰当的考虑与安排，从而可以有效地使用资源，降低成本。运用此原则可采取以下措施。

（1）系统地识别所有的活动。全面地考虑组织产品实现的所有活动及其相互关联，可以使组织采取有效的方法对这些活动予以控制。

（2）明确管理活动的职责和权限。活动对输出结果起着重要作用，这些活动应在受控状态之下进行，因此，必须确定如何管理这些活动。而在这之前首先要确定实施活动的职责和权限，并予以管理。

（3）分析和测量关键活动的能力。掌握关键活动的能力，将有助于了解相应的过程是否有能力完成所策划的结果。

（4）识别组织职能之间与职能内部活动的接口。通常，组织会针对实现过程的不同部分过程或阶段，设置多个职能部门承担相应的工作。这些职能可能会在过程内，也可能涵盖一个或多个过程。从某种意义上讲，职能之间或职能内部活动的接口，可能就是过程间的接口。因此，识别这些活动的接口，有助于过程的顺利运行。在质量管理体系活动中，内部沟通为管理这种识别接口的活动创造了条件。

（5）注重能改进组织活动的各种因素，如资源、方法、材料等。

5. 管理的系统方法

将相互关联的过程作为系统加以识别、理解和管理，有助于提高组织实现目标的有效性和效率。运用此原则可采取以下措施。

（1）建立一个体系，以最佳效果和最高效率实现组织的目标。一个良好的体系是高效地实现目标的保证，质量管理体系标准为建立这样的体系提供了系统的方法和逻辑步骤，同时也指明这样的系统用文件来表述将更加清晰。

（2）理解体系内各过程相互依赖的关系。体系是由一组关联的过程及其相互作用构成的，过程的相互作用和相互依赖关系表现在某个过程的输出是下一个过程的输入。

（3）更好地理解为实现共同的目标所必需的作用和责任，从而减少职能交叉造成的障碍，提高过程运行的效率。

（4）理解组织的能力，在行动前确定资源的局限性。最高管理者及整个组织应清楚地理解保证产品实现过程和支持过程有效运作所需的资源并应确保得到这些资源。这些资源包括人力资源、设备资源、工作环境及信息资源等。

（5）设定目标，并确定如何运作体系中的特殊活动。根据组织的目标设定各过程的分目标，运作这些过程，实现其分目标，从而确保预期总目标的实现。

（6）通过测量和评估，持续改进体系。

管理的系统方法和过程方法既有区别又紧密联系。这两种方法研究的对象都与过程有关，都可采用 PDCA 循环方式；两者均着重于关注顾客，并通过识别组织内的关键过程，以及随后对其展开的持续改进来提高顾客满意度；两者的目的都是为了促进过程和体系的改进以提高有效性和效率。两者的区别在于：过程方法侧重于研究单个的过程，即过程的输入、输出、活动及所需的资源，以及该过程和其相关过程的关系；管理的系统方法侧重于研究若干个过程乃至过程网络组成的体系，以及体系运作如何有效地实现组织的目标。显然，过程方法是管理的系统方法的基础。管理的系统方法是将相关的各个有效运行的过程构筑成一个有效运行的体系，从而高效地实现组织的目标。

6. 持续改进

持续改进作为一种管理理念、组织的价值观和行为准则，在质量管理体系活动中是必不可少的重要要求，是持续满足顾客要求，增加效益，追求持续提高过程有效性和效率的活动。运用此原则可采取以下措施。

（1）为员工提供有关持续改进的方法和手段的培训。持续改进是一个制定改进目标，寻求改进机会，最终实现改进目标的循环过程。过程活动的实现必须采用合适的方法和手段，对于员工来说，这些方法的真正掌握要通过相应的培训才能实现。

（2）将产品、过程和体系的持续改进作为组织内每位成员的目标。持续改进的最终目的是改进组织质量管理体系的有效性，最终提高产品质量。产品、过程、体系的持续改进是基本的要求，在组织内也是非常广泛的，是每位员工的日常工作都能涉及的。将这几方面的持续改进作为每位员工的目标是恰当的，也能达到真正实现持续改进的目的。

（3）建立目标，以指导、测量和追踪持续改进。持续改进是一种循环活动，每一轮改进活动都应首先建立相应的目标，以指导和评估改进的结果。

7. 基于事实的决策方法

有效决策是建立在数据和信息分析的基础之上的。基于事实的决策方法的优点在于决策是理智的，增强了依据事实证实过去决策的有效性的能力，也增强了评估、挑战和改变判断和决策的能力。运用此原则可采取以下措施。

（1）确保数据和信息足够精确和可靠。

（2）使用正确的方法分析数据。

（3）基于事实分析，权衡经验与直觉，做出决策并采取措施。

8. 与供方互利的关系

组织与供方或合作伙伴是互相依存的，互利的关系可增强双方创造价值的能力。运用此原则可采取以下措施。

（1）在对短期收益和长期利益综合平衡的基础上，确立与供方的关系。

（2）与供方或合作伙伴共享专门技术和资源。由于竞争的加剧和顾客要求越来越高，组织之间的竞争不仅仅取决于组织的能力，同时也取决于供方的能力。组织应考虑让关键的供方分享自己的技术和资源，同时，组织吸收供方专家的知识，这有助于确保高效地使用采购的产品。

（3）识别和选择关键供方。供方或合作伙伴的范围可能有材料或零部件供应方、提供某种加工活动的合作伙伴、某项服务（如技术指导、培训、检验、运输等）的提供者等。组织可通过数据分析提供有关供方的信息，以供评价和选择使用。

（4）清晰与开放的沟通。组织与供方或合作伙伴的相互沟通，对于产品最终满足顾客的要求是必不可少的环节。沟通将使双方减少损失，在最大程度上获得收益。

（5）对供方所做出的改进和取得的成果进行评价并予以鼓励。实施这一活动将会进一步促进组织与供方或合作伙伴的密切关系，增进供方或合作伙伴改进产品的积极性，增强双方创造价值的能力，共同取得顾客的满意。

ISO 14000 系列标准是环境管理体系系列标准的总称，该标准发布于 1996 年，到目前为止，共正式发布了 5 个标准，我国等同采用的国家标准代号是 68/114000系列标准。ISO 14000 系列标准是在人类无限制地消耗自然资源，同时又破坏自然环境的情况下，国际标准化组织为规范从政府到企业等所有组织的活动、产品和服务的环境行为，以减少环境污染，最大限度地节约资源，保护全球环境而制定的一套国际系列标准。它包括了环境管理体系、环境审核、环境标志、生命周期分析等国际环境管理领域内的许多焦点问题。

二、质量管理体系的建立与完善

质量管理体系的建立与完善一般要经历三个阶段，即质量管理体系的策划，质量管理体系文件的编制、质量管理体系的试运行及改进。

（一）质量管理体系的策划

根据组织质量管理体系策划的一般活动过程及已经获得注册认证组织的经验，质量管理体系策划步骤如下。

1. 领导决策

领导通过自身作用及各种措施，可以创造一个员工充分参与的环境，这是质量管理体系有效运行的前提条件。只有领导的质量意识、管理意识、问题意识和改进意识提高了、统一了，才能对本组织质量管理体系的策划做出正确的决策。

2. 组织落实

质量管理体系是一个系统工程，建立统一规划、分级负责的组织机构是建立和完善质量管理体系的关键。组织落实一般根据企业规模、产品及组织结构的不同可以有不同的形式，对于大中型企事业可以建立三个层次的领导及工作班子：一是建立由最高决策层成员（或指定的管理者代表）为首的领导班子，负责总体策划、协调和指导；二是建立由各职能部门领导组成的工作班子，负责总体规划的实施；三是建立由职能部门领导或业务骨干组成的体系设计和文件编写的工作班子，负责体系设计、文件编写、过程的展开和落实等。

3. 教育培训

发动全体员工充分参与，通过标准培训，使各级人员理解标准的内涵及基本原理、目的和作用。组织内参与培训的人员可分为三个层次，即决策层要“懂”，执行层要“学透”，操作层要“学好”。

4. 现状分析

在学习培训的基础上，管理者要从组织体系和质量管理现状出发，分析成功的经验和存在的问题，从而识别协调质量管理体系过程，确定各部门及岗位之间的接口，合理配置资源，明确各方的职责、权限和相互关系等。

5. 总体设计

根据现状调查和分析、组织机构、资源配备情况等，由最高管理者或管理者代表领导下的工作小组提出总体设计方案，主要内容包括质量方针、质量目标、质量管理体系覆盖范围、组织结构及职能分配、质量管理体系涉及的过程以及一系列质量管理体系文件结构及编制要求、资源配置计划等，最终由最高管理者主持决策会议审定。

（二）质量管理体系文件的编制

质量管理体系文件的形成不是目的，而是一项增值的活动，它既是组织内部质量管理活动的执行标准，又为进一步的改进和创新奠定基础。

编制文件时应当遵循符合性和有效性两个基本原则，即文件应符合 ISO 9000 族标准的通用要求和组织的实际情况，要注重实效，不做表面文章。要贯彻“把质量方针和目标写实、职责和权限写准、过程展开及质量活动写全”的要求。

质量管理体系文件一般可分为三个层次：一是质量手册（根据所阐明的质量方针和目标描述质量管理体系）；二是质量管理体系程序（为实施质量管理体系所描述的相互关联的过程和活动）；三是作业指导书和质量管理体系使用的其他文件。除质量手册由组织统一编写外，其他文件可按分工由归口部门分别编制，一般是谁主管、谁编制、谁实施、谁修改，提出草案，再统一由组织审定。

（三）质量管理体系的试运行及改进

质量管理体系的试运行及改进涉及四个环节：试运行阶段的培训重点在执行层，可举办各种形式的质量管理体系文件培训班、岗位职责培训班等；在运行过程中要做好记录，做好信息的收集、分析、传递、反馈和处理；针对体系运行中发生的或潜在的问题及其原因进行调查分析，采取纠正和预防措施；要及时做好质量管理体系的审核与评审，确保质量管理体系持续的适宜性、充分性和有效性。

三、质量管理体系认证

（一）认证与认可

认证是指第三方认证机构依据程序对符合规定要求的产品、过程或体系给予书面保证（认证证书）。认可是指权威机构依据程序对体系和人员具有从事特定任务的能力给予正式承认。认证依据其性质可分为强制性认证和自愿性认证；依据其对象又可分为产品认证和管理体系认证。目前国内的“3C”（China Compulsory Certification）认证，即中国强制性的产品认证，第一批产品目录包括 19 大类、132 种产品，主要为电气产品、机动车、轮胎等。

（二）产品质量认证

产品质量认证是指依据产品标准或相应的技术要求，由产品认证机构对某一产品实施合格评定，并通过颁发产品认证证书和认证标志，以证明某一产品符合相应标准和要求的活动。产品的质量认证分为合格认证和安全认证。

（三）质量管理体系认证

质量管理体系认证是指依据质量管理体系标准，由质量管理体系认证机构对质量管理体系实施合格评定，并通过颁发体系认证证书，以证明某一组织有能力按规定的要求提供产品的活动，也称为质量管理体系注册。质量管理体系认证一般都是自愿性认证（除非法律法规有特殊要求）。

【技能实践】

1. 编制模拟企业质量管理手册。请同学们依据所组建的模拟公司，查阅相关资料，合理分工，编写本公司的质量手册框架，并依据本公司的实际运作情况，详细画出本公司文件管理的流程图。

2. 以制造企业产品实现过程为例说明文件策划的过程。制造企业产品实现的主要过程如图 5－4 所示。

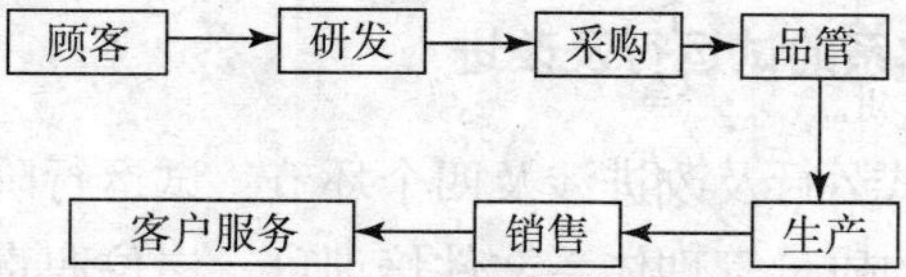

图 5－4　制造企业产品实现的主要过程

通过分析上图流程，该组织需要建立的程序文件有哪些？

任务 7　推行全面质量管理

【知识目标】

1. 掌握 TQM 的特点；
2. 掌握 TQM 的基本工作方法：PDCA 循环；

3. 掌握 PDCA 循环的工作程序。

【技能目标】

具备运用全面质量管理理念管理企业的能力；具备灵活运用 PDCA 循环的能力。

【素质目标】

要求学生建立质量管理思想，能够用质量管理思想指导自我的生活与学习，做到追求高学习质量、高工作质量、高生活质量。

【相关知识】

全面质量管理（Total Quality Management，TQM）是指在全社会的推动下，企业的所有部门和全体人员都以质量为核心，把专业技术、管理技术和数理统计结合起来，建立起一套科学、严密、高效的质量管理体系，控制生产全过程中影响质量的因素，以优质的工作、最经济的方式，提供满足顾客需要的产品或服务的全部活动。

一、TQM 的特点

TQM 的特点就体现在全面上，所谓全面，有以下四个方面的含义。

（一）TQM 是全社会推动的质量管理

要使 TQM 深入持久地开展下去，不能仅局限于组织内部，需要全社会的重视，需要质量立法、认证、监督等工作。如为了经济的可持续发展，政府、行业要重视宏观的控制、引导；专业化、协作化是发展趋势，一个完整的产品往往是由许多企业共同协作完成的，仅靠一个企业也无法完全保证产品质量。

（二）TQM 是全面的质量管理

质量管理不仅要对产品（服务）质量进行管理，更要重视对过程质量、工作质量的管理，这样才能有效地改善影响产品质量的因素，把不合格品消灭在质量形成过程之中，做到防患于未然。

（三）TQM 是全过程的质量管理

要把质量管理活动贯穿于产品质量产生、形成和实现的全过程，全面落实以预防为主的方针。要将质量管理的范围从原来的生产制造过程扩展到包括市场调研、产品开发、工艺准备、采购、制造、检验、测试、销售和服务等的全过程所有环节。

（四）TQM是全员的质量管理

质量管理存在于产品实现的全过程，涉及企业所有部门和所有岗位，因此需要调动全体人员的积极性和创造性来参与质量管理。要做好全员质量管理，一是要做好全员质量教育、培训工作，提高员工的质量意识、技术水平和业务素质；二是要明确各部门、各类人员的质量责任和权限，形成一个高效、协调、严密的质量管理工作系统；三是要开展多种形式的质量管理活动，如质量管理小组的活动，充分发挥广大员工的聪明才智。

二、TQM的基本工作方法：PDCA循环

PDCA循环是美国著名质量管理专家戴明首先提出来的，所以又叫戴明循环法，它反映了质量管理活动应遵循的科学程序。PDCA循环是英文Plan（计划）、Do（执行）、Check（检查）、Action（处理）的缩写，即质量管理活动要按照计划、执行、检查和处理的顺序进行，形成从制订计划，经过组织实施，到效果检查和总结提高的管理过程。

1. PDCA循环的工作程序

PDCA循环的工作程序包括四个阶段、八个步骤。

（1）计划阶段包含如下四个步骤：

第一步，分析现状，找出存在的质量问题。

第二步，分析产生质量问题的各种原因、影响因素。

第三步，找出影响质量的主要因素，以便抓住主要矛盾，解决质量问题。

第四步，针对影响质量的主要因素，制定措施，提出改进计划，并预计效果。措施、计划应具体、明确，应包括必要性（Why）、目的性（What）、地点（Where）、时间（When）、执行者（Who）、方法（How），简称“5W1H”。

（2）执行阶段包含如下一个步骤：

第五步，实施措施，执行计划。

（3）检查阶段包含如下一个步骤：

第六步，调查事实结果，并与预期效果进行对比。

（4）处理阶段包含如下两个步骤：

第七步，总结经验，把成功的经验和失败的教训都纳入到相应的标准或度、规定中，以巩固成绩，防止再犯。

第八步，提出尚未解决的遗留问题，转入下一轮PDCA循环。

2. PDCA循环的特点

（1）大环套小环，相互促进。如果将整个企业的质量管理作为一个大的CA循环，那么各个部门、小组都有各自的PDCA循环，依次还有更小的PD

循环，直至落实到每个员工。如某职能部门根据企业计划（即企业 PDCA 循环中的 P）制订自己的计划，这就是本部门 PDCA 循环的 P，同理依次落实到员工，上一级 PDCA 循环是下一级 PDCA 循环的依据，下一级 PDCA 循环又是上一级 PDCA 循环的贯彻落实和具体化，通过这种方式把企业的质量管理体系有机地联系起来，彼此协同、互相促进。

（2）循环上升。PDCA 循环的四个阶段要周而复始地运转，而每一轮都有新的内容与目标，犹如爬楼梯一样逐步上升，使质量水平不断提高。

（3）强调提高计划质量。传统观点认为，质量管理的关键在于处理阶段，但从 20 世纪 90 年代以后，人们普遍认为应把重点放在计划阶段，强调提高计划质量及事前的精心准备。

【技能实践】

请运用所学知识准确阐述图 5 - 5 代表的含义，并列举身边的案例进行说明。

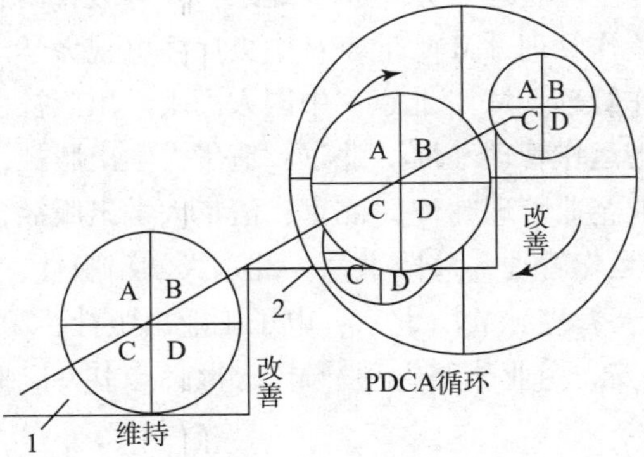

图 5 - 5　PDCA 循环上升示意图

1—原有水平　2—新的水平

参 考 文 献

［1］李陶然．现代生产运作管理实务［M］．北京：北京大学出版社，2010.

［2］潘艾华，阮喜珍．生产与运作管理实务［M］．武汉：武汉大学出版社，2009.

［3］阮喜珍．生产与运作管理实务［M］．大连：东北财经大学出版社，2011.

［4］崔平．现代生产管理［M］．北京：机械工业出版社，2009.

［5］谭红翔，何红．生产管理实务［M］．北京：高等教育出版社，2008.

［6］李敏华．生产运作管理［M］．北京：中央广播电视大学出版社，2011.

［7］崔斌．生产运作管理［M］．北京：中国人民大学出版社，2009.

［8］刘文博．生产与运作管理［M］．北京：清华大学出版社，2012.

［9］吴拓．现代工业企业管理［M］．北京：清华大学出版社，2009.

［10］王建民．生产运作管理［M］．北京：北京大学出版社，2007.

［11］孙铁．企业经营管理［M］．北京：电子工业出版社，2009.

［12］何小波，龚全安．企业战略管理［M］．北京：中央广播电视大学出版社，2011.